6 わかる建築学
Architecture for Beginners

建築材料
Building Materials

加藤武彦・渡辺英彦 編
吉松賢二・森　利弘
佐々木静郎・石橋久義 他著

学芸出版社

まえがき

本書は,「わかる建築学シリーズ」の建築材料編として企画されたものであり,建築初学者を対象にしている.初学者が戸惑うことのないように,基本的科目を平易にだれもが理解しやすいような内容や表現にし,解説が必要と思われる項目については,コラムをつけ,折にふれて基本の再認識がしやすい構成としている.

建築材料は,建築物を構築するための構成材料であり,人類の生活と密接に結びついている.そのため,昔は石や木などの天然材料が主に使用されてきたが,文化や産業などの発展とともに,特に,明治時代以降は産業革命などの影響を受け人々の要求性能が多様化し,従来の材料に加えて,様々な新しい機能をもった人工材料が開発され使用されるようになった.新しい建築材料の出現は,新しい意匠や構造を生み,また逆に新しい意匠や構造は,材料の改良や進歩を促してきた.このようにして建築は日進月歩の発展を続けている.建築の実務に従事されている方々や初学者の方々は,自分の専門分野を問わず建築材料に関して一般常識を養い自由に材料を使いこなす知識を習得すれば,新しい建築の出現も可能だと確信する.

また,最近の建築は,耐震性,耐久性や耐火性などの品質をどのように確保するか? どのように長寿命化をはかるか? 地球環境に対する影響をどのように軽減するか? など様々な角度からの検討が必要になっている.建築材料を選定する場合には,施主や構造・意匠技術者とも密接に連携し物理的な性能や美観だけでなく,耐久性や環境性などについても十分に吟味する必要がある.

これら多くの建築材料を使いこなすには,それぞれの材料特性を把握する必要があるが,すべての材料について専門的な知識をもつことは難しいので,これらの材料のもつ基本的特性をよく把握して使い方を間違わないようにすることが重要である.

建築材料の変遷には目まぐるしいものがあるので,常にその状況を把握して最適な建築材料を使い分ける知識・能力をもってほしいと切望するものである.

本書は,多岐にわたる建築材料を,初学者にも簡単に理解してもらうことを念頭に,図表などを用いて簡潔に説明している.また,本書の構成は,一章ずつ勉強して15回で終了する15章だてとしている.各章を地道に勉強すれば一級建築士試験に必要な基礎知識が得られるようになっているので,是非本書を活用して得意科目にされることを期待している.

各章の末尾と15章には理解度を高めるための練習問題,演習問題を設けているので,有効に活用していただければ幸いである.

末筆ながら,本書に先行する研究,書物から様々な事柄について多くを参考にさせていただいたことについて,深謝の意を表する次第である.

執筆者一同

もくじ

まえがき 3

第1章 建築材料の概要 ... 7

- 1・1 建築と建築材料 7
- 1・2 建築材料の分類 12
- 1・3 建築材料と性能 15

第2章 木材 ... 19

- 2・1 木材の種類と用途 20
- 2・2 木材の性質と特徴 21
- 2・3 製材品 25
- 2・4 木材の強度 28
- 2・5 木材加工品 29
- 2・6 その他の木材製品 31

第3章 コンクリート(1) ... 34

- 3・1 ポルトランドセメント 34
- 3・2 各種セメント 38
- 3・3 骨材の性質 39
- 3・4 混和材料 44

第4章 コンクリート(2) ... 47

- 4・1 フレッシュコンクリート 47
- 4・2 コンクリートの強度 49
- 4・3 弾性・クリープおよび収縮 51
- 4・4 硬化コンクリートのその他の性質 52
- 4・5 コンクリートの調合設計 55
- 4・6 レディーミクストコンクリート 56

第5章　コンクリート(3) 59

- 5・1　コンクリートの耐久性　59
- 5・2　硬化コンクリートの試験　63
- 5・3　特殊な性質のコンクリート　66
- 5・4　コンクリート製品　68

第6章　鋼材(1) 71

- 6・1　鋼材の種類　73
- 6・2　製法　73
- 6・3　加工　76

第7章　鋼材(2) 83

- 7・1　鋼材の性質　83
- 7・2　鋼材の規格　84
- 7・3　鋼材の接合　86
- 7・4　鋼材・接合の試験　90

第8章　ステンレス鋼とアルミニウム合金材 92

- 8・1　ステンレス鋼　92
- 8・2　アルミニウム合金材　100

第9章　タイル・れんが 105

- 9・1　建築用セラミックス　105
- 9・2　タイル　106
- 9・3　れんが　108
- 9・4　瓦　109
- 9・5　衛生陶器　110

第10章　ガラス・石 112

- 10・1　ガラス　112
- 10・2　石材　117

第11章 左官材料・ボード材料・シート材料 ……… 123

- 11・1 左官材料 123
- 11・2 ボード材料 127
- 11・3 シート材料 132

第12章 プラスチック・塗料・接着剤 ……… 136

- 12・1 プラスチック 136
- 12・2 塗料 140
- 12・3 接着剤 146

第13章 防水材料・建具 ……… 152

- 13・1 防水材料 152
- 13・2 シーリング材 156
- 13・3 建具 157

第14章 その他材料 ……… 163

- 14・1 防火材料・耐火材料 163
- 14・2 断熱材料 168
- 14・3 防音・吸音材料 172
- 14・4 その他 175

第15章 演習問題 ……… 177

章末練習問題解答 183
索引 187

第 1 章　建築材料の概要

1・1　建築と建築材料

　建築とは，人間が居住する住まいなどをつくることを言い，建築材料はその構成材料である．人々は，気候の変動や外敵から身を守るため，身近にある天然材料を利用して住まいをつくってきた（図1・1）．

　例えば，木材を多く産する地方では木造建築物が，石材を多く産する地方では石造の建築物が多く建設されてきたが，文明の発達とともに，その使用材料も大きく変化している．古代文明とは，黄河，インダス，メソポタミア，エジプト文明等を指すが，これらの文明は，いずれも大河流域に位置しており，その基本は農業である．農業ができる土地には，人が集まり，住居や集落などの生活基盤ができる．そして，都市国家ができ，都市間の交易が行われて文明が発展する．昔は，外敵からの侵略を防ぐため，都市の周りに城壁を巡らして身を守ったが，このような遺跡がいずれにもみられる．

　わが国は，温暖地帯に位置し，森林が多いため，昔から木，土，石，かやなどを使用した住居が多い．わが国の建築様式が大きく発達したのは，飛鳥・奈良時代に入り，中国から仏教が伝達されてからである．当初，これらの建築技術は，寺院建築や一部の建築に限定されたが，やがて，時代とともに多くの建築にも取り入れられた．ただ，この時点では使用材料のほとんどが天然材料であった（図1・2, 1・3）．

　明治時代以降になると，特にヨーロッパで発達した近代工業技術でつくられた建築材料や技術が伝えられた．これらの材料には，鉄，セメント，ガラスなど，それまでわが国にはなかった人工材料が多くあり，建築の構造やデザインに大きな影響を及ぼした．これ以降，石造，れんが造，鉄筋コンクリート造，鉄骨造などが建設されるようになった．

　最近では，これらに加え，プラスチック，合板，塗料などの材料が開発され，また，従来材料と組み合わせた複合材料が多くの建築に用いられている．

図1・1　登呂遺跡の竪穴式住居

図1・2　薬師寺東塔

図 1・3　薬師寺中門

1）建築材料の歴史

建築材料の基本的な構成材料は，手軽に調達可能な材料である．ここでは，木，土，石，セメント・コンクリート，鉄を取り上げ，発達の歴史を記す．

1 木

木材は世界中に広範囲に分布しているため，古くから建築材料として利用されている．わが国は，国土の大部分が山地で林業資源には恵まれているため，縄文時代の竪穴式住居に始まり，近代に至るまで，ほとんどの建築物が木材で造られてきた．現在でも，新築住宅の約70％は木造建築である．

その理由として，木材は数ある建築用構造材のなかで最も入手しやすく軽いにもかかわらず，比較的強度が大きく加工性に優れているという利点のほか，人間の感覚になじみやすい質感や，わが国の高温多湿の気候風土に適した吸湿性を持っているためである（図1・4）．

図 1・4　慈光院（茶室から庭の風景）

2 土

土は，身近で最も寿命が長い最古の建築材料である．土を練り上げて成型し，太陽熱で乾燥させた日干しれんがや窯焼きれんが，あるいは瓦として広く建築の仕上げ材などに利用されている（図1・5）．

図 1・5　平城京大極殿の瓦

3 石

木材と同じように，建築材料として昔から使用されてきたのが石材である．岩石は，地球の変遷により生成された時期が異なり，色々な種類がある．その主なものが，堆積岩，火成岩，変成岩などである．

石材は，有効利用するために岩石から切り出された材料である．その歴史は，エジプトのピラミッドに始まる．BC2600年頃建設されたクフ王のピラミッドは，底辺長さが225m，高さが146mあり，人類のつくりあげた最大の建造物と言われている．古代ギリシャでは，パルテノン神殿など石造りの建造物が続々と建設された．わが国では，良質の木材が産出することから建造物への石材の利用は少なかったが，明治維新の時，西洋文明が入ってきて，洋風建築に石造りが用いられた（図1・6）．

図1・6 石造建物（横浜市）

4 セメントとコンクリート

セメントは，空気中でのみ硬化する**気硬性セメント**と空気中および水中で硬化する**水硬性セメント**に大別される．セメントを使用した最古の建造物はエジプトのピラミッドで，5000年前にさかのぼる（図1・7）．せっこうと石灰石を用いて充填材に使用された．石灰石は，焼成した後水を加えると消石灰となり，適度の水分を含んだ状態で空気中の炭酸ガスと反応して，炭酸カルシウムの硬化体となる．また，せっこうは，焼いて水と混合すると二水せっこうとして固まる．

イタリアのナポリ近郊にあるポンペイ遺跡は，西暦79年8月標高1186mのベスビウス火山が大噴火して，山麓にあったポンペイの町を火山灰により壊滅させたが，この時，消石灰に火山灰と砂を混ぜたモルタルが強力な接着力をもつことを発見し，その後，古代ローマやギリシャの遺跡はこのモルタルを使用して構築された．また，この時，モルタルに砕石を加えたものが水中でも硬化することを発見し，これが古代におけるコンクリートの始まりとなった．

現代のポルトランドセメントの原型は，18世紀にイギリスやフランスで開発された．その後，イギリスのれんが積み職人ジョゼフ・アスプジンが1824年「人造石製造法の改良」というセメントの製造法に関する特許をとり，このセメントを「ポルトランドセメント」と名づけたのでジョゼフ・アスプジンが「近代セメントの発明者」と言われている．ポルトランドはイギリス南部の島名で，当時，石灰岩の石材が産出された．

図1・7 エジプトのピラミッド

5 鉄

鉄の歴史において，鉄を得る方法は，大きく2つに分類される．宇宙から飛来してきた隕鉄を鍛造加工して利用する方法と，鉄鉱石から鉄を抽出する方法である．隕鉄を利用したと推測される鉄製品は世界各地から出土している．

現在，製鉄といえば，鉄鉱石から鉄を抽出する方法を指すが，人類が鉄の精錬を初めて行ったのは，ヒッタイト帝国で紀元前1000年頃と言われている．一方，わが国には，太古の昔から「たたら吹き」と呼ばれる製鉄の技術があった．これは，「古事記」や「日本書紀」などにも紹介されており，古墳時代から奈良・平安・鎌倉と長い歳月を費やしながら経験の蓄積や技術の進歩を経て，江戸時代まで「たたら製鉄」の技術は発展を遂げたと言われている（図1・8）．この技術を用いて，高度な日本刀などがつくられた．

現在，わが国では，鉄鋼製品のほとんどは，鉄鉱石から鉄を取り出す高炉法とスクラップから鉄を再生する電炉法で製造されている．このように，鉄は，溶融することで再生可能な材料のため，今後も様々な用途に使用されるだろう．

たたら吹きによる製鉄

古来伝わる砂鉄から和鋼を製造する日本独自の製鉄法．粘土製の炉の中に木炭を入れて点火し，ふいごで風を送りながら木炭と砂鉄を交互に上から加え，炉内の燃焼反応による高温と炭素の還元作用で製鉄する．

図1・8 たたら炉の構成（想像図）
左右のふいごから中央の炉に空気が吹き込まれる．
(This Wikipedia and Wikimedia Commons image is from the user Tosaka and is freely available at http://upload.wikimedia.org/wikipedia/commons/0/0a/Tatara_steel_making_method_NT.PNG under the Creative Commons 3.0 license.)

2）建築材料と規格

建築材料が大量に使用されるようになると，生産や使用する上で，個々の材料の寸法や形，品質が異ならないようにするため，考え出されたのが規格化である．わが国では，1949年に工業標準化法が制定されたのが始まりで，現在では，日本工業規格（JIS）として制度化されている．JIS以外の国家標準規格としては，日本農林規格などがある．

1 日本工業規格（JIS）

JIS A ○○ というように，産業別に22種類に分類され，材料の種類，型式，形状，寸法，構造，品質，性能，検査，測定法などが規定されている．そして，適合製品には，JISマークがつけられてその品質を保証している（図1・9）．建築材料に関係するものとしては，A部門の土木及び建築，G部門の鉄鋼，R部門の窯業がある（表1・1）．

表1・1 建築材料関係 JIS 目録

部門	大分類	分類名
A 土木及び建築	0	一般・構造
	1	試験・検査・測量
	2	設計・計画
	3	設計・計画
	4	設備・建具
	5	材料・部品
	6	材料・部品
	7	施工
	8	施工機械器具
	9	雑
G 鉄鋼	0	一般
	1	分析
	2	原材料
	3	鋼材（主として普通鋼材）
	4	鋼材（主として合金鋼材）
	5	鉄鋼・鋳鉄
	9	雑
R 窯業	0	一般・熱勘定方式
	1	陶磁器
	2	耐火物・断熱材
	3	ガラス・鉱物質繊維製品
	4	ほうろう
	5	セメント
	6	研磨材・特殊窯業製品

2 日本農林規格（JAS）

JAS規格制度は，農林水産大臣が農林物資の種類を指定して制定し，検査に合格した製品にはJASマークを貼付することを認めている．建築関係の製品として，構造用製材や合板等がある（図1・10）．

図1・10 JASマーク

3 建築工事標準仕様書（JASS）

日本建築学会が規定している民間建築工事の品質の確保・向上・合理化を目的として工事別に定められた施工標準である．建築物の品質水準の確保，使用材料・構（工）法の標準化などが示されている．現在，JASS1～27，電気設備のJASS101～103の計30冊が発行されている．

ちなみに，鉄筋コンクリート工事はJASS5，鉄骨工事はJASS6，木工事はJASS11である．

図1・9 JISマーク

4 ISO規格

国際標準化機構（ISO）は，国際的に通用させる規格や標準類を制定するための国際機関であり，各国別に制定されていた規格や標準類を，ISO規格として制定している．

1946年に設立され，現在157の国々が参加している．現在，わが国では，JIS規格との整合作業が進められている．

代表的なものとして，**ISO9000シリーズ**の品質マネジメントシステムと**ISO14000シリーズ**の環境マネジメントシステムがある．

3）建築材料と環境

最近，建築材料の性能を高めるために接着剤や可塑剤などを添加して製造された，いわゆる新建材には人の健康に影響を与える有害化学物質が含まれている場合があるため，社会問題化している．これは，エアコンの普及や居室の気密性向上などに伴う室内換気量の減少とも密接に関係していると言われている．そのため，人体に有害な化学物質の含有量や放散量を低く抑えた材料や自然素材の材料が見直されている．

建築基準法では，クロルピリホスとホルムアルデヒドを規制対象物質としている．クロルピリホスについては居室を有する建築物への使用が禁止されている．ホルムアルデヒドについては，その放散量に応じて4つの区分に分類され，内装仕上げへの使用面積が制限されている（表1・2）

この他，国土交通省の住宅品質確保促進法でも，**ホルムアルデヒド**，トルエン，キシレン，エチルベンゼン，スチレンなどが濃度測定表示物質になっている．

また，わが国では，2006年9月からアスベストが0.1％以上含まれている製品は全面禁止となっている．**アスベスト（石綿）**は，天然に産する繊維状けい酸塩鉱物で，ほぐすと綿のような形状であることから石綿と呼ばれている．耐久性，耐熱性，耐薬品性，電気絶縁性などの特性があり，建材，電気製品などに広く使用されてきた．体内に吸収されると分解されず，20〜40年後にガンなどの重大な健康被害をもたらすため，解体時には，アスベスト含有建材の調査を行い，アスベスト含有建材が判明した場合には作業員への暴露防止対策，周辺への飛散防止対策などを講じる必要がある（図1・11，1・12）．

表1・2 ホルムアルデヒドを発散する建材の制限

建築材料の区分	ホルムアルデヒドの放散速度	JIS, JASなどの表示記号	内装仕上げの制限
建築基準法の規制対象外	$5\mu g/m^2 h$以下	F☆☆☆☆	制限なしに使える
第三種ホルムアルデヒド発散建築材料	$5\mu g/m^2 h$〜$20\mu g/m^2 h$	F☆☆☆	使用面積が制限される
第二種ホルムアルデヒド発散建築材料	$20\mu g/m^2 h$〜$120\mu g/m^2 h$	F☆☆	
第一種ホルムアルデヒド発散建築材料	$120\mu g/m^2 h$超	旧E_2, F_{c2}又は表示なし	使用禁止

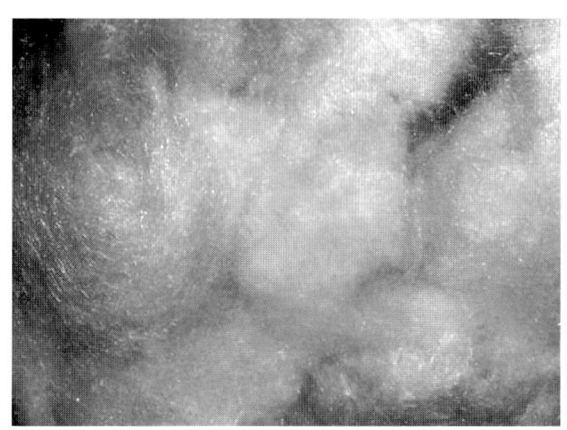

図1・11 アスベスト含有保温材

図1・12 鉄骨耐火被覆

環境に関することは ISO14000 でも取り上げられている．ISO14000 と呼称する時は ISO14001 を指すが，ISO14001 は 1996 年 9 月に制定され，環境マネジメントシステムの必須事項を定めている（表 1・3）．

最近では，環境マネジメントシステムを，企業の社会的責任（CSR）を評価する際の基準に利用することが多い．企業が ISO14001 に基づき環境マネジメントシステムを構築したことを社会に伝えるには，審査登録制度に基づき外部機関による審査を経て証明を得る必要がある．

表 1・3　ISO14001 規格の構成

0　序文	4.4.2　訓練，自覚及び能力
1　適用範囲	4.4.3　コミュニケーション
2　引用規格	4.4.4　環境マネジメントシステム文書
3　定義	
4　環境マネジメントシステム要求事項	4.4.5　文書管理
	4.4.6　運用管理
4.1　一般要求事項	4.4.7　緊急事態への準備及び対応
4.2　環境方針	
4.3　計画	4.5　点検及び是正措置
4.3.1　環境側面	4.5.1　監視及び測定
4.3.2　法的及びその要求事項	4.5.2　不適合並びに是正及び予防措置
4.3.3　目的及び目標	
4.3.4　環境マネジメントプログラム	4.5.3　記録
	4.5.4　環境マネジメントシステム監査
4.4　実施及び運用	
4.4.1　体制及び責任	4.6　経営層による見直し

このように建築材料は，地球環境とも大きく関わっているため，設計から施工，運用，廃棄に至るライフサイクル全般にわたり配慮しなければならない．特に，設計段階での材料・工法選定や施工時の対策などは重要である．

図 1・13 と図 1・14 に，水中でコンクリートを打設する場合の例を示す．

図 1・13　普通コンクリートの場合
（水中で分離して環境汚染を引き起こす）

図 1・14　環境に配慮したコンクリート（水中でも濁らない）

1・2　建築材料の分類

建築材料には，木や土，石のような天然の材料や，人工的につくられた多くの材料がある．これら材料を分類すると次のようになる．

1）用途別分類

建築を仕上材料と構造材料に分けて分類する方法である．ただ，材料によっては明確に分類できないものもある．木材などは良い例で，仕上材料に使う場合もあれば，構造材料として使う場合もある．

仕上材料は，外装や内装に使われる材料で，美しさと耐久性，建物保護の役目が求められる（図 1・15）．一般に，仕上材料は，建物の室内に用いられる場合が多いが，建物のカーテンウォールなど外壁に用いられる場合もある．木，タイル，ガラス，石，瓦，ボード類が該当する．

図 1・15　仕上材料（ホールの内部仕上）

構造材料は，建物の柱・梁などの骨組に使用されるため，強度や耐久性が求められる．コンクリート，鉄骨，木等が該当する（図1・16）．

> **プレキャストコンクリート（PC）部材**
> 鉄筋コンクリートやプレストレストコンクリート造の部材を，工場で製作したもの．現場打ちに比べ，工期短縮や品質確保が容易である．最近では，超高層集合住宅の梁，柱構造材などにも採用されている．

図1・16　構造材料（プレキャストコンクリート部材）

2）天然・人工別分類

材料を，天然素材のままで用いる場合（天然材料）と，何らかの加工や処理を施して素材を変質させて用いる場合（人工材料）に分類する方法である．

天然材料には，木，竹，石，土，木皮などがあり，人工材料には，セメント，鉄，ガラス，粘土焼成品，プラスチック，塗料などがある（図1・17〜1・21）．

図1・17　天然材料（白川郷の茅葺屋根）

図1・18　小屋組（内部）

図1・19　愛知万博　長久手日本館（竹屋根）

図1・20　人工材料（ステンドグラス）

図1・21　天然材料（檜皮葺屋根）

> **檜皮葺(ひわだぶき)**
> 日本古来から伝わる屋根葺工法の一つで,日本独自の屋根工法である.ヒノキの立ち木から剥いだ皮を成型した檜皮を用いる.貴族の住居や寺社仏閣など多くの文化財の屋根に檜皮葺をみることができる.

3) 化学的分類

炭素を含む化合物材料か,炭素を含まない化合物材料かで分類する方法である.

炭素を含む化合物材料は,有機質材料といわれ,木,竹,植物性繊維材,プラスチック,ゴムなどがある.炭素を含まない化合物材料は,無機質材料といわれ,石材,砂,砂利,粘土,石灰,セメント,コンクリート,ガラス,金属などがある(図1・22,図1・23).

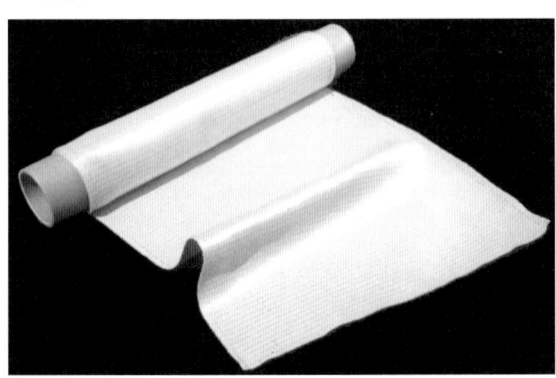

図1・22 有機質材料(アラミド繊維シート)

図1・23 既存柱のFRPシート補強

> **FRPシート補強工法**
> 建物の柱や梁部材などの耐震補強を炭素繊維やアラミド繊維シートを用いて行う工法である.柱補強の場合は,既存柱の周りに接着剤を塗った後,FRPシートを巻きつけて補強する.

4) 建築部位別による分類

建物の各部に使用される仕上や下地材料を,床,壁,天井などの部位別にわけて分類する方法である.

①屋根材…雨水,雪,日射などを防ぐ材料.
②外装材…建物の外部に面する壁,屋根,外壁,軒回り,玄関などの外部仕上に使用する材料(図1・24,図1・25).
③内装材…床,壁,天井,開口部などの内部仕上に使用する材料.
④下地材…内・外装仕上げ材を取り付けるための材料や防音や断熱などの補助材料(図1・26).

この他に,物価表のように建築資材と共通資材に分類する方法もある(表1・4).

表1・4 物価表による分類

	分類	建築材料
共通資材	鉄鋼	異形棒鋼,形鋼,鋼管など
	鉄鋼二次製品	亜鉛鉄板,釘,ボルト
	非鉄金属	アルミ圧延品など
	セメント・生コン	セメント,生コンなど
	コンクリート混和材料	AE剤,減水剤など
	骨材・コンクリート二次類	コンクリート用骨材,砂,再生砕石,人工軽量骨材など
	木材	素材,仮設用材,正角材など
	仮設材	枠組足場,形枠,シートなど
	接着剤・塗料	接着剤,ラッカーなど
建築資材	組積・PC板	ブロック,れんがなど
	防水材	アスファルト,シーリング材など
	石材	花崗岩,人造石など
	タイル	内装タイル,モザイクタイルなど
	屋根材	粘土瓦,彩色スレートなど
	建築金物	かすがい,箱金物,鋼製下地など
	左官材	プラスター,パーライトなど
	仕上塗材	薄付仕上塗材,複層仕上塗材など
	木製建具	フラッシュドア,障子など
	金属製建具	玄関ドア,オートドアなど
	建具金物	丁番金物,ドアクローザなど
	ガラス	フロートガラス,型板ガラスなど
	内・外装材	畳材料,カーペット,合板など

このほかに土木資材,電気設備,機械設備などがある.
(建設物価調査会『建設物価』より)

図1・24　カーテンウォールを用いた外装材

カーテンウォールとは
　建築構造上取り外しが可能で，建物の荷重をすべて柱，梁，床などのフレームで支え，荷重を直接負担しない壁をいう．間仕切り壁と同じく非耐力壁である．アルミカーテンウォール，ガラスカーテンウォール，プレキャストコンクリートカーテンウォールなどがある．

図1・25　仕上げにステンレスを用いた曲面屋根

図1・26　曲面屋根の鉄骨下地

1・3　建築材料と性能

1）建築と性能

　建物は，住む人が快適に住みたいという基本的要求を満足させるため，建物全体や各部の性能について，使用材料の面からも詳細に検討する必要がある．要求性能は，地震や台風などの外からの作用因子に対する安全性や，騒音や振動といった環境性能など多岐にわたる．

　日本工業規格には，建築材料に要求される様々な性能が示されている．建築材料における性能項目を表1・5に，性能級別を表1・6に示す．

表1・5 建築材料の性能項目 (JISA0030より抜粋)

性能項目	性能項目の意味	備考
反射性	光を反射する程度	作用因子を制御するための性能
断熱性	常温における熱の貫流に対する抵抗の程度	
遮音性	空気伝搬音を遮る程度	
衝撃音遮断性	歩行などによって起こる発音が直下階の室内に伝わらない程度	
吸音性	音を吸収する程度	
防水性	雨水などの水を通さない程度	
防湿性	湿気を通さない程度	
気密性	気圧差によって生じる空気の透過に対する抵抗の程度	
耐分布圧性	各部位にかかる分布荷重による曲げ力に耐える程度	建物の存続と安全に関する性能
耐衝撃性	衝突物などによって起こる衝撃力に耐える程度	
耐局圧性	局部圧縮荷重に耐える程度	
耐摩耗性	摩耗に耐える程度	
耐火性	火災に耐える程度	
難燃性	燃えにくさの程度及び燃焼によって起こる煙や有毒ガスを発生させない程度	
耐久性	経年によって起こる変質変形などに耐える程度	

表1・6 建築材料の性能級別(JISA0030より抜粋)

性能項目 \ 級別号数	(0)	1	2	3	4	5	6	(7)	測定項目	測定単位
反射性		7	10	14	20	28	40	56	光反射率	(%)
断熱性		0.17(0.2)	0.26(0.3)	0.43(0.5)	0.67(0.8)	1.08(1.25)	1.72(2.0)	2.75(3.2)	熱貫流抵抗	$m^2K/W\{m^2h\,℃/kcal\}$
遮音性		12	20	28	36	44	52	60	透過損失	dB
衝撃音遮断性		+25	+15	+5	-5	-15	-25	-35	標準曲線上の音圧レベル差	dB
吸音性		20	30	40	50	60	70	80	吸音率	(%)
防水性		98.0(10)	156.8(16)	245.0(25)	392.0(40)	617.4(63)	980.0(100)	1568.0(160)	水密圧力	$Pa\{kgf/m^2\}$
防湿性		0.1	1	10	100	250	630	1000	透湿抵抗	$m^2\cdot day\cdot mmAq/g$
気密性		0.0.15	0.06	0.25	1.0	4.0	15	60	気密抵抗	m^3h/m^3
耐分布圧性		392.0(40)	695.8(71)	1225.0(125)	2254.0(230)	3920.0(400)	6958.0(710)	12250.0(1250)	単位荷重	$N/m^2\{kgf/m^2\}$
耐衝撃性		441.0(45)	617.4(63)	1568.0(160)	3920.0(400)	9996.0(1020)	24500.0(2500)	61740.0(6300)	安全衝撃エネルギー	$N\cdot cm\{kgf/cm^2\}$
耐局圧性		127.4(13)	294.0(30)	784.0(80)	1960.0(200)	4900.0(500)	12250.0(1250)	29400.0(3000)	局圧荷重	$N/cm^2\{kgf/cm^2\}$
耐摩耗性	3.2	1.8	1.0	0.56	0.32	0.18	0.1		摩耗量	mm
耐火性		5	10	15	30	60	120	180	耐熱時間	分
難燃性		—	—	—	—	—	—	—	防火材料の種別	—
耐久性		5	8	12	20	32	50	80	耐久年数	年

2) 耐火性能

建築物の性能を維持する上で，耐火性能を確保することは最も重要である．平面計画や構造などを加味して防火区画を設定し，耐火性能に応じて使用材料を決定しなければならない．

建築基準法では，火災が発生した時，火災を一定範囲内に留めて拡大しないように，主要構造を規定し防火区画を設けることになっている．その場合の使用材料（**防火材料**）は，不燃材料，準不燃材料，難燃材料として規定されている．防火材料は，火災初期，火災成長期において燃焼拡大をしない又は促進させないための材料の総称である．

ちなみに，不燃材料は，加熱開始後20分間，燃焼しない，有害な損傷を生じない，有害なガスを発生しない材料で，セメントやコンクリート等の無機質系材料等が該当する．準不燃材料は加熱開始後10分間，難燃材料は加熱開始後5分間，燃焼しない，有害な損傷がない材料である．これらの材料には，難燃処理した有機材料や無機材料と融合させた材料等が該当する．

また，**防火区画**については，建築基準法により，区画面積や使用材料等だけでなく，消火設備等についても細かく規定されている．

これら防火材料の認定を新たに取得する場合は，指定性能評価機関で性能評価を実施し，国土交通大臣に申請して認定を受ける必要がある．

3) 建築材料と品質

建築材料は，建築物の構成要素であり，地球環境に大きな影響を与えるため，その品質を確保することは重要である．その基準になっているのが，ISO規格であり，建築材料などの工業品質やサービスを保証するためのマネジメントシステムとして，ISO9000シリーズがある．

このISO9000シリーズは，1987年3月に制定され，1994年，2000年さらに2008年に規格改定が行われた．現在，90か国以上で国家規格として採用されている．このシリーズでは，材料の製造工程から使用まで，すべての面で製造者の品質保証のために必要

とされる基準を取り上げている．結果的には，この認証を受けた製造者がつくった材料の品質を保証していることになる．

　ISO9000シリーズの品質システム構築のメリットは，以下の通りである．
① 顧客の信頼感を獲得できる．
② 市場における品質トラブルが防止できる．
③ 仕事の標準化が進み，その内容がガラス張りになる．
④ 品質の意義・重要性が全社員に理解されて品質意識が高まる．
⑤ 品質システム構築の過程を通して，PL法（製造物責任法）対策を進めるのに役立つ．

　ISO9000シリーズが求めている品質要求事項を下記に示す．
①経営者の責任
②品質システム
③契約内容の確認
④設計管理
⑤文書及びデータの管理
⑥購買
⑦顧客支給品の管理
⑧製品の識別およびトレーサビリティ
⑨工程管理
⑩検査・試験
⑪検査・測定及び試験装置の管理
⑫検査・試験の状態
⑬不適合品の管理
⑭是正処置及び予防措置
⑮取扱い，保管，包装，保存および引渡し
⑯品質記録の管理
⑰内部品質監査
⑱教育・訓練
⑲付帯サービス
⑳統計的手法

練習問題 1.1 建築材料に関する次の記述のうち，**最も不適当な**ものはどれか．
1. 天然材料は天然素材のまま用いる材料であり，人工材料は加工や処理を施し素材を変質させて用いる材料である．
2. 天然材料には木や石があり，人工材料にはセメントや鉄がある．
3. 人工材料は構造材として使われる．
4. 天然材料は資源枯渇の問題があるが，人工材料にはその問題は少ない．

練習問題 1.2 建築材料の有害物質に関する次の記述のうち，**最も不適当な**ものはどれか．
1. 新建材には有害化学物質の放散量を低く抑える規制が設けられている．
2. 新建材には接着剤や可塑剤などが使われ，人の健康に影響を与える．
3. アスベストが0.5%以上含まれている製品は使用禁止になっている．
4. アスベストは，天然に産する繊維状けい酸塩鉱物で石綿と呼ばれている．

練習問題 1.3 建築材料の規格に関する次の記述のうち，**最も不適当な**ものはどれか．
1. 建築材料の国家標準規格にはJIS規格とJASS規格がある．
2. ISO規格は，国際標準化機構が制定した規格である．
3. ISO9000シリーズは品質マネジメントシステムである．
4. ISO14000シリーズは環境マネジメントシステムである．

練習問題 1.4 長寿命化に関する記述のうち，**最も不適当な**ものはどれか．
1. 建物の長寿命化を図るには，部位ごとに最適材料を選定しなければならない．
2. 材料の劣化を防止するため，定期的な維持管理が必要である．
3. 外装材は，耐久性のすぐれた材料を選定する必要がある．
4. コンクリートの耐久性にとって，コンクリート調合は考慮しなくてよい．

第2章 木材

木材は一般に世界中に広く分布し，入手しやすく，加工しやすい．また，軽いにもかかわらず，比較的強度が大きい．そのため，古くから建築材料や道具の材料，家具，さらに燃料などに広く利用されてきた．また，製紙原料としても多く用いられている．

わが国は，国土の大部分が山地であり，林業資源に恵まれている．高温多湿の気候であり，吸湿性を有する木材は，わが国の気候風土に適している建築材料といえる．そのため，日本の建築は縄文の時代の竪穴式住居より木材を中心につくられてきた．時代により，その建築様式はさまざまであるが，ほとんどの建築物に木材が使用されており，現在でも，新築住宅の約70%は木造建築である．

2007年のわが国の木材（用材）の総需要量は8237万m³であり，2002年以降9000万m³を下回る状況が続いているものの，昭和40年代初頭以降の8000万m³を超える水準で推移している（図2・1）．

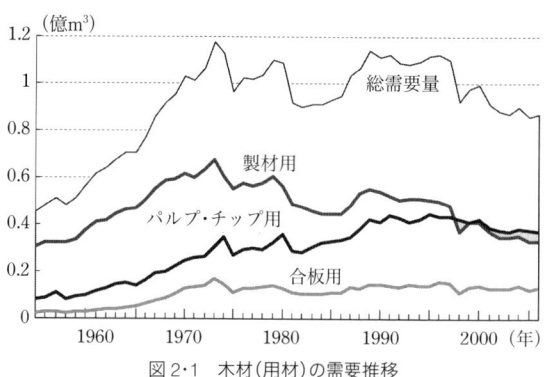

図2・1 木材（用材）の需要推移
（林野庁「平成18年木材需給表」より作成）

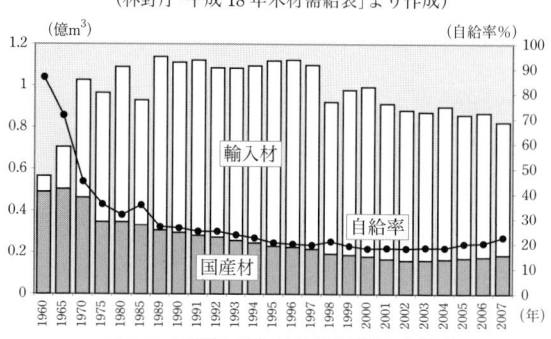

図2・2 国産材・輸入材の需要推移と自給率
（林野庁「平成18年木材需給表」より作成）

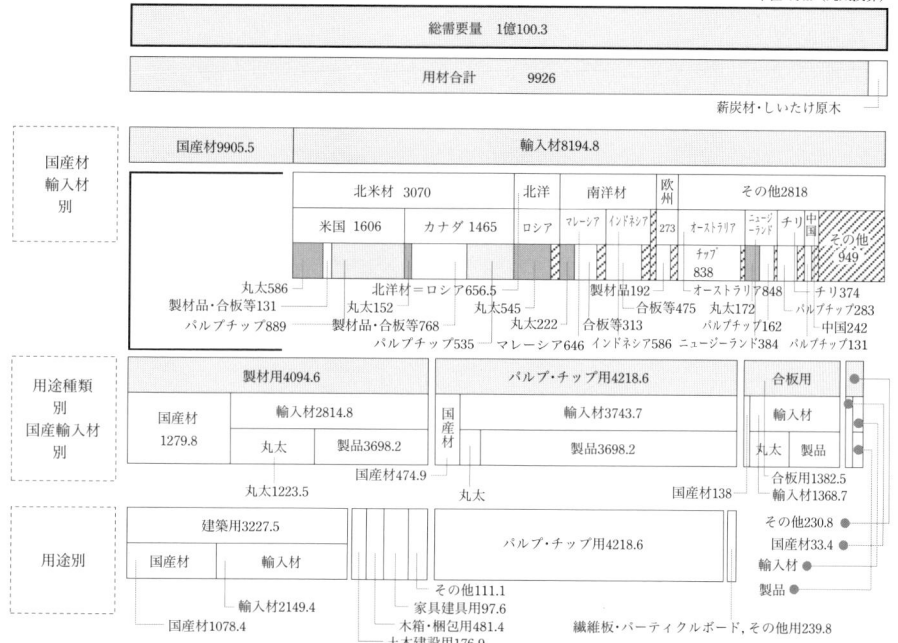

図2・3 木材の需要構造（2000年）（林野庁「平成13年木材需給表」より作成）

近年の傾向としては，製材用材とパルプチップ用材が漸減しているが，自給率でみると，2000年と2002年の18.2%を底として，漸増し，2007年には22.6%に回復してきている．国産材の供給量は2002年の1608万m^3から5年連続して増加しており，2007年には1864万m^3となっている(図2·2).

製材用材，パルプ・チップ用材，合板用材のいずれにも，国産材の供給量の増加が見られ，特に，合板用材に対する国産材の供給の増加が顕著である．これは，加工技術の向上等による合板等への国産材利用の増大に加え，外材供給の不透明さを背景として，国産材の競争力が相対的に高まってきていることの現われと考えられる．

森林は炭酸ガスを減少させたり固定化させる以外にも，山の保護，水の保持，美観，土壌の生産といった数多くの役割を担っている．森林資源に恵まれているわが国であるが，安価な外材が大量に輸入されており，森林が必ずしも有効利用されておらず，一部では森林の放置・荒廃も問題になっている．世界的には，熱帯雨林の乱伐，砂漠化の進行，かつての木材輸出国のタイやフィリピンの輸入国化など，木材供給力の減退が危惧されている．木材は地球規模的な環境問題とも深く関わっており，限りある資源として有効な活用が求められている．

2·1　木材の種類と用途

木材には，**国産材**と**輸入材**（外材）がある．国産材には，**銘木**として利用されている屋久スギ・北山スギ，天然三大美林として有名な青森ヒバ・秋田スギ・木曾ヒノキ，その他，天竜のスギ・ヒノキ，尾鷲ヒノキ，吉野のスギ・ヒノキなど，全国各地に産地があり，古くから重用されてきた．

輸入材には，米国・カナダからの北米材，ロシアからの北洋材，インドネシア・マレーシアなどからの南洋材がある．

木の種類としては，針葉樹と広葉樹に大きく分類される(表2·1).

1）針葉樹

一般に常緑で，葉は細長く，樹形は図2·4左のように円錐形のものが多い．主に温帯から亜寒帯にかけて分布している．代表的な樹種としては，マツ・スギ・ヒノキ・ツガなどがある．材質が比較的柔らかく，そのため軽量で加工性が良い．一般に成長が早く比較的安価で，まっすぐに育つものが多く長材が得やすいという利点があるので，構造材料や仕上材料・造作材に広く用いられている．

2）広葉樹

葉は幅広の扁平な形をしており，樹形は図2·4右のように全体に丸みを帯び，枝が横に伸びるので，針葉樹とは見分けやすい．温帯では落葉広葉樹林を，温帯から熱帯にかけては常緑広葉樹林を構成している．代表的な樹種としては，ケヤキ・カシ・クリ・ナラ・サクラ・ラワン・オークなどがある．材質の硬いものが多く，そのため構造上強い材料と言えるが，長材が得にくいため，構造用材料よりも，仕上げ・造作・建具・家具材料として使われることが多い．

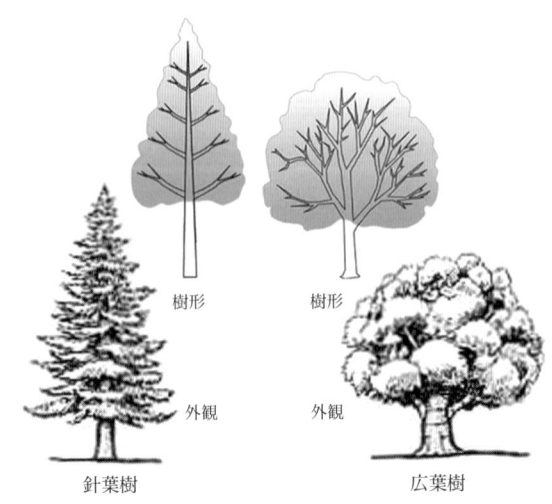

図2·4　針葉樹と広葉樹

表 2·1 建築用材の例

	名称	比重	特徴（気候）	産地	用途
国産針葉樹	すぎ	0.38	軽くて軟らかい，木理通直，工作容易	秋田・和歌山・奈良	構造材・造作材・建具材
	あかまつ	0.53	脂気多く弾力に富む，水湿に耐え加工容易	岩手・福島・宮崎	構造材
	くろまつ	0.57	脂気多く水湿に耐えるが，工作やや困難	四国・九州	構造材
	つが	0.50	堅実，光沢あり，水湿に耐え耐久力あり	京都・和歌山・宮崎	構造材・造作材
	ひのき	0.41	木理通直，柔軟，弾性大，耐久力大	長野・愛知・和歌山	構造材・造作材・建具材
	ひば	0.41	香気あり，堅実，反曲大，水湿に耐える	青森・長野・愛知	構造材・水湿場所に使用
輸入針葉樹	台湾ひのき	0.48	ひのきよりやや劣るが，大材あり	台湾	構造材・造作材・建具材
	べいすぎ	0.37	木理通直，軽くて軟らかい	北米・太平洋沿岸	構造材・造作材
	べいまつ	0.55	木理通直，脂気多し	北米・太平洋沿岸	構造材・造作材・建具材
	べいひ	0.47	木理通直，強度大	北米	構造材・造作材・建具材
	べいつが	0.46	木理粗，臭味あり，耐久性小	北米	構造材・造作材・建具材
国産広葉樹	あかがし	0.87	肌目粗，重くて硬い，加工が困難	熊本・鹿児島	敷居溝，せん
	くり	0.55	重くて硬い，弾力大，耐久性あり	兵庫・高知・千葉	杭・水湿場所に使用
	けやき	0.62	重硬，木目美，反曲少，水湿に耐える	秋田・青森・和歌山	構造材・造作材
	きり	0.29	軽軟，木理粗，脂気なし，防湿性大	東北地方・八丈島	家具材・建具材・装飾材
	さくら	0.51	緻密，硬軟適度，粘性比較的大	全国	家具材・建具材・装飾材
輸入広葉樹	オーク	0.77	かしに類似	北米・カナダ	家具材・造作材・建具材
	ウォールナット	0.63	緻密，弾力性・耐久力大	米（北東・南東）	家具材・造作材・建具材
	マホガニー	0.66	堅硬，色彩，光沢美	メキシコ・中米	家具材・造作材・建具材
	チーク	0.69	反曲少，虫害少ない，耐久力大	タイ・ミャンマー・インド	家具材・造作材・建具材
	あかラワン	0.53	年輪不明，辺材は虫害を受けやすい	フィリピン・マレーシア・インドネシア	家具材・造作材・装飾材

(建築のテキスト編集委員会編『初めての建築材料』学芸出版社，2000 年，p.19)

2·2 木材の性質と特徴

1）木材の長所

①原材料として入手しやすい．

②切る・削るなどの加工が容易であり，接着も可能である．現場での作業に適した材料である．

③木材の比重は約 0.3〜0.8 程度と軽量で，他の構造用材料（鉄の 7.8 やコンクリートの 2.3）にくらべて極めて軽い．また，木材は縦方向（繊維方向）の強度も大きく，比強度（強度を比重で割った値）は，引張強さで鉄の約 3 倍，圧縮強さでコンクリートの約 5 倍もある．

④木材の熱伝導率はアルミニウムの 1/1000，鉄の 1/300 と非常に小さく，さらに断熱効果も高い．

⑤素材として，色艶，木目，木肌などの外観が美しく，感触も良い．また，調湿作用がある．

2）木材の短所

①可燃性であり，火災に弱い．[*1]

②吸水性・吸湿性があるので，高温多湿では腐朽しやすい．[*2]

③節・割れがあり，材質が均一でない．

④天然材料であるため，生育に時間がかかり，長大材が得にくい．

⑤木材中の水分量により，変形を起こしやすい．

⑥菌や虫におかされやすい．[*3]

*1 木材を加熱した場合，約 260℃ で引火し，450℃ に達すると自然に発火する．しかし，断面がある程度大きな木材は，表面が燃焼しても，その部分に形成される炭化層によって，深部まで急速に燃焼が及ばない（図 2·5）．建築基準法では，このような大断面木材を使用した木造建築物の防耐火性能を評価し，一定の防火措置を講じた木造建築物に対し，木造建築物の高さ制限や防火壁設置義務に対する緩和を認めている．

図2・5 木材の耐火性能
火事でアメのように曲がった鉄骨と，支持力を失っていない木製の梁（日本木材総合情報センターホームページ http://www.jawic.or.jp/tech/syurui/syurui2.php より）

*2 **木材の腐朽**の条件は，①湿度，②温度，③空気（酸素），④栄養素，以上の4つの要因がすべて満足された時に，腐朽菌が繁殖しやすくなる．温度や酸素を断つことは一般には難しいので，含水率を長期にわたって15％以下に保つと腐朽しにくい．防腐処理は，木材を腐朽菌の食べ物（栄養素）とさせない方法である．

*3 木材の**蟻害**として，ヤマト**シロアリ**の場合は水分を運ぶ能力がないため水まわりなどの建物の下部に発生が多い．イエシロアリは水分を運ぶ能力があるため小屋裏まで被害が達することがある．近年，外来のアメリカカンザイシロアリの被害が懸念されているが，土壌性のシロアリでなく，小屋裏から家具まで全ての木材に被害が及ぶ可能性がある．

3）木材の構造

木材の**樹幹**の組織は，図2・6，図2・7のように樹皮・形成層・木部・髄などから成り立っている．

①樹皮
木材の外周部に形成される層で，一番外側を外樹皮，その内側を内樹皮という．

②形成層
樹皮の内側に形成層があり，内側に向けて木材の細胞（木部）を，外側には樹皮を成長させている．

③木部（木質部）
木部は，四季をもつ風土か否かでその組織が変わる．四季のはっきりしない地方（国・地域）では，年輪が形成されないことが多い．四季をもつ地方では，春季には成長が活発で細胞も大きく，形成層は

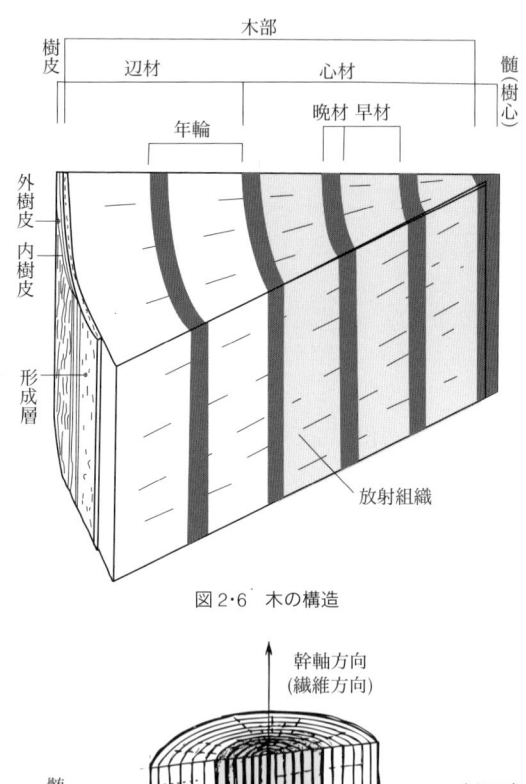

図2・6 木の構造

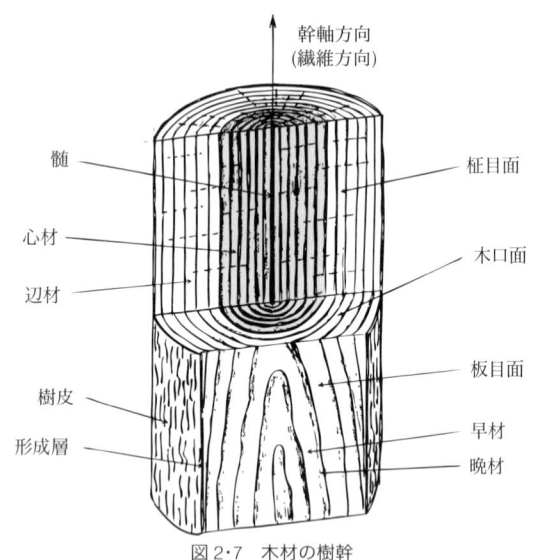

図2・7 木材の樹幹

大型の膜の薄い細胞を多く生産し，軟弱な淡色の層をつくる．秋季は成長が低下し，細胞も小さく，強硬で密度の高い濃色の層を形成するようになり，冬になって形成層は活動を停止する．この春季に成長する層を早材（春材），秋季にできる層を晩材（秋材）と呼ぶ．この一年の季節によって，木の成長に遅速があり，これが繰り返されることにより，木の組織に粗密模様（**年輪**）が生じる．

④髄（樹心）
樹幹の中心部の色の濃い部分をいう．

⑤心材と辺材
心材とは樹心に近い木部の色の濃い部分のこと．

赤身材ともいう．樹脂分が多いため，腐朽や虫害に強く高耐久性であり，削ると光沢が出てくる．水分が少ないので硬く，乾燥による変形は少ないが，割れに対しての注意が必要である．

辺材とは樹皮に近い木部で，色は白または淡黄色であるため，白太材ともいう．心材に比べて樹脂分が少なく，水分や栄養分を多く含有しているため，腐朽や虫害に弱い．収縮率が大きく，材質は粗く軽量で柔らかい．また，色調に乏しく，節・その他の外観上の欠点の出現率が高く，光沢も出難い．

なお，心材と辺材の区別がつきにくい樹種もある．一般に，若い木材ほど辺材が多く，また，同じ樹木でも上の方に辺材が多い．木材として好まれるのは耐久性・強さ・美しさの点で優れている心材である．

6 元口と末口

図2·8のように，樹木の根本側を元口，梢側を末口という．また，丸太では直径の小さい方の木口を末口という．柱は立ち木と同じ状態にして元口を下にして立てる．

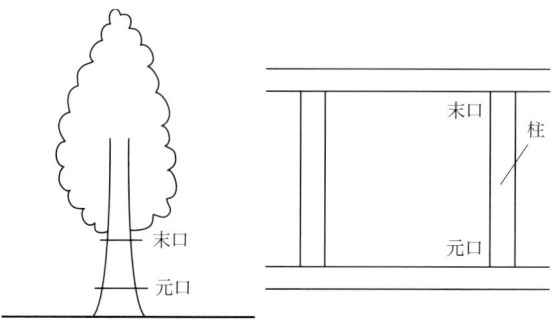

図2·8 元口と末口

7 木の腹と背

図2·9のように，傾斜地の樹木は曲がって育ち，年輪が偏る．山側の凹になっている方を腹といい，反対側の凸になっている方を背という．平地でも日当たりの差により年輪の密度は一様ではなく，南の日表側を腹という．反対側を背といい，年輪密度が高い．なお，使い方の例として，木は一般に背の方へ反る傾向があるので，梁材は背を上端にし，軒先の垂木や床の大引きでは背を下端になるように用いる．

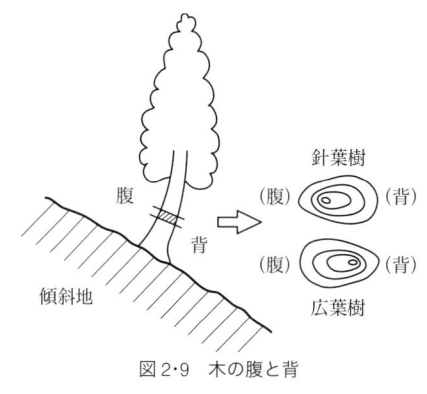

図2·9 木の腹と背

8 木表と木裏

図2·10のように，板目材で樹皮側の面を木表といい，樹心側の面を木裏という．木材は乾燥していくと，木表側に反る特徴がある．木表は外観が美しく，かんながけがしやすいので仕上面（見え掛かり）に使われる．一方，木裏は逆目が立ちやすいので，見え隠れする部分に使われる．

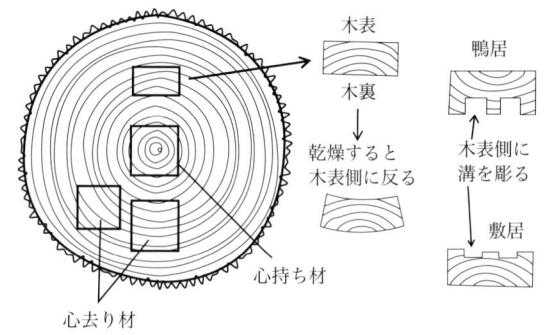

図2·10 木表と木裏，心持ち材と心去り材

木表と木裏

樹木の生育上，ミクロ構造が全体に円錐形となっていることから，かんななどの刃物を使った材面の切削では，木表は末口から元口方向へ，木裏では元口から末口方向へ切削することで逆目をおこさずきれいな加工ができる．板材の反り向きや仕上げ面を考慮した材の利用方向，加工の方向として，木表と木裏を区別することは，建築・家具・建具・彫物・木工芸など，分野を問わず重要な意味を持っている．

例えば，敷居，鴨居などの内法材では，内法側に反るように考慮して表側を木表となるように木材を使用する．

木表は節が少なく木目も美しく，削った表面には光沢があり，逆目も立ちにくいので，縁甲板，地板，テーブルの天板などでも木表を表側にして用いるのが普通である．

9 心持ち材と心去り材

　心持ち材とは，図2・10のように髄を持つ木材をいい，心去り材とは髄を含まずに構成されている木材をいう．心持ち材は強度があり，構造材に適している．

4）木材の乾燥

　伐採する前の木材を生木といい，この生木には多くの水分を含んでいる．完全に乾燥した木材質量に対する水分量を百分率で示したものを含水率といい，含水率の増減により，木材の特徴の1つである膨張・収縮が起こる．

　木材は，伐採後に乾燥させると次のような利点がある．

①重量が軽くなり，運搬が便利．
②強度が増大する．
③使用後，収縮による変形が起きにくい．
④加工がしやすい．
⑤菌の発生や虫害・腐食が防げる．
⑥塗料や薬剤の使用効果が大きくなる．

1 木材の含水率

　一般的に，生木には約40％以上（飽和含水状態という）の水分が含まれているが，木材は伐採後，乾燥して水分を失っていく．木材は含水率により次の3つの段階に区分できる．

①**繊維飽和点**…含水率が約25〜30％．細胞膜が結合水で飽和され，かつ自由水がまったくなくなった状態のこと．この点を境にして木材の収縮，膨張が始まり，また，木材のあらゆる物理的性質が変わってくる．

②**気乾状態**…含水率が約15％．木材を通常の大気中で乾燥させ，平衡に達した状態のときの含水率．

③**絶乾状態**…含水率が約0％の状態をいい，この状態を絶乾材という．

※標準含水率…含水率15％で，木材の各種の材料試験のときの基準となるもの．日本では15％であるが，アメリカでは12％に設定されている．

2 木材の乾燥方法

　木材の乾燥方法は，天然乾燥・人工乾燥の2種類に大別できる．

①**天然乾燥**…木材を天日により乾燥させる方法で，直射日光や雨をできるだけ避けて，材料を建て掛けるか横積みして，長期間にわたり乾燥させていく（図2・11）．

図2・11　天然乾燥

②**人工乾燥**…人工乾燥には以下のようなものがある．人工乾燥は短期間に所定の含水率まで乾燥でき，割れなどの損傷を防ぐことができる．

a) 蒸気式（高温）乾燥法…ボイラーの熱源により，蒸気加熱して乾燥する方法．最も一般的に使用されている．従来は70〜80℃の乾燥温度だったが，乾燥時間の短縮を目的として最近では100〜120℃で処理が可能な乾燥機の導入が多くなっている．なお，100℃以上で乾燥する方法を高温乾燥法ともいう．

b) 減圧（真空式）乾燥法…乾燥室の圧力を大気圧以下に下げることにより，乾燥を早める方法．

c) 高周波熱風複合乾燥法…高周波加熱と熱風乾燥を組み合わせた乾燥法であり，前述の蒸気式乾燥法よりも乾燥時間を短縮できる．

d) 高周波加熱減圧乾燥法…高周波加熱と減圧乾燥を組み合わせた乾燥法であり，乾燥時間の大幅な短縮化が可能．現在普及している乾燥法では最も乾燥時間が短いとされている．しかし，装置価格が高く，乾燥中に電力を多く消費するために，ランニングコストは高い．

図 2・12 高周波加熱減圧乾燥法
(富士電波工機㈱ HP, http://www.fdc.co.jp/ より)

e) その他…熱風加熱減圧乾燥法，燻煙乾燥法，パラフィン液相乾燥法，太陽熱利用乾燥法，地熱利用乾燥法などがある．

3 木材の乾燥収縮率

木材の乾燥収縮率は，含水率や樹種によりさまざまであるが，その大小関係は，〔繊維方向(C)＜年輪の半径方向(B)＜年輪の接線(円周)方向 (A)〕となる（図 2・13 参照）．

2・3 製材品

伐採された木材のことを原木という．この原木を加工して角材や板材にすることを**製材**という．

1) 木取り

原木を角材や板材などに加工するために分割する計画を木取りという．木取りは，必要断面の材を歩留り（使用した素材量に対する製品量の割合）が高いように得ることに加え，原木からいかにして欠点を避け，収縮や変形を予測し，品等の高い製品を得るかということも重要である．

木取りの方法は，原木の樹種や直径・品等で変わるが，一般的に直径が大きく，品等が上位の原木ほど板類やひき割類が取りやすい．また，表面に近い部分は丸身などの欠点が出やすく，中心部には死節があったり未成熟で品質が悪くなっていることが多いので，その中間部分が最も良質の材が得やすい．

なお，図 2・14，図 2・15 に木取りの例を示す．

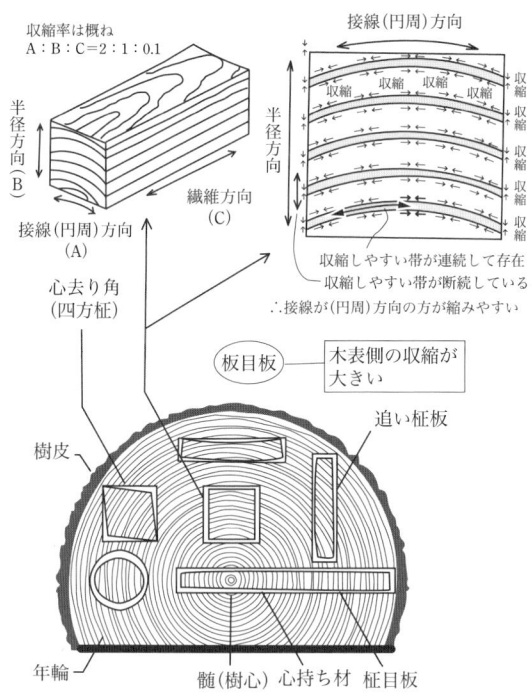

図 2・13 木材の乾燥収縮

この相違により，板目材は乾燥すると木表側に凹に変形する．

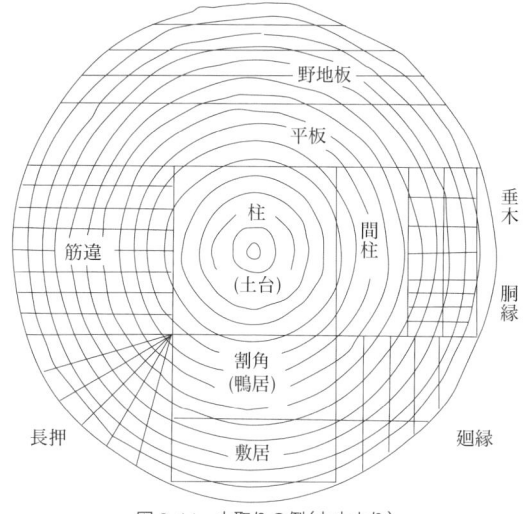

図 2・14 木取りの例(丸太より)

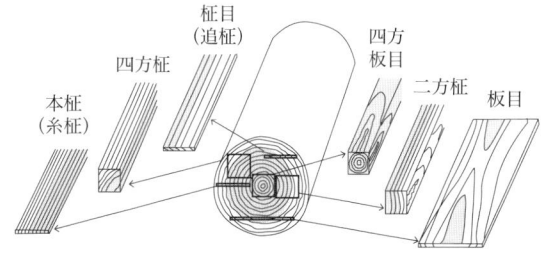

図 2・15 木取りの例(柾目と板目)
(日本建築学会『建築材料用教材』2006 年, p.4)

2）木理（木目）

木材を製材する位置と方向により，年輪が様々な文様を描くが，これを木理または木目という．木理はその文様から柾目と板目に大別できる．

①柾目

樹木の年輪に対して直角方向に切ったときに現れる面．木理に平行に木取りをするので幅の広い板は取りにくい．また歩留まりも悪い．しかし柾目の板材は，板目材に比べ変形や収縮することが少ない．柾目には木取り方法，樹種，樹齢などによって，糸柾，追柾，平柾，本柾などの市場での区分がある．

②板目

木を年輪の接線方向に製材したとき，その面に現れる山形や波形の木目のこと．また，丸太の中心からずれて挽くほど，年輪が平行ではなく山形などの木目が現れる．幅広の材料が取りやすく，製材歩止まりが良いので，製材の効率が良くなる．板などの一般の木材は，ほとんど板目である．板目に取られた材料は，柾目のものと比べると，収縮が大きく割れやすく，木表側に反りが出やすい．

表2·2　建築用製材の日本農林規格

区分・用途			等級		含水率		
針葉樹	構造用	目視等級区分[*1]	甲種[*2]	構造用Ⅰ[*4]:「甲Ⅰ」	1級, 2級, 3級	仕上げ材	SD15: 15%以下	SD20: 20%以下
				構造用Ⅱ[*5]:「甲Ⅱ」				
			乙種[*3]	「乙」		未仕上げ材	D15: 15%以下	D20: 20%以下
		機械等級区分[*3]		E50, E70, E90, E110, E130, E150			D25: 25%以下	
	造作用[*7]			無節, 上小節, 小節, 並		仕上げ材	SD15: 15%以下	SD18: 18%以下
						未仕上げ材	D15: 15%以下	D18: 18%以下
	下地用[*8]			1級, 2級		仕上げ材	SD15: 15%以下	SD20: 20%以下
						未仕上げ材	D15: 15%以下	D20: 20%以下
広葉樹[*9]				特等, 1等, 2等			D10: 10%以下	D15: 15%以下

*1：構造用製材のうち，節，丸身等材の欠点を目視により測定し，等級区分するものをいう．
*2：目視等級区分構造用製材のうち，主として高い曲げ性能を必要とする部分に使用するものをいう．
*3：目視等級区分構造用製材のうち，主として圧縮性能を必要とする部分に使用するものをいう．
*4：甲種構造材のうち，木口の短辺が36mm未満のもの，及び木口の短辺が36mm以上で，かつ，木口の長辺が90mm未満のものをいう．
*5：甲種構造材のうち，木口の短辺が36mm以上で，かつ，木口の長辺が90mm以上のものをいう．
*6：構造用製材のうち，機械によりヤング係数を測定し，等級区分するものをいう．
*7：製材のうち，針葉樹を材料とするものであって，敷居，鴨居，壁その他の建築物の造作に使用することを主な目的とするものをいう．
*8：製材のうち，針葉樹を材料とするものであって，建築物の屋根，床，壁等の下地(外部から見えない部分をいう．)に使用することを主な目的とするものをいう．
*9：製材のうち，広葉樹を材料とするものをいう．

表2·3　製材の種類と用途

名称	平角	正角	平割	正割	厚板	板	小幅板	斜面板
断面形状	a < b a, b： 7.5cm以上	a = b a, b = 7.5cm以上	a < b a：7.5cm 未満 b：30cm未満	a = b a, b： 7.5cm未満	a：3cm以上	a < b a：3cm未満 b：12cm以上	a < b a：3cm未満 b：12cm未満	a：6cm以上
寸法の例 (mm)	(120×300)	(105×105)	(45×105)	(50×50)	(30×270)	(15×150)	(15×45)	(6×30×90)
用途	梁 桁 上り框	柱 土台 束 母屋 棟木 大引	間柱 鴨居 敷居 窓枠 筋違 根太 垂木	根太 垂木 廻縁 押縁	段板 側板 棚板 足場板	野地板 下見板 天井板 床板	貫 胴縁 木ずり 根太掛け 幅木	長押 広小舞 登よど 幅木

図2·16　JASマーク

3）規格・等級・形状

製材の規格は**日本農林規格（JAS）**で表2・2のように定められている．建築用材として一般に用いられている用途別の製材形状は表2・3のようなものがある．

図2・16の表示例は，針葉樹・構造用製材・目視等級区分構造用製材のJASマークである．保存処理製材の場合は，等級の下の欄に性能区分（K1〜K5）および薬剤名（例：ACQ）が表示される．

4）木材の欠点

木材は天然材料であるため，人工材料のように材質が均一でなく，製品個々に品質が異なり，乾燥収縮により変形する場合がある．欠点には次のようなものがあり，美観上だけでなく，強度や耐久性にも影響があるので注意が必要である．

1 割れ

割れは，木材の乾燥収縮に伴って起こるもので，成育中にできる割れと，伐採後にできる割れがある．

① 成育中にできる割れ
- 心割れ…心材の収縮によって，木材の中心部から外側へ，年輪に対して直角方向へ放射状に生じる割れ．
- 目回り…年輪に沿ってできる円形の割れ．

これらの欠点は「木取り」の時に避けて製品化される．

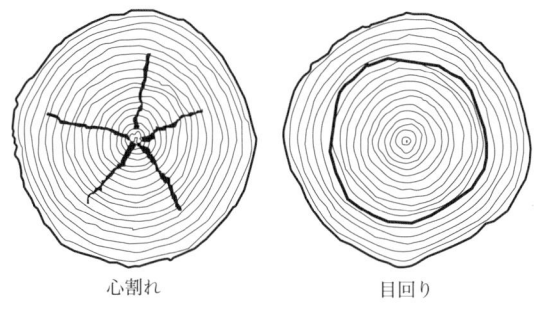

図2・17　成育中にできる割れ

② 伐採後にできる割れ
- 木口割れ…乾燥収縮により木口から生じる割れ．木口に接着材等を塗って防ぐこともある．
- 肌割れ…外側から内側に向かって起こる割れ．心持ち材に多い．

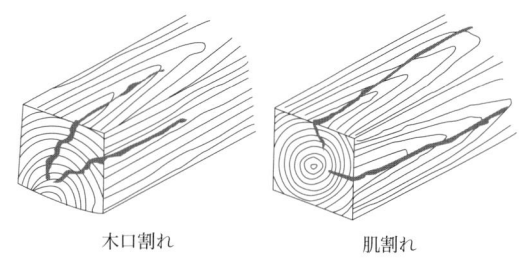

図2・18　伐採後にできる割れ

※ 背割り…心待ち柱角材，磨き丸太などが勝手な割れを生じさせないよう，あらかじめ樹心に達する鋸目を入れておくこと．

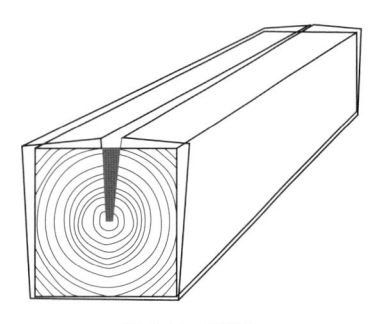

図2・19　背割り

2 節

節は，樹木が生長する過程で，樹幹内に枝が巻き込まれてできる．大きさや形状，個数によって，製材品の等級区分がなされている．

- 生節…周囲の組織ともつながっていて，抜け落ちないもの．美観上の問題．
- 死節…枯死した枝が樹幹に取り込まれ，周囲の組織と密着していない．
- 抜節…死節が乾燥収縮して抜け落ちたもの．

抜節と死節は，木材の断面欠損となり，構造上の問題となる欠点である．

3 狂い

含水率変化に伴う木材の膨潤収縮量は異方性を示すため，図2・20に示すように，様々な方向に反りや捩れを生じる．

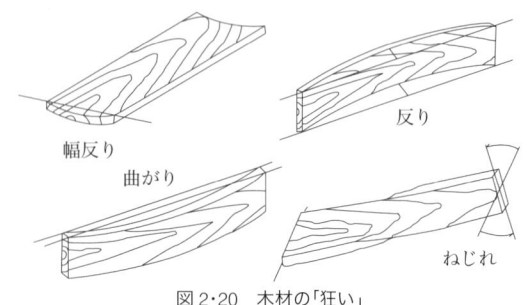

図2・20 木材の「狂い」

4 その他の欠点

- 入り皮…外皮の一部が木質部に入り込んだもの．
- 蛇下り…気温の低下による樹木の細胞水の凍結と気温上昇による復元の繰りかえしで細胞が異状発達し，その部分の樹幹に蛇が下がっているような隆起した部分．
- あて…木材の一部が発育不全のため年輪が変質したもの．木質が硬く，加工が困難．
- 空洞…材の中心が，腐朽菌に侵されたり，鳥や小動物などが巣をつくったりしたために，空洞となったもの．
- 胴打ち…木を切り倒す時や運搬中にできた打ち傷で，組織が破壊されたもの．
- やにつぼ…年輪の間にやにがたまったもので，松材などに多い．
- かなすじ…やにが線状に太く入ったもの．
- こぶ…バクテリアにより膨張したもの．

図2・21 木材の欠点
(建築のテキスト編集委員会編『初めての建築材料』学芸出版社，2000年，p.29)

2・4 木材の強度

木材の強度は，含水率が30%以上（繊維飽和点以上）ではあまり変化しないが，これ以下の場合，含水率の低下に伴って増加する．また，一般に，気乾比重が大きい（同一含水率で重い）樹種ほど強度が大きい．

木材の繊維方向の基準強度の大小関係は，〔曲げ＞圧縮＞引張＞せん断〕となっている．引張強さを10とすると，せん断強さは概ね1である．

木材の直交する3方向の引っ張り強さの大小関係は，〔繊維方向＞年輪の半径方向＞年輪の接線（円周）方向〕の順になる．

直交する3方向のヤング率の大小関係は，〔繊維方向：年輪の半径方向：年輪の接線（円周）方向〕で，概ね〔100：10：5〕である．なお，木材のヤング係数は（繊維方向で）概略 $10 kN/mm^2$ である（鋼材は $210 kN/mm^2$）．

また，木材に一定以上の荷重を継続して載荷すると，時間の経過に伴って変形が増大する「クリープ現象」が生じる．

断面の大きな材は大きな欠陥をもつ可能性が高く，断面積に応じた基準強度を設定する必要がある．2000年6月に施行された改正建築基準法では，このことを考慮して，断面寸法による調整係数を基準強度の表とともに示すことにしている．

並列材に構造用合板等を張り，荷重・外力を支持する場合，曲げに対する基準強度はシステム係数を乗じて割り増すことができる．（並列材とは垂木や根太等が並列に複数本並んでいる状態のことで，これに合板などの面材を釘打ちした場合，どれか1本の根太が弱い時でも，並列する根太が強度を補っているという考え方による強度の割り増しである．）

基準強度は，樹種や等級で分けられた材種の強度の下限値（正規分布5%下限値）で定義している．基準強度の例を，表2・4，表2・5に示す．

木材の許容応力度

- 設計に用いる許容応力度には短期荷重（地震力，風圧力など）に対する短期許容応力度と長期荷重

表2・4 スギの基準強度

樹種	区分	等級	基準強度（N/mm²）			
			Fc（圧縮）	Ft（引張）	Fb（曲げ）	Fs（せん断）
目視等級部分	甲種構造材（曲げ性能を重視する用途）	1級	21.6	16.2	27.0	1.8
		2級	20.4	15.6	25.8	
		3級	18.0	13.8	22.2	
	乙種構造材（圧縮性能を重視する用途）	1級	21.6	13.2	21.6	
		2級	20.4	12.6	20.4	
		3級	18.0	10.8	18.0	
機械等級部分		E50	19.2	14.4	24.0	1.8
		E70	23.4	17.4	29.4	
		E90	28.2	21.0	34.8	
		E110	32.4	24.6	40.8	
		E130	37.2	27.6	46.2	
		E150	41.4	31.2	51.6	
無等級材		なし	17.7	13.5	22.2	1.8

（建設省告示第1452号より）

表2・5 木材（無等級材*）の基準強度

樹種		基準強度（N/mm²）			
		Fc（圧縮）	Ft（引張）	Fb（曲げ）	Fs（せん断）
針葉樹	あかまつ，くろまつ及びべいまつ	22.2	17.7	28.2	2.4
	からまつ，ひば，ひのき及びべいひ	20.7	16.2	26.7	2.1
	つが及びべいつが	19.2	14.7	25.2	2.1
	もみ，えぞまつ，とどまつ，べにまつ，すぎ，べいすぎ及びスプルース	17.7	13.5	22.2	1.8
広葉樹	かし	27.0	24.0	38.4	4.2
	くり，なら，ぶな，けやき	21.0	18.0	29.4	3.0

*無等級材：日本農林規格に定められていない木材 　　　　　　　　　　　　　　（建設省告示第1452号より）

（屋根荷重のような固定荷重や家具などの積載荷重）に対する長期許容応力度がある．

・木材の繊維方向の積雪期以外の長期許容応力度は{1.1/3倍（0.37）×基準強度}の値．これは50年間の荷重の継続に対して許容値を設定している．また，短期許容応力度は{2/3倍（0.67）×基準強度}の値である．

・3か月程度の長期の積雪に対しては{1.43/3倍（0.48）×基準強度}の値（長期許容応力度の1.3倍）．

・3日程度の短期の積雪に対しては{1.6/3倍（0.53）×基準強度}の値を許容応力度として用いる（短期許容応力度の0.8倍）．

2・5 木材加工品

1）合板

合板とは，薄く剥いた単板（ベニヤ「veneer」）を乾燥させ，それを奇数枚，繊維方向を90°互い違いに重ねて加熱圧着した木質ボードである．日本では合板をベニヤ板と呼ぶことが多いが，本来ベニヤ（veneer）とは単板を意味する（合板の英訳はplywood「プライウッド」である）．

日本農林規格では，住宅等の構造用に用いられる構造用合板，コンクリートの型枠に用いられるコンクリート型枠用合板（コンパネ），特に用途を定めない普通合板，その他難燃合板などがある．合板＝コンパネと誤解されているケースがよく見られるが，

前述の通り，コンクリート型枠用合板のことをコンパネと言うのであって，すべての合板を「コンパネ」と総称するのは誤りである．ホームセンターなどでよく見かける，化粧合板の代表としてシナベニヤがある．このシナというのは，使われている木の種類（シナノキ）のことである．

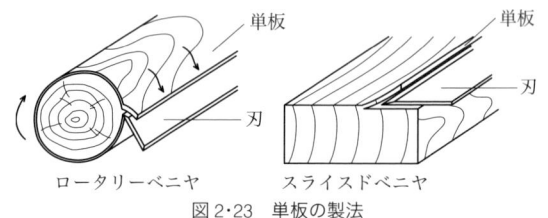
図2・23　単板の製法

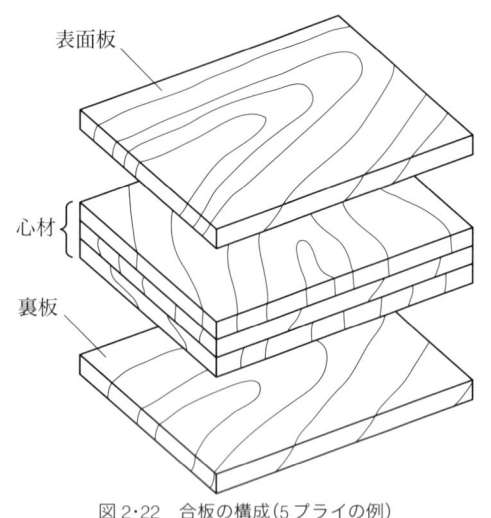
図2・22　合板の構成（5プライの例）
奇数枚，繊維方向を交互に直交して接着される．

構造用合板の中には強度等級があり，住宅等の構造上重要な部分には必要な強度の構造用合板を用いなければならない．日本農林規格では合板中の接着剤から放出される**ホルムアルデヒド**の量についての性能区分もあり，合板 $750cm^2$ から24時間に放散するホルムアルデヒドの量が平均 $0.3mg/L$ 以下である F☆☆☆☆から，$5.0mg/L$ の F☆の4段階の区分がある．

表2・6　ホルムアルデヒドの放散量

性能区分	平均値（mg/L）	最大値（mg/L）
F☆☆☆☆	0.3	0.4
F☆☆☆	0.5	0.7
F☆☆	1.5	2.1
F☆	5.0	0.7

合板を製造する際，最初に原木から中間生成物である単板を作る必要がある．単板の製法は図2・23参照．合板の製法は図2・24（F）参照のこと．

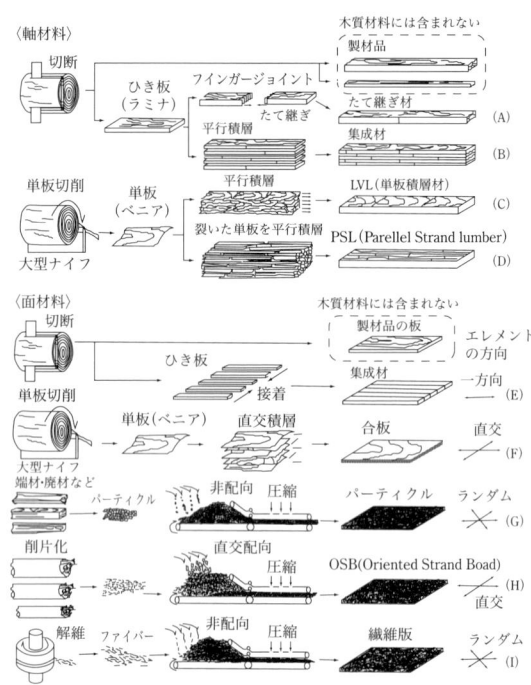
図2・24　代表的な木質材料の製造工程
（日本建築学会『建築材料用教材』2006年，p.10）

2）集成材

集成材は，挽き板や小角材などの部材（ラミナ：lamina）を繊維方向を揃えて，厚さ・幅・長さ方向に集成し，合成樹脂接着剤で接着して作る木質材料，木材加工二次製品である．

図2・25　集成材

構造用と造作用に分類され，日本農林規格（JAS）では，造作用集成材，化粧ばり造作用集成材，化粧

ばり構造用集成柱，構造用集成材の4つに分類して，その品質や性能の基準を定めている．

　天然材に比べて，均質で，大断面・大スパン材・曲線部材などが得られるため，近年，大断面集成材が学校建築物などの大型公共施設に利用され，木質ドームなども造られるようになった．

　一般に輸入された通直の構造用大断面集成材はグルーラムと呼ばれている．

　集成材の製造方法を図2・24(B)・(E)に示す．

メリット
・木材素材よりも強度のばらつきが小さい．そのため設計強度を大きく取ることができる．
・通常の木材では得られない大きな断面のもの，湾曲した形状のものを作ることができる．
・スギなどの間伐材や歪みの出やすいカラマツなどを有効に活用できる．
・乾燥による変形・割れ等の狂いが生じにくい．

デメリット
・無垢の木材よりも製造コストがかかる．
・技術的に未熟な製品では，接着面がはがれ隙間ができる場合がある．
・接着剤の成分によっては，廃棄（焼却）時に環境負荷が大きくなることがある．

2・6　その他の木材製品

1）フローリング

　床に張る木製の板類の総称．一般的にフローリングという場合は人工乾燥をした広葉樹材を使って鉋削り・さねはぎ等の加工をしている．主にLDKや洋室に使われ，掃除がしやすく，畳やカーペットに比べてダニ等の心配が少ないことから人気が高い床材だが，遮音性能が高くないと下階に音が伝わりやすいので注意が必要である．

2）繊維板

　繊維板とは，木材を繊維状にほぐしたものなどの植物繊維を主原料とし，接着剤等を加えて板状にしたもののことを言う．

　繊維板は，製造過程で圧縮した「硬質繊維板（HB：ハードボード）・密度（g/cm³）が0.8以上」，圧縮しない「軟質繊維板（IB：インシュレーションボード）・密度0.35未満」，この中間の密度が0.35以上の「中質繊維板（MDF：ミディアムデンシティーファイバーボード半硬質繊維板）」に分けられる．

図2・26　MDF

3）パーティクルボード

　パーティクルボードとは，木材をチップ状にしたものを加熱圧縮成形した厚い板状のもののことを言う．パーティクルボードは，遮音性，断熱性に優れ，床や屋根の下地用，家具芯地用などに用いられている．

図2・27　パーティクルボード

　パーティクルボードは木材の裁断サイズにより分類され，最も大きなチップを用いているOSB（Oriented Strand Board）は，近年急速に市場を拡大している．

図2·28 OSB

パーティクルボードは，その構成により，単層・3層・多層ボードに分けられる．

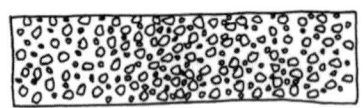

図2·29 単層パーティクルボード

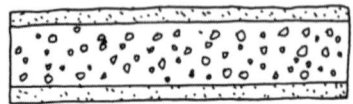

図2·30 3層パーティクルボード

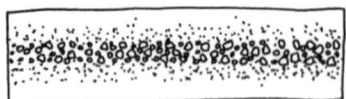

図2·31 多層パーティクルボード

4) 木質セメント板

木材の細片をセメントで固めて作った板材料の総称を木質セメント板という．それらは「**木毛セメント板**」と「**木片セメント板**」に大別される．

木毛セメント板は木材をリボン状に切削し，セメントと混練，圧縮成型したボードで製品の密度により普通木毛セメント板と硬質木毛セメント板がある．

木片セメント板とは比較的短い木片とセメントを混練圧縮成型したボードである．

木質セメント板は，防火，断熱，防音という建築材料に求められる性能を有する建材としてだけではなく，近年では間伐材，製材残材，建築古材などを利用する「リサイクル建材」の代表としてグリーン購入法の指定資材として認定され，又，ホルムアルデヒドやV・O・Cを放出しない建材としても認定されている．

図2·32 木毛セメント板

練習問題 2.1 木材および木質系材料に関する次の記述のうち，**最も不適当な**ものはどれか．

1. 板目材は，乾燥すると，木表側に凹に変形する．
2. インシュレーションボードは，木材の小片（チップ）に接着剤を加えて，加熱圧縮成形したボードである．
3. 木材を通常の大気中に放置して，乾燥したときの含水率を，気乾含水率という．
4. 木材の燃焼によってできた表面の炭化層は，断面内部を燃焼しにくくする．

練習問題 2.2 木材および木質系材料に関する次の記述のうち，**最も不適当な**ものはどれか．

1. 木材のヤング係数は，繊維に直角方向より繊維方向のほうが小さい．
2. 木材のクリープによる変形は，木材に一定の継続荷重が長期間作用する場合，初期変形に対して，気乾状態では約2倍，湿潤状態では約3倍になるものとして設計する．
3. 荷重継続期間を3か月程度と想定した積雪荷重を検討する場合，木材の繊維方向の長期許容応力度は，通常の長期許容応力度の1.3倍とする．
4. 木材の繊維方向の許容応力度の大小関係は，一般に，曲げ＞圧縮＞引張り＞せん断である．

練習問題 2.3 木材の防腐および防蟻に関する次の記述のうち，**最も不適当な**ものはどれか．

1. 辺材は，一般に，心材に比べて腐朽しやすく，防蟻性に劣る．
2. 木材の腐朽は，木材腐朽菌の繁殖条件である酸素・温度・水分・栄養源のうち，一つでも欠くことによって防止することができる．
3. 防腐剤を加圧注入した防腐処理材において，仕口や継手の加工が行われた部分については，木材全体が防腐処理されているので再処理を行わなくてよい．
4. 木造建築におけるシロアリの被害については，ヤマトシロアリは建築物の下部に多く，イエシロアリは建築物の上部にまで及ぶことがある．

練習問題 2.4 木材および木質系材料に関する次の記述のうち，**最も不適当な**ものはどれか．

1. 木材に，ある限度以上の一定荷重を継続して載荷しておくと，時間とともに変形が増大する．
2. 普通合板は，木材を薄くむいた単板を互いに繊維方向を直交させて積層接着させたもので，異方性の少ない面材である．
3. 構造用合板のホルムアルデヒド放散量の基準において，ホルムアルデヒド放散量の平均値については，「F☆と表示するもの」より「F☆☆☆☆と表示するもの」のほうが高い．
4. 集成材は，ひき板または小角材等をその繊維方向をほぼ平行にして，厚さ・幅・長さの方向に集成接着した材料である．

第3章 コンクリート(1)

コンクリートはセメントと水で作られる結合材で，細骨材と粗骨材を固めたものである．ここから粗骨材を除いたものをモルタル，更にモルタルから細骨材を除いたものをセメントペーストと呼ぶ．コンクリートを構成する各材料の一般的な体積比は図3·1に示す通りであり，骨材が全体の約7割を占めている．

コンクリートの構成を大まかに表現すれば，セメントペーストと骨材で表され，結合材であるセメントペーストが骨材間の空隙を埋め，固まる前のコンクリートに流動性を与える．硬化したセメントペーストは，一般的に骨材より低強度であるため，コンクリートの強度はセメントペーストに支配される．

コンクリートにはセメントや骨材以外に，施工性や耐久性を改善する目的でセメントや骨材を置き換える混和材，使用量が少なく水に溶かして使用する混和剤がある．

また，コンクリート構造物の種類には鋼材で補強した鉄筋コンクリート，高強度のPC鋼材で圧縮を与えたプレストレストコンクリート，鋼材で補強しない無筋コンクリートがある．

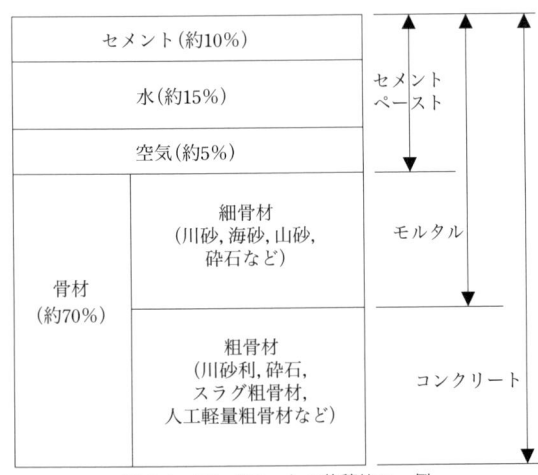

図3·1 コンクリートの体積比の一例

3·1 ポルトランドセメント

セメント（Cement）とは一般に接着剤，接合剤を表す言葉で，コンクリートには水を混ぜることで固まる（硬化する）水硬性セメントを使用する．コンクリート用セメントは灰色の粉末で，最も一般的に使用される「ポルトランドセメント」，ポルトランドセメントに各種の混合材を添加した「混合セメント」，特殊な用途・製法の「特殊セメント」に大別される．

1) ポルトランドセメントの製造

セメントの製造は図3·2の模式図に示すように，原料工程，焼成工程，仕上げ工程の3工程に分けられ，品質管理を経て出荷される．

セメント1tの製造にはおよそ石灰石1100kg，粘土200kg，その他原料100〜200kgが必要である．また，主成分であるCaO，Al_2O_3，SiO_2，Fe_2O_3を含む物質であればたいていセメントの原料にすることができるため，製鉄所の高炉スラグ，石炭火力発電所の石炭灰，その他各種廃棄物などが年間約2900万tも有効利用されている．

1 原料工程

セメントの原料は石灰石，粘土，けい石，酸化鉄原料（鉄鋼の精錬の際に発生するスラグ），石こうであり，そのほとんどが国内で自給できる．これらの原料を混ぜ合わせたものを粉砕機にかけて粉砕したものが「原料ミル」で，次の焼成工程に送られる．

2 焼成工程

セメント製造の中心的な工程で，プレヒーターで予熱された「原料ミル」はロータリーキルン（回転窯）へ送られ，傾斜をもって回転するロータリーキルン内をゆっくりと進んでゆく．この中で「原料ミル」は入口付近で400℃，そして出口付近において

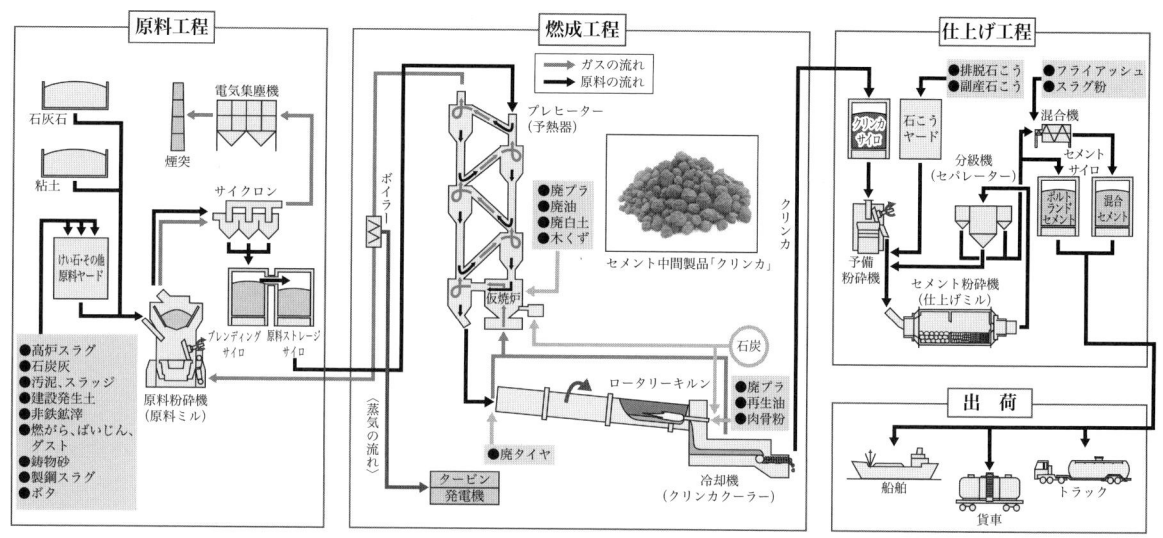

図3・2 ポルトランドセメントの製造工程（セメント協会HP, http://www.jcassoc.or.jp/cement/1jpn/jd3.html）

1450℃以上の高温で焼かれ，水硬性をもった化合物の集まりである「**クリンカ**」に焼成される．高温で焼成された「クリンカ」はクリンカクーラーで冷まされた後，次の仕上げ工程に送られる．

3 仕上げ工程

仕上げ工程では，先の焼成工程で作られたこぶし大の塊である「クリンカ」と適量のせっこう（2〜3%）を混ぜて，細かい粉末（平均粒形10μm）になるまで微粉砕して「仕上げミル」が作られる．また，高炉セメントやフライアッシュセメントなどの混合セメントでは，この工程で高炉スラグやフライアッシュ等を添加する．

4 品質管理

セメント製造における品質管理では，原料工程において，受入れ時の水分，化学成分を測定することで，廃棄物などの原料を使用しても安定した製造が可能なように配慮されている．また，仕上げ工程ではセメントの粉末度や化学成分分析をもとに「仕上げミル」の調整が行われ，最後に強さ試験などの品質が確認されて出荷される．

2) ポルトランドセメントの化学組成

ポルトランドセメントの主要な構成元素，化学成分，生成化合物は図3・3のようにまとめられる．石灰石や粘土などのセメント原料に含まれるCaやSiなどの構成元素はクリンカ焼成時に酸化カルシウム（CaO），二酸化けい素（SiO_2），酸化アルミニウム（Al_2O_3），酸化第二鉄（Fe_2O_3）などの化学成分が一定の割合で結合し，水硬性を持った組成化合物を形成する．また，セメント化学においては慣習的にCaOをCと，SiO_2をSと，Al_2O_3をAと，Fe_2O_3をFとそれぞれ略記する．

セメントの主要な組成化合物は，**ケイ酸三カルシウム（C_3S），ケイ酸二カルシウム（C_2S），アルミン酸三カルシウム（C_3A），鉄アルミン酸四カルシウム（C_4AF）**の4種類で，それぞれ表3・1に示すような特性を持ち，図3・4に示すように早期の強度が必要な早強セメントでは普通セメントに比べてC_3Sの割合が高く，一方，水和発熱を抑えた中庸熱・低熱セメントではC_2Sの割合を高くしている．

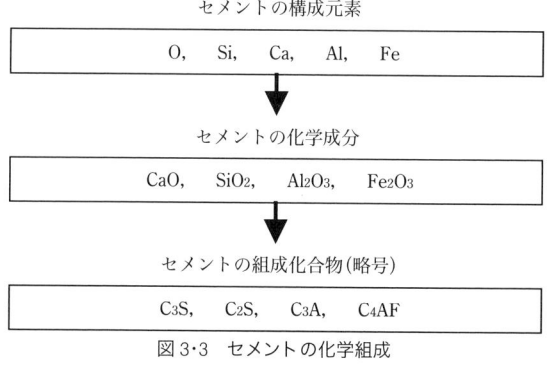

図3・3 セメントの化学組成

表 3・1 セメントクリンカの組成化合物と特性

名称	けい酸三カルシウム（エーライト）	けい酸二カルシウム（ビーライト）	アルミン酸三カルシウム（アルミネート相）	鉄アルミン酸四カルシウム（フェライト相）
分子式	$3CaO \cdot SiO_2$	$2CaO \cdot SiO_2$	$3CaO \cdot Al_2O_3$	$4CaO \cdot Al_2O_3 \cdot Fe_2O_3$
略号	C_3S	C_2S	C_3A	C_4AF
水和反応速度	速い	遅い	非常に速い	非常に早い
強度	早期（28日以内）	長期（28日以後）	早期（1日以内）	―
水和熱	中	小	大	小
収縮	中	小	大	小
化学抵抗性	中	大	小	中

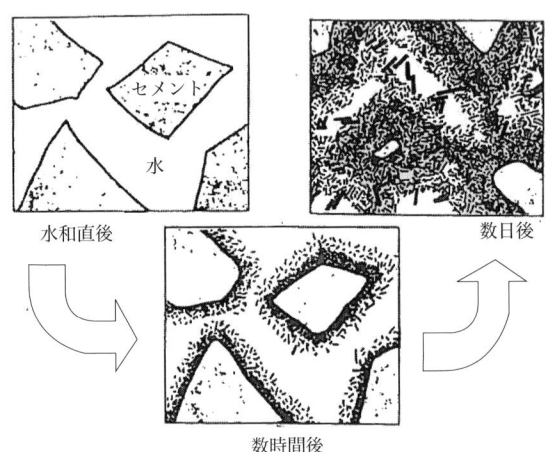

図 3・5 セメントの水和硬化の模式図

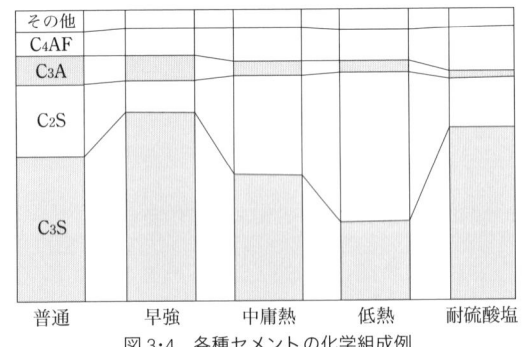

図 3・4 各種セメントの化学組成例

3) セメントの水和反応

セメントに水を加えると，図 3・5 に示すようにセメント粒子の表面から発熱を伴う化学反応が起きる．このときの反応を「水和反応」，また生成される物質を「水和生成物」と言う．「水和生成物」は時間とともに大きくなり，数時間後には個々のセメント粒子が干渉して軟らかさを失い，数日後には水和物どうしが結びついて徐々に固まっていく．

水和生成物は図 3・6 に示す反応のように，セメントの組成化合物ごとに色々な種類がある．セメントの主要な組成化合物である C_3S や C_2S では，ケイ酸カルシウム水和物［C-S-H と略記］と水酸化カルシウム［$Ca(OH)_2$］が生成する．また，C_3A および C_4AF ではエトリンガイト［$3CaO \cdot Al_2O_3 \cdot 3CaSO_4 \cdot 32H_2O$］やモノサルフェート［$3CaO \cdot Al_2O_3 \cdot CaSO_4 \cdot 12H_2O$］等が生成する．

各種の水和生成物は水を加えると同時に生成するわけではない．図 3・7 ではポルトランドセメントの時間の経過に伴う水和発熱を示すが，ここからも水和反応がいくつかの段階を経ていることがわかる．

注水直後のアルミネート相（C_3A）とせっこうの反応により急激にエトリンガイトを生成する第 1 段階に水和発熱は第 1 のピークを迎え，発熱量の少ない誘導期がこれに続く．ここまでの反応はおおむね 2～3 時間程度で水の中のセメント粒子は粘性を保っている．

その後，再び反応が活発になる加速期にけい酸カルシウム水和物と水酸化カルシウムが顕著に生成し，流動性を失い固化する「凝結」を起こし，発熱量は 10 時間程度で第 2 のピークを迎える．

第 2 のピークの後，発熱量は減速期に入るが，最後にモノサルフェート水和物生成に伴う第 3 のピークを迎え発熱量は暫時低減する．これらの水和発熱は 48 時間以内に一段落するが，C_3S，C_2S の反応は水が存在する限り継続し，強度を増して行く．

4) ポルトランドセメントの化学成分の規格

1 酸化マグネシウム（MgO）

規定量以上の場合，膨張し長期安定性を損なう．

2 三酸化硫黄（SO_3）

主に粉砕時に凝結時間を調整するために添加されるせっこうに由来する．過少なら通常より早期に凝結する異常凝結を，過大であれば膨張などの問題を生じる．

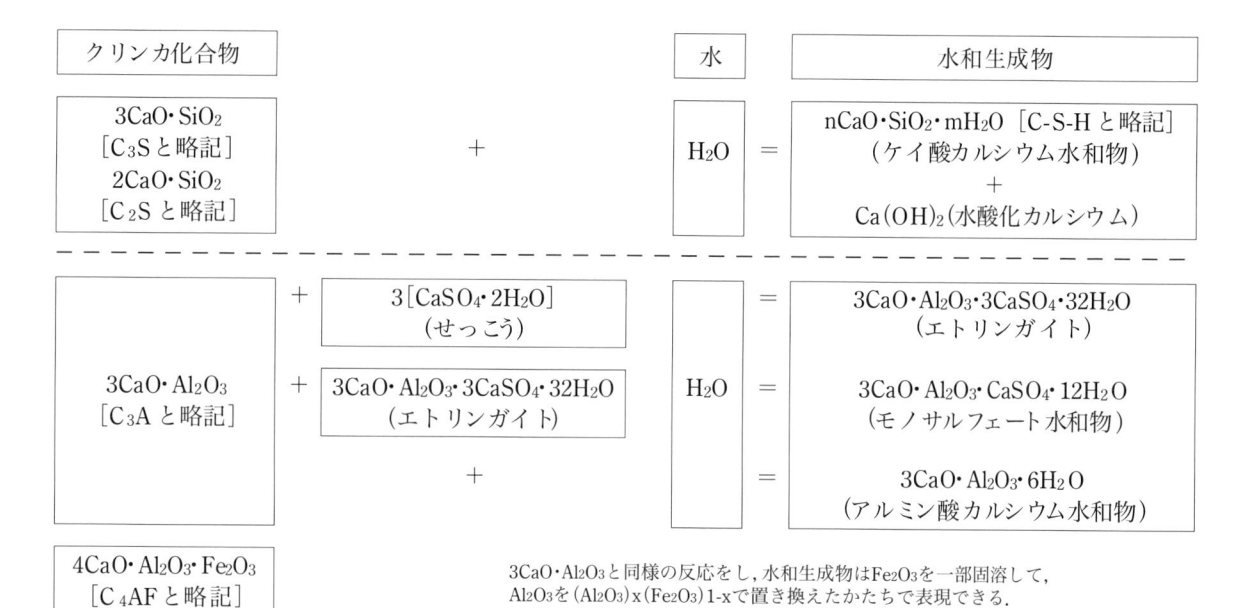

```
┌─クリンカ化合物──┐                                          ┌─水─┐  ┌─水和生成物──────────────┐
│ 3CaO·SiO₂      │                                          │    │  │ nCaO·SiO₂·mH₂O ［C-S-Hと略記］│
│ ［C₃Sと略記］    │         +                                │H₂O │= │ （ケイ酸カルシウム水和物）      │
│ 2CaO·SiO₂      │                                          │    │  │         +                    │
│ ［C₂Sと略記］    │                                          │    │  │ Ca(OH)₂（水酸化カルシウム）    │
└────────────┘                                          └──┘  └──────────────────────┘
```

```
┌────────────┐   ┌─ 3［CaSO₄·2H₂O］ ─┐                  ┌─  ┐  ┌ 3CaO·Al₂O₃·3CaSO₄·32H₂O ┐
│            │ + │   （せっこう）       │                  │   │= │ （エトリンガイト）           │
│ 3CaO·Al₂O₃ │   └──────────────┘                  │H₂O│  │ 3CaO·Al₂O₃·CaSO₄·12H₂O   │
│ ［C₃Aと略記］│   ┌ 3CaO·Al₂O₃·3CaSO₄·32H₂O ┐         │   │= │ （モノサルフェート水和物）     │
│            │ + │  （エトリンガイト）          │         │   │  │ 3CaO·Al₂O₃·6H₂O         │
│            │   └──────────────────┘ +       │   │= │ （アルミン酸カルシウム水和物）  │
└────────────┘                                          └──┘  └──────────────────────┘
```

```
┌────────────┐
│ 4CaO·Al₂O₃·Fe₂O₃│   3CaO·Al₂O₃と同様の反応をし，水和生成物はFe₂O₃を一部固溶して，
│ ［C₄AFと略記］  │   Al₂O₃を(Al₂O₃)x(Fe₂O₃)1-xで置き換えたかたちで表現できる．
└────────────┘
```

図3·6　セメントの水和反応の模式図

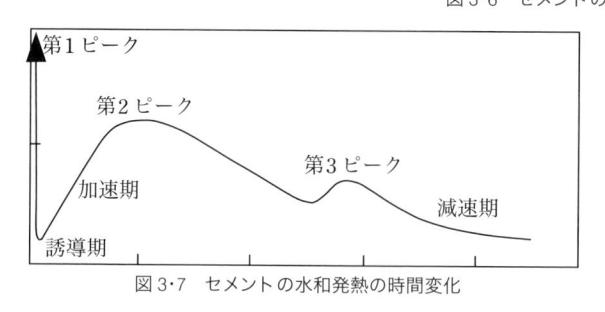

図3·7　セメントの水和発熱の時間変化

（第1ピーク，第2ピーク，第3ピーク，誘導期，加速期，減速期）

3 強熱減量

セメントを900〜1000℃で強熱した時の減量でセメント中の水分，二酸化炭素の含有量を示す．セメント中の水酸化カルシウムは，貯蔵中に空気中の湿気により炭酸カルシウムに変化（風化）して水分，二酸化炭素含有量が多くなり，強熱減量が増大する．

5) 各種ポルトランドセメント

JIS R 5210 は，普通ポルトランドセメント，早強ポルトランドセメント，超早強ポルトランドセメント，中庸熱ポルトランドセメント，低熱ポルトランドセメント，耐硫酸塩ポルトランドセメント，および，これら6種の低アルカリ型を含む合計12種類にて構成される．表3·2にJIS R 5210における品質を示す．

1 普通ポルトランドセメント

最も汎用性のあるセメント．国内で使用されるセメントの70％を占める．

2 早強ポルトランドセメント

C_3S 含有量を高め，粉末度を上げることで水との接触面積を増やし，早期強度を発現させる．1日で普通ポルトランドセメントの3日強度に相当する．プレストレストコンクリート，寒中コンクリート，工期短縮が必要な工事，工場製品などに使用する．

3 超早強ポルトランドセメント

早強ポルトランドセメントより更に早期強度を高めている．1日で普通ポルトランドセメント7日強度に相当するが，現在は生産されていない．

4 中庸熱ポルトランドセメント

C_3S, C_3A 含有量を低くし，結果として C_2S を多くすることで水和熱を低く抑えている．普通ポルトランドセメントに比べ初期強度は低いが，長期強度に優れ，乾燥収縮が小さく，硫酸塩に対する抵抗性が高い．マスコンクリートなどに使用する．

5 低熱ポルトランドセメント

中庸熱ポルトランドセメントより水和熱が低く，C_2S 含有量が40％以上となっている．初期強度は低いが長期にわたって強度を発現する．また，C_3A 含有量も少なく，高性能AE減水剤が良好に働く．この特性を活かして粉体量の多い，高流動・超高強度コンクリート等に使用される．

表 3・2 ポルトランドセメントの品質規格（JIS R 5210）

品質		種類	普通ポルトランドセメント	早強ポルトランドセメント	超早強ポルトランドセメント	中庸熱ポルトランドセメント	低熱ポルトランドセメント	耐硫酸塩ポルトランドセメント
密度 g/cm³			−	−	−	−	−	−
比表面積 cm²/g			2500 以上	3300 以上	4000 以上	2500 以上	2500 以上	2500 以上
凝結	始発 min		60 以上	45 以上	45 以上	60 以上	60 以上	60 以上
	終結 h		10 以下	10 以下	10 以下	10 以下	10 以下	10 以下
安定性	パット法		良	良	良	良	良	良
	ルシャテリエ法 mm		10 以下	10 以下	10 以下	10 以下	10 以下	10 以下
圧縮強さ N/mm²	1d		−	10.0 以上	20.0 以上	−	−	−
	3d		12.5 以上	20.0 以上	30.0 以上	7.5 以上	−	10.0 以上
	7d		22.5 以上	32.5 以上	40.0 以上	15.0 以上	7.5 以上	20.0 以上
	28d		42.5 以上	47.5 以上	50.0 以上	32.5 以上	22.5 以上	40.0 以上
	91d		−	−	−	−	42.5 以上	−
水和熱 J/g	7d		−	−	−	290 以下	250 以下	−
	28d		−	−	−	340 以下	290 以下	−
酸化マグネシウム			5.0 以下	5.0 以下	5.0 以下	5.0 以下	5.0 以下	5.0 以下
三酸化硫黄			3.5 以下	3.5 以下	4.5 以下	3.0 以下	3.5 以下	3.0 以下
強熱減量			3.0 以下	3.0 以下	3.0 以下	3.0 以下	3.0 以下	3.0 以下
全アルカリ			0.75 以下	0.75 以下	0.75 以下	0.75 以下	0.75 以下	0.75 以下
塩化物イオン			0.035 以下	0.02 以下	0.02 以下	0.02 以下	0.02 以下	0.02 以下
けい酸三カルシウム			−	−	−	50 以下	−	−
けい酸二カルシウム			−	−	−	−	40 以上	−
アルミン酸三カルシウム			−	−	−	8 以下	6 以下	4 以下

表 3・3 各種セメントの JIS 規格

種類	高炉セメント	シリカセメント	フライアッシュセメント
	高炉スラグの分量（質量%）	シリカ質混合材の分量（質量%）	フライアッシュの分量（質量%）
A 種	5 を越え 30 以下	5 を越え 10 以下	5 を越え 10 以下
B 種	30 を越え 60 以下	10 を越え 20 以下	10 を越え 20 以下
C 種	60 を越え 70 以下	20 を越え 30 以下	20 を越え 30 以下

⑥ 耐硫酸塩ポルトランドセメント

　硫酸塩との反応性を持つ C_3A の含有量を極力減らし，硫酸塩に対する抵抗性を持たせたセメント．土壌中に硫酸塩を含む地域に使用される．海水に対する抵抗性も強い．

3・2　各種セメント

1) 各種混合セメント

① 高炉セメント

　pH12 以上で，潜在水硬性を持つ高炉スラグを添加したセメントである．初期強度は小さいが，十分な養生の下，化学抵抗性，水密性，アルカリ骨材反応抑制効果に優れる．JIS R 5211 においては高炉スラグの混合率により A，B，C 種（表 3・3 参照）に区分されている．

② シリカセメント

　SiO_2 を主成分とするシリカフュームを混合したセメントで，フライアッシュ同様ポゾラン反応性を有している．高性能 AE 減水剤を併用することで分散性を確保すれば，緻密な硬化組織を形成し高強度，高耐久性を有するコンクリートが製造可能である．JIS R 5212 においてシリカフュームの混合率により A，B，C 種（表 3・3 参照）に区分されている．

③ フライアッシュセメント

　火力発電所で微粉炭を燃焼させたときに発生する副産物であるフライアッシュを添加したセメントである．フライアッシュはセメント水和物である $Ca(OH)_2$ と徐々に反応してエトリンガイトおよび C-S-

Hを生成するポゾラン反応性を有している．

球形の粒子が多いので単位水量を減らしワーカビリティを改善する．JIS R 5213 においてはフライアッシュの混合率によりA, B, C種（表3・3参照）に区分されている．

2）その他のセメント

1 エコセメント

都市ゴミ焼却灰などの廃棄物を原料としたセメントで，製品1tあたり廃棄物を500kg以上（乾燥ベース）使用して製造される．2002年に制定されたJIS R 5214においては，廃棄物由来の塩分量により，普通エコセメント（塩分量0.1％以下）と速硬エコセメント（塩分量0.5％以上，1.5％以下）に区分される．

2 超速硬セメント

数時間で強度が得られる超即硬性のセメントで，主成分は C_3S および $C_{11}A_7CaF_2$ である．凝結時間が極めて早いが，石こうまたは遅延剤の添加により調整できる．2～3時間で $10N/mm^2$ 程度の強度を発現する．アルミナセメントのような転移がないため，長期強度は安定している．超硬性を利用したグラウト，緊急工事，機械基礎の打替えなどに使用する．

3 白色ポルトランドセメント

ポルトランドセメント特有の灰緑色の元である Fe_2O_3 および MgO のうち Fe_2O_3 を極端に少なくすることで白色にしたセメントである．強度発現がやや早強型である以外は普通ポルトランドセメントと大差はない．顔料による着色が可能で，カラーセメントとしての用途がある．

4 膨張セメント

カルシウムサルフォアルミネート（CSA）または生石灰（CaO）により膨張性を与えたセメントで裏込めやグラウト工事に使用されるが，日本では膨張セメント中の膨張素材を膨張材として製造し，練混ぜ時に混和材として添加する方法が主流である．

5 アルミナセメント

アルミニウムの原料であるボーキサイトと石灰石から製造され，アルミン酸カルシウムを主成分とする．1日で普通ポルトランドセメントの28日相当の強度を発現するが長期安定性には欠ける．耐火性，化学抵抗性に優れ，緊急工事などに使用される．

6 油井セメント

油井の掘削において，ケーシングと地盤の隙間に充填されるもので，注入を保障するための流動性，高温・高圧下での強度発現性，水密性，また，必要に応じて耐硫酸塩性などの特性が要求される．

7 2成分，3成分系セメント

低発熱を目的に普通ポルトランドセメントや中庸熱ポルトランドセメントに高炉スラグやフライアッシュなどの混合材を指定した割合だけ混合したセメントである．混合材が1種類の場合を2成分，2種類の場合を3成分系と呼ぶ．

3・3　骨材の性質

骨材はコンクリート体積の約7割を占め骨格を形成する材料であるため，その品質はコンクリートの諸性質に大きな影響を及ぼす．表3・4にコンクリー

表3・4　岩石の性質（浜田稔『建築材料学』丸善，1964年より）

種類	密度 (g/cm^3)	強度 (N/mm^2)			ヤング係数 (kN/mm^2)	ポアソン比	吸水率 (%)	耐熱度 (℃)	熱伝導率 $(k \cdot J/m \cdot h \cdot ℃)$	熱膨張係数 $(10^{-6}/℃)$
		圧縮	曲げ	引張						
花崗岩	2.65	150	14	5.4	51.0	0.20	0.35	570	7.6	7.0
安山岩	2.50	98	8.3	4.4	—	—	2.5	1000	6.3	8.0
凝灰岩	1.50	8.8	3.4	0.8	—	—	17.2	1000	2.9	8.0
砂岩	2.00	44	6.9	2.5	17.0	0.19	11.0	1000	2.9	8.0
粘板岩	2.70	69	69	—	67.0	—	—	1000	—	—
大理石	2.70	120	11	5.4	76.0	0.27	0.3	600	8.4	7.0
石灰岩	2.70	49	—	—	30.0	0.25	0.5～5.0	600	7.6	5.0
軽石	0.70	2.9	—	—	6.9	—	—	—	3.4	—

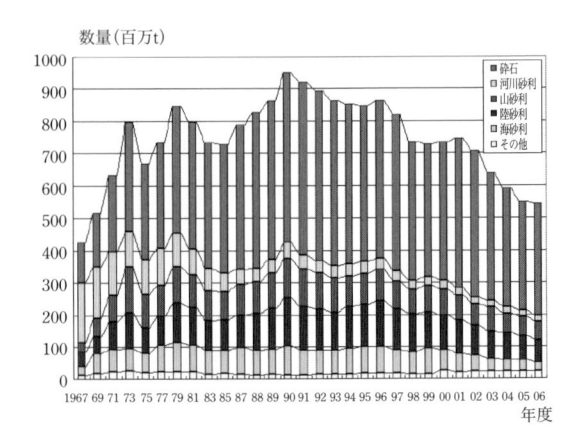

図3・8 骨材の需給状況(経済産業省生活産業局窯業建材課推計)

表3・5 骨材に関係した密度式

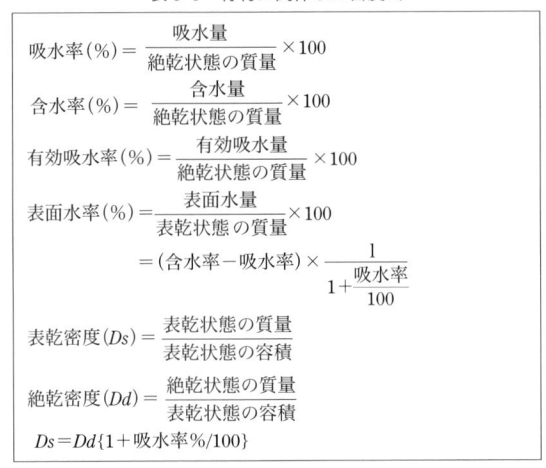

$$吸水率(\%) = \frac{吸水量}{絶乾状態の質量} \times 100$$

$$含水率(\%) = \frac{含水量}{絶乾状態の質量} \times 100$$

$$有効吸水率(\%) = \frac{有効吸水量}{絶乾状態の質量} \times 100$$

$$表面水率(\%) = \frac{表面水量}{表乾状態の質量} \times 100$$
$$= (含水率 - 吸水率) \times \frac{1}{1+\frac{吸水率}{100}}$$

$$表乾密度(Ds) = \frac{表乾状態の質量}{表乾状態の容積}$$

$$絶乾密度(Dd) = \frac{絶乾状態の質量}{表乾状態の容積}$$

$$Ds = Dd\{1+吸水率\%/100\}$$

ト用骨材の原料となる各種岩石の種類を示す.

また,骨材の供給量は図3・8に示すように1990年にピークを迎えた後,景気低迷により550万t程度にまで落ち込んでいる.

1) 骨材の力学的性質

骨材の実質部分と空隙部分を包含した見かけの密度を骨材の密度とする.密度の表し方には表乾状態の密度を示す表乾密度,絶乾状態の場合を示す絶乾密度などがある.通常,調合計算には表乾密度が用いられ,一般に2.50～2.70の範囲にあることが多い.表3・5に骨材に関係した水量と密度の関係式を示す.

図3・9に骨材の含水状態について示す.絶対乾燥状態(絶乾状態)は骨材内部の空隙に含まれるすべての水が乾燥した状態.空気中乾燥状態(気乾状態)は骨材を自然に乾燥させた状態で,内部に残る水量は湿度によって変化する.表面乾燥飽水状態(表乾状態)は骨材粒の内部の空隙が水で満たされている状態で,調合設計時に基準となる状態である.湿潤状態は骨材粒の内部が水で満たされた上,骨材面に表面水のある状態である.

吸水率は表乾状態の骨材に含まれる全水量(吸水量)の,絶乾状態の骨材重量に対する百分率で示す.天然骨材の吸水率は3%以下であることが多い.一般に吸水率が大きいほど密度が小さく,安定性試験の損失量やすりへり減量が大きく,強度および耐久性は低くなる.

すりへり抵抗性は舗装やダムなど,供用中に走行車両や流水などのすりへり作用による浸食に対する抵抗性である.コンクリートのすりへり抵抗性,耐摩耗性は調合の影響もあるが,粗骨材のすりへり抵抗性に大きく影響を受ける.

コンクリート用骨材(特に粗骨材)において熱膨張係数は鉄筋やセメントペーストとの関係から重要であり,比熱および熱伝導率はマスコンクリートなどにおいて重要である.表3・4には骨材の熱的性質も示すが,耐火性が必要なコンクリートでは熱伝導率および熱膨張率が小さく,熱による分解が困難な

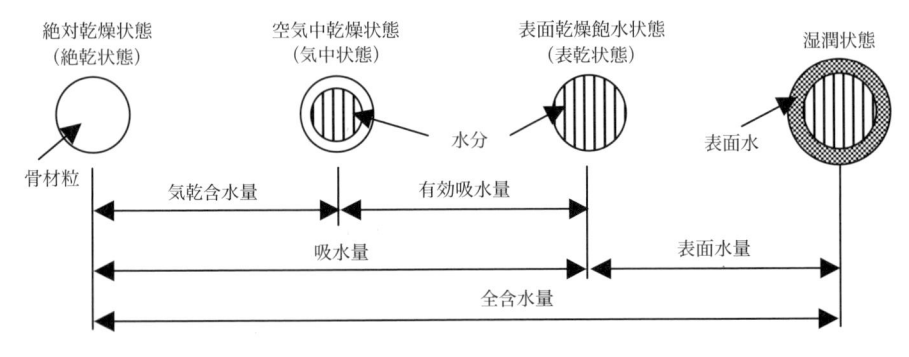

図3・9 骨材の含水状態の模式図

表3·6 砂利および砂の標準粒度

骨材の最大寸法			各ふるいを通過する質量百分率（%）											
			ふるいの呼び寸法（mm）											
			50	40	30	25	20	15	10	5	2.5	1.2	0.6	0.3	0.15
粗骨材	最大寸法	40	100	95〜100	—	—	35〜70	—	10〜30	0〜5	—	—	—	—	—
		25	—	—	100	95〜100	—	30〜70	—	0〜10	0〜5	—	—	—	—
		20	—	—	—	100	90〜100	—	20〜55	0〜10	0〜5	—	—	—	—
細骨材			—	—	—	—	—	—	100	90〜100	80〜100	50〜90	25〜65	10〜35	2〜10

ものが望ましい．花崗岩，石灰岩，大理石など石英，炭酸塩系の鉱物は600℃以上において別の物質に変化するとされている．

2）骨材の粒度

骨材の大小粒の混合の程度を粒度といい，ふるいわけ試験により，各ふるいを通過する，または留まる骨材の質量百分率で表す．粗骨材の場合，重量で少なくとも90%が通るふるいのうち最小寸法のふるいの呼び寸法を**粗骨材の最大寸法**という．

コンクリートに使用する骨材の粒度はバランス良く分布している必要があり，表3·6に示すような標準粒度の上限と下限が定められている．ふるいわけ試験の結果は図3·10に示すような**粒度曲線**で示せば視覚的に表すことができて便利である．

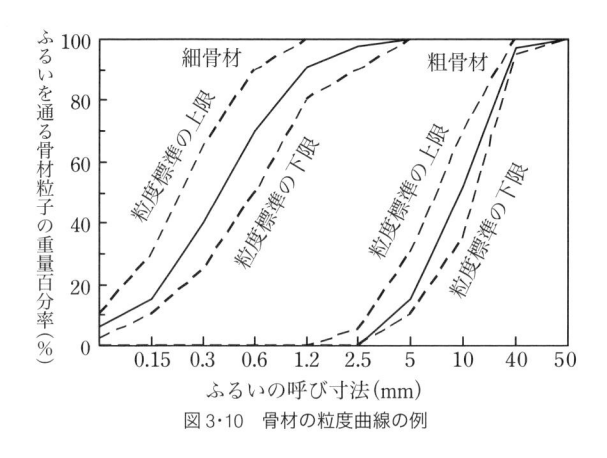

図3·10 骨材の粒度曲線の例

粒度分布を判断する指標に**粗粒率**（F.M.）があり，40，20，10，5，2.5，1.2，0.6，0.3，0.15mmの9種類の各ふるいを通らない全部の量の全試料に対する重量百分率の和を100で割った値で表す（式3·1参照）．細骨材の粗粒率は2.3〜3.1程度であればコンクリートの製造に適していると考えてよいが，これを外れるようなら他の細骨材と混合して粒度調整を行うとよい．細骨材の粗粒率は調合を決定したときのものから0.2以上変化を示した場合は調合を修正しなければならない．

式3·1 粗粒率（F.M.）の計算例

ふるいの呼び寸法：40, 20, 10, 5, 2.5, 1.2, 0.6, 0.3, 0.15

細骨材のF.M.$=\dfrac{0+0+0+0+7+25+59+85+94}{100}=2.70$

粗骨材のF.M.$=\dfrac{2+51+76+98+100+100+100+100+100}{100}=7.27$

単位体積重量は単位容積あたりの骨材重量を言い，調合設計および実績率の計算に用いるほか，コンクリートの重量を検討する際に使用する．実績率は骨材の絶対容積に対するかさ容積の重量百分率である．これは，骨材を容器に詰めた場合の密実度を表し，適正な骨材粒度であれば，最大寸法が大きいほど大きくなる．また，密度が同じ場合，単位容積質量の大きいものほど実績率が大きく粒度分布が適正であることを表す．

3）骨材の有害物質と安定性

骨材の種類により注意すべき不純物を表3·7に示す．なお，アルカリ骨材反応についてはコンクリートの耐久性の項で述べる．

表 3・7　骨材の種類と注意すべき不純物
（重倉裕光「コンクリート用骨材」『コンクリート工学』No.9 1978年）

	川砂・砂利	山・陸砂・砂利	海砂・砂利	砕石・砂	人工軽骨スラグ
有機不純物	III	III	I	—	—
塩分	—	—	III	—	I
泥土	III	III	II	I	—
粘土塊	II	III	—	—	—
石粉	—	—	—	III	—
貝殻	—	I	II	—	—
雲母片	I	I	I	—	—
硫鉄鉱	II	—	—	—	—
硫黄・硫化物	I	I	I	—	II
軽量異物	I	II	II	—	I
石炭・亜炭	I	II	—	—	—

I：まれに存在
II：存在が予想される
III：悪影響が大きく注意が必要

1 有機不純物

腐植土、泥炭などに由来するフミン酸・タンニン酸等の有機酸で、フミン酸はコンクリート中の水酸化カルシウムと反応して水和反応を阻害する。試験方法としては JIS A 1105（細骨材の有機不純物試験方法）があり、有機不純物を3%水酸化ナトリウム溶液に抽出し、標準色より濃い発色を呈したとき不合格とする。ただし、レディーミクストコンクリートの場合、不合格試料で作製したモルタルの圧縮強度が、試料を3%水酸化ナトリウム溶液で洗い、更に水で十分に洗った試料で作ったモルタルの圧縮強度の90%以上であれば、その試料を使用してもよいことになっている。

2 粘土塊

コンクリートの単位水量が多くなり、乾燥収縮が大きくなるため、ひび割れ発生の確率が高くなる。また、ブリーディング水とともに表面に浮上し、レイタンスとして表面強度および耐久性を低下させる。粘土塊の付着した骨材はセメントペーストとの付着を低下させ、強度低下が起きるが、貧調合においては粘土塊が十分に分散していれば逆にワーカビリティや強度を改善することもある。

3 微粒分量

75μmふるいを通過する微粒分の全量で表し、JIS A 1103（骨材の微粒分量試験方法）によって求める。微粒分量試験に水で洗い流される粘土分、石粉に大別され、粘土分についてはコンクリートの品質を低下させるが石粉については過量で無い場合、強度の増進やワーカビリティの改善に寄与する場合もある。

4 石炭・亜炭等

比重1.95の液体に浮くものは一般にコンクリートを脆弱にするため JIS A 5308（レディーミクストコンクリート）においては0.5%以下（外観が重要でない場合は1.0%以下）に規定されている。

5 軟石

黄銅棒によるひっかきで傷が付くか否かで判別され、床版などすりへり抵抗性が要求されるような場合に問題となる骨材である。

6 塩化物

コンクリートの品質や耐久性自体には影響をあたえるわけではないが、鉄筋コンクリートにおいては鉄筋を腐食させるため、適正に管理されなければならない。骨材中の塩分が問題になるのは主に海砂の使用においてであり、JIS A 5002, JASS 5 T-202において、蒸留水中に抽出した0.1規定の硝酸銀溶液で滴定した塩化物を Cl^- または NaCl にて規定されている。

4）各種骨材

1 砂利・砂

JIS A 5308 附属書1（規定）レディーミクスト用骨材において表3・8のように品質を規定している。

表 3・8　砂利および砂の品質

項目	砂利	砂
絶乾密度, g/cm³	2.5 以上	2.5 以上
吸水率, %	3.0 以下	3.5 以下
粘土塊量, %	0.25 以下	1.0 以下
微粒分量, %	1.0 以下	3.0 以下
有機不純物	—	同色、又は淡い*
柔らかい石片	5.0 以下	—
石炭・亜炭などで密度1.95g/cm³の液体に浮くもの, %	0.5 以下	0.5 以下
塩化物量（NaClとして), %	—	0.04 以下
安定性, %	12 以下	10 以下
すりへり減量, %	35 以下	—

＊標準試薬の色と比較した時

一方，JASS 5においては「普通骨材」には砕石・砕砂・スラグ骨材をも含んでいる．

2 海砂

主に海底砂が使用され，粒度が偏っているため，他の砂と混合して使用される．海砂には塩分および貝殻が含まれ，鉄筋コンクリートに用いる場合は鉄筋腐食防止の観点から，細骨材の絶乾重量に対してNaCl換算で0.04％以下（特記や購入者の承認を得た場合は0.1％以下，ただし，プレテンション部材の場合は0.02％）以下と規定されている．一般に，細かい貝殻は30％まではほとんど影響はない．

3 砕石・砕砂

主要なコンクリート用骨材として，天然骨材を適当な粒度に破砕した骨材である．JIS A 5005 コンクリート用砕石及び砕砂において表3・9のように品質が規定されている．

表3・9 砕石・砕砂の品質

項目	砕石	砕砂
絶乾比重	2.5以上	2.5以上
吸水率	3.0％以下	3.0％以下
安定性	12％以下	10％以下
洗い試験で失われる量	1.0％以下	7.0％以下
すりへり減量	40％以下	—
粒形判定実績率	55％以上	53％以上

4 高炉スラグ粗骨材

高温の溶融高炉スラグを空気中で徐冷し，固化させた後，粉砕・粒度調整したもので，一般に高炉スラグ砕石と呼ばれる．JIS A 5011-1 において粒度により6種類に区分され，表3・10に示すように絶乾密度・吸水率・単位容積質量によりLおよびNに区分されている．

5 高炉スラグ細骨材

高温の溶融高炉スラグを水，空気などによって急冷し，粒度調整したコンクリート用細骨材である．JIS A 5011-1 において粒度により4種類に区分され，表3・10に示すように化学成分および物理・化学的性質が定められている．高炉スラグ細骨材は日平均気温が20℃を超える場合に固化することがあるので，使用にあたっては固結状況を確認する．

表3・10 高炉スラグの品質

項目		高炉スラグ粗骨材 L	高炉スラグ粗骨材 N	高炉スラグ細骨材
化学成分	酸化カルシウム（CaOとして）％	45.0以下		45.0以下
	全硫黄（Sとして）％	2.0以下		2.0以下
	三酸化硫黄（SO₃として）％	0.5以下		0.5以下
	全鉄（FeOとして）％	3.0以下		3.0以下
絶乾密度 g/cm³		2.2以上	2.4以上	2.5以上
吸水率％		6.0以下	4.0以下	3.5以下
単位体積重量 kg/l		1.25以上	1.35以上	1.45以上
水中浸せき		き裂，分解，泥状化，粉化などの現象があってはならない．		—
紫外線（360.0nm）照射		発光しないか，又は一様な紫色に輝いていなければならない．		—

6 軽量骨材

膨張頁岩，膨張粘土，フライアッシュなどを原料として人工的に製造した骨材でJIA A 5002において品質が規定されており，表3・11に示すように「人工軽量骨材」「天然軽量骨材」「副産軽量骨材」の3種類がある．

表3・11 軽量骨材の種類

種類	摘要
人工軽量骨材	膨張頁岩，膨張粘土，膨張スレート，フライアッシュを主原料としたもの
天然軽量骨材	火山れき及びその加工品
副産軽量骨材	膨張スラグなどの副産軽量骨材及びそれらの加工品

7 重量骨材

原子炉などの放射線遮へい用コンクリート等に使用される密度の大きい骨材である．表3・12に主な重量骨材の密度を示す．

表3・12 主な重量骨材の品質

骨材	磁鉄鉱	重晶石	砂鉄	鉄
密度, g/cm³	4.5〜5.2	4〜4.7	4〜5	7〜8

8 フェロニッケルスラグ細骨材

電気炉，ロータリーキルンなどでフェロニッケルを精錬する際に生成する溶融スラグを冷却し粉砕・粒度調整した細骨材である．JIS A 5011-2 では粒度により4種類に区分されている．また，アルカリシ

リカ反応性によりA「無害と判定されたもの」および B「無害と判定されないもの」の2種類に区分され，Bについては反応性抑制対策を採らなければならない．

9 銅スラグ細骨材

連続製銅炉，反射炉，自溶炉などで銅を精錬する際に生成される溶融スラグを水で急冷し，粉砕・粒度調整した細骨材である．JIS A 5011-3では粒度により4種類に区分されている．また，フェロニッケルスラグ同様，アルカリシリカ反応性によりA，B，2種類に区分され，Bについては反応性抑制対策が必要である．

10 再生骨材

鉄筋コンクリート造建築物の解体時に発生するコンクリート殻を原料として再生された骨材である．骨材中に含まれるモルタル量によりH，L，Mの3水準に区分され，JIS A 5021［コンクリート用再生骨材H］，JIS A 5022［コンクリート用再生骨材Mを用いたコンクリート］，JIS A 5023［コンクリート用再生骨材Lを用いたコンクリート］がそれぞれ制定されている．

3・4 混和材料

混和材料とはコンクリートの主要な構成材料であるセメント・骨材・練混ぜ水以外に使用する材料で，主にコンクリートの品質向上を目的として使用される．また，混和材料はコンクリート中の使用量に応じて，"混和材"と"混和剤"に大別される．

1) 混和材

混和材料のうちコンクリートの調合を行う上で無視できない量（目安としてセメントの5％以上）を使用するものを混和材という．一般に混和材として使用されるものは，フライアッシュ，高炉スラグ微粉末，シリカヒューム，石灰石微粉末等の鉱物微粉末や膨張材等の粉末状のものが多い．

混和材は要求品質に応じたコンクリートの品質改善を目的として使用し，目的に応じてその種類と量を適切に選択することにより，水和熱の低減，長期強度の増進，水密性の向上，化学抵抗性の増大，フレッシュ性状の改善や収縮量の低減等の効果が得られる．混和材の作用機構と効果を図3・11に，一般的に使用される混和材とその説明を表3・13に示す．

表3・13 一般的な混和材の説明

一般的な混和材	説 明
フライアッシュ	ポゾランの一種で火力発電所などから排出される石炭灰のうち燃焼ガスから集塵器で採取される灰
高炉スラグ微粉末	溶鉱炉で銑鉄と同時に生成する溶融状態の高炉スラグを水で急冷し粉砕したもので，潜在水硬性をもつ
シリカヒューム	金属シリコンやフェロシリコンを電気炉で製造する際に発生する排ガス中のダストを集塵する際に得られる微粒子，SiO_2を主成分とし，完全な球形で平均粒径 $0.1\mu m$
膨張材	セメントおよび水とともに練り混ぜた後に，水和反応によってエトリンガイドあるいは水酸化カルシウムの結晶を生成して膨張する

2) 混和剤

混和材料のうちコンクリートの調合を行う上で，使用量が少なく容積に影響を与えないものを混和剤という．主にAE減水剤や高性能AE減水剤等の化学混和剤が一般的に用いられ，化学混和剤は原則として水の一部として使用する．

化学混和剤は表3・14に示すようにJIS A 6204「コンクリート用化学混和剤」において，その用途および性能に応じてAE剤，減水剤，AE減水剤，高性能AE減水剤に分類されている．使用する化学混和剤の種類や量は，コンクリートの使用材料，調合，強度等に応じて適切なものを適量使用する必要がある．

1 AE剤

AE剤は一種の界面活性剤であり，コンクリート中に微細な独立気泡（エントレインドエア）を混入する（図3・12参照）．この気泡がフレッシュコンクリートの中でボールベアリングのような働きをすることでワーカビリティが良くなり，硬化後も気泡がクッションの役割を果たして凍結融解の繰り返しに対するコンクリートの抵抗力を高める．

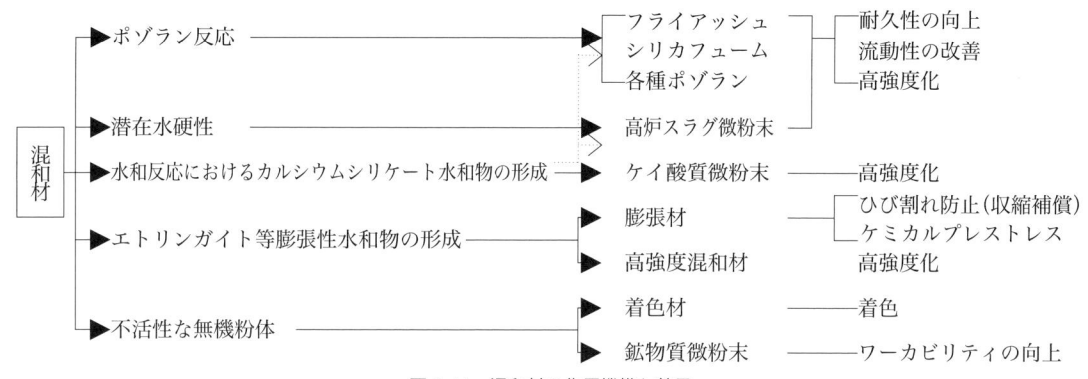

図3・11 混和材の作用機構と効果

```
          ┌─▶ポゾラン反応 ─────────┬─▶フライアッシュ ──┬─ 耐久性の向上
          │                    ├─ シリカフューム    ├─ 流動性の改善
          │                    └─ 各種ポゾラン      └─ 高強度化
          │
混 ─┤     ├─▶潜在水硬性 ──────────▶ 高炉スラグ微粉末
和  │
材  │     ├─▶水和反応におけるカルシウムシリケート水和物の形成 ─▶ ケイ酸質微粉末 ── 高強度化
          │
          ├─▶エトリンガイト等膨張性水和物の形成 ─────────▶ 膨張材 ──┬─ ひび割れ防止(収縮補償)
          │                                                    └─ ケミカルプレストレス
          │                                           ▶ 高強度混和材 ── 高強度化
          │
          └─▶不活性な無機粉体 ──────────────────▶ 着色材 ──── 着色
                                                    ▶ 鉱物質微粉末 ── ワーカビリティの向上
```

表3・14 JIS A6204 化学混和剤の性能

項目		AE 剤	減水剤			AE 減水剤			高性能 AE 減水剤	
			標準形	遅延形	促進形	標準形	遅延形	促進形	標準形	遅延形
減水率(%)		6 以上	4 以上	4 以上	4 以上	10 以上	10 以上	8 以上	18 以上	18 以上
ブリーディング量の比(%)		75 以下	100 以下	100 以下	100 以下	70 以下	70 以下	70 以下	60 以下	60 以下
凝結時間の差(min)	始発	−60〜+60	−60〜+90	+60〜+210	+30 以下	−60〜+90	+60〜+210	+30 以下	−30〜+120	+90〜+240
	終結	−60〜+60	−60〜+90	+210 以下	0 以下	−60〜+90	+210 以下	0 以下	−30〜+120	+240 以下
圧縮強度比	材齢 3 日	95 以上	115 以上	105 以上	125 以上	115 以上	105 以上	125 以上	135 以上	135 以上
	材齢 7 日	95 以上	110 以上	110 以上	115 以上	110 以上	110 以上	115 以上	125 以上	125 以上
	材齢 28 日	90 以上	110 以上	110 以上	110 以上	110 以上	110 以上	110 以上	115 以上	115 以上
長さ変化比(%)		120 以下	120 以下	120 以下	120 以下	120 以下	120 以下	120 以下	110 以下	110 以下
凍結融解抵抗性		80 以上	−	−	−	80 以上	80 以上	80 以上	80 以上	80 以上
経時変化	スランプ (cm)	−	−	−	−	−	−	−	6.0 以下	6.0 以下
	空気量(%)	−	−	−	−	−	−	−	±1.5 以内	±1.5 以内

2 減水剤

　減水剤は陰イオン界面活性剤であり，セメント粒子に吸着して静電反発力を発生することによりセメント粒子を均等に分散する（図3・13 参照）．この効果によってフレッシュコンクリートのワーカビリティが高まり単位水量を減らすことが可能となる．

3 AE 減水剤・高性能 AE 減水剤

　AE 剤と減水剤の複合機能により，より高い減水率，スランプの増大，耐久性の向上が可能な混和剤である．現代の一般的なレディーミクストコンクリートでは AE 減水剤・高性能 AE 減水剤のいずれかが使用されている．

4 その他の混和剤

　乾燥収縮を低減する収縮低減剤，フレッシュコンクリートの材料分離を低減するために使用する増粘剤（分離低減剤）や，硬化速度の調整を行う促進剤や遅延剤，低温環境での初期凍害を抑制するための耐寒剤等の特殊な混和剤を使用するケースもある．

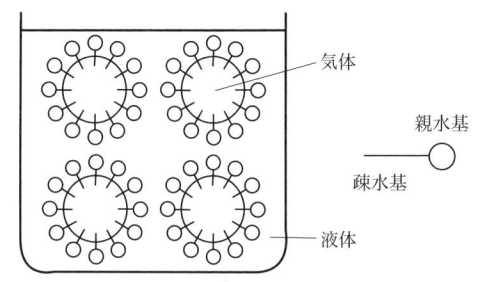

図3・12 空気泡生成の模式図

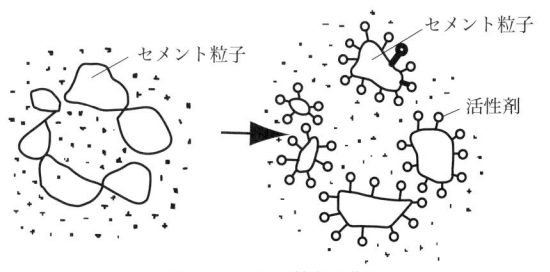

図3・13 界面活性剤の作用

練習問題 3.1 ポルトランドセメントの組成に関する次の記述のうち，**最も不適当なもの**はどれか．

1. ポルトランドセメントの化学成分は酸化カルシウム（CaO），二酸化けい素（SiO_2），酸化アルミニウム（Al_2O_3），酸化第二鉄（Fe_2O_3）である．
2. ポルトランドセメントの主成分はけい酸三カルシウム（C_3S），けい酸二カルシウム（C_2S），アルミン酸三カルシウム（C_3A），鉄アルミン酸四カルシウム（C_4AF）の4種類である．
3. 早期強度が必要な早強ポルトランドセメントでは C_2S の割合が高く，水和熱を押さえた低熱セメントでは C_3S の割合が高い．
4. ポルトランドセメントには適量のせっこうを加える．

練習問題 3.2 骨材の含水状態に関する次の記述のうち，**最も不適当なもの**はどれか．

1. 絶対乾燥状態とは骨材の内部にも表面にも水分を含まない状態である．
2. 空気中乾燥状態は骨材が気中にあるときの乾燥状態で調合設計を行う際の基準となる．
3. 表面乾燥飽水状態とは骨材内部に水分を含むが表面は乾いている状態である．
4. 湿潤状態とは骨材内部に水分を含み，かつ，表面水を持っている状態である．

練習問題 3.3 化学混和剤に関する次の記述のうち，**最も不適当なもの**はどれか．

1. AE剤はコンクリートにエントラップドエアを導入する．
2. AE剤はコンクリートの凍結融解抵抗性を改善する．
3. 減水剤はセメント粒子に吸着し均等に分散させる．
4. AE減水剤・高性能AE減水剤はAE剤と減水剤の複合機能により減水剤に比べより高い減水効果を発揮する．

第4章 コンクリート(2)

4·1 フレッシュコンクリート

フレッシュコンクリートとはまだ固まらないコンクリートのことである．フレッシュコンクリートの性状はコンクリートの運搬，打設作業のみならず硬化後のコンクリート性状にも大きな影響を与える．

1) フレッシュコンクリートの性質

フレッシュコンクリートの性質を示すものとして以下のようなものがある．

1 ワーカビリティー

運搬，打込み，締固め，仕上げなど工事全般におけるコンクリートの作業のしやすさのことをいう．

2 コンシステンシー

ワーカビリティーを決定する要因の一部で，フレッシュコンクリートの流動・変形に対する抵抗性を示す指標である．一般的にはスランプ試験によるスランプ値が挙げられるが，コンクリートの要求性能によりスランプフローやその他の試験値により示すこともある．

3 プラスティシティー

フレッシュコンクリートの粘稠性のことで，型枠に流し込むときの容易さおよび枠を取り除いた際のコンクリートの変形性状をいう．一般に枠を取り除いた際にコンクリートが崩れることなく，材料分離を起こさずに流動するのが良いと言われる．

4 フィニッシャビリティー

フレッシュコンクリートの仕上げの容易さを表す用語で，粗骨材の最大寸法，細骨材率，コンシステンシーが影響を及ぼす．

5 空気量

フレッシュコンクリート全容積に対する空気容積の割合で％で表す．フレッシュコンクリートのコンシステンシー，ブリーディング，圧縮強度および凍結融解抵抗性に大きな影響を及ぼす．

6 材料分離

コンクリートは水，セメント，細骨材，粗骨材を均質に混練した混合材料である．これらの構成材料が図4·1に示すように比重差や施工条件により不均質になることを材料分離とい言い，一般に水の浮きと骨材の沈みが発生しやすい．材料分離はフレッシュコンクリートのコンシステンシーやプラスティシティーが大きく影響し，ジャンカやひび割れの発生の原因となる．材料分離はコンクリート性状のみでなく，打設時のコンクリート落下高さ，過度の締め固め等の施工要因にも大きく影響を受ける．

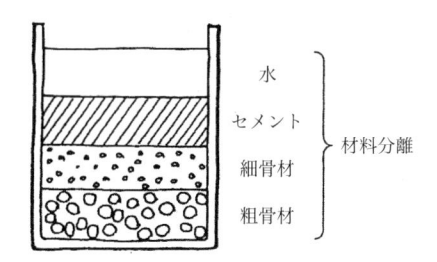

図4·1 コンクリートの材料分離

2) 凝結・硬化過程における性質

コンクリートは時間の経過とともにコンシステンシーが低下し可塑性が失われていく．この過程における性質を示すものとして以下のようなものがある．

1 スランプロス

練り上がりからの時間経過とともにコンクリートのコンシステンシーが低下することを**スランプロス**という．スランプロスが大きくなると打設に支障をきたしたり，コンクリートポンプの閉塞等を引き起こすことがある．

2 凝結

セメントと水が水和反応することでコンクリート

にこわばりが生じる現象を凝結という．凝結によるこわばりがスランプロスの主な原因であり，凝結の終結時間がコンクリートの強度発現の開始点となる．

③ ブリーディング

コンクリート打ち込み後に練り混ぜ水が浮き上がる現象をブリーディングといい，浮き上がった水分をブリーディング水という．ブリーディングはコンクリートの使用材料の中で比重の軽い水が分離する材料分離の一種である．

過大なブリーディングは図4・2に示すようなコンクリートの沈下ひび割れ，骨材や鉄筋下面に溜まることによる付着の低下，水みちの形成による耐久性の低下等の悪い影響を引き起こす原因となる．

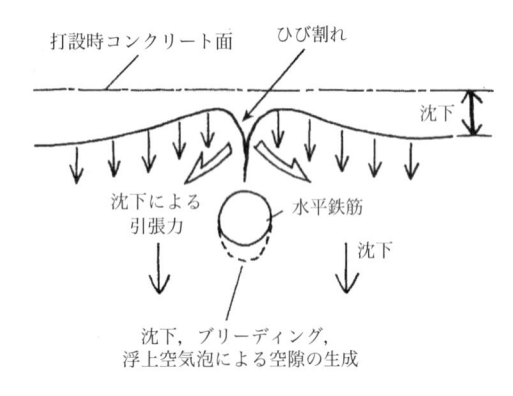

図4・2　ブリーディングの悪影響

④ レイタンス

レイタンスとは，コンクリート中に遊離した不純物がブリーディング水とともに浮上したものである．ブリーディング水の乾燥によりコンクリート表面に脆弱な膜をつくり，図4・3に示すように，この層が打ち継ぎ部の付着不良の原因となるため，レイタンスは必ず除去する必要がある．

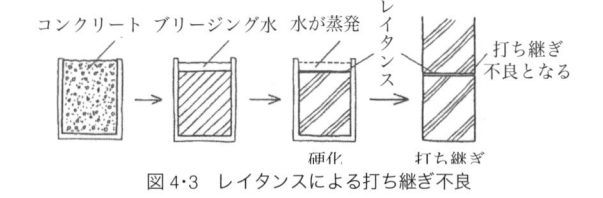

図4・3　レイタンスによる打ち継ぎ不良

3) フレッシュコンクリートの試験

① スランプ試験

JIS A 1101「コンクリートのスランプ試験方法」に定められたフレッシュコンクリートのコンシステンシーを検査するための試験である．図4・4に示すスランプコーンにコンクリートを満たし，図4・5に示すようにコーンを引き上げた時のコンクリート上面の下がり高さをスランプ値として計測する．

図4・4　スランプコーン

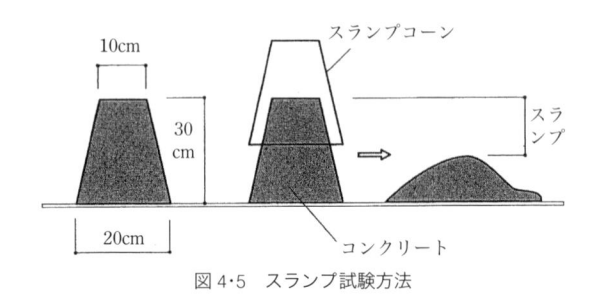

図4・5　スランプ試験方法

一般にスランプ値が大きいコンクリートは軟らかくワーカビリティが高い．使用するコンクリートのスランプの値は打ち込み部の形状や配筋状況等により選定するが，コンクリートの性能を考慮すると打ち込みが可能な範囲で小さな値に設定するのが良い．JISレディーミクストコンクリートの普通コンクリートでは，スランプ5，8，10，12，15，18，21cmが規格化されており，建築工事においてはスランプ15，18，21cmが使用されることが多い．

また，一般にスランプ試験に関してはスランプ値23cmまでが適用範囲とされており，スランプ値23cmを超える軟練りのコンクリートに関してはJIS A 1150「コンクリートの**スランプフロー試験**方法」が定められている．スランプ試験と同様の方法で試験を行い，コーンを引き上げた時のコンクリート試料の広がりの直径で評価する．JISレディーミクストコンクリートの高強度コンクリートではスランプ

フロー 50，60cm が規格化されている．

2 空気量

コンクリート中の空気は大きく 2 種類に分類される．ひとつは AE 剤を使用して作った微細な連行空気（**エントレインドエアー**）であり，もう一つは巻き込み空気（**エントラップドエアー**）である．エントレインドエアーはコンシステンシーの改善やブリーディングの抑制および凍結融解によるコンクリートの劣化を防止する作用がある．AE 剤によるエントレインドエアーの品質改善効果を見込んだコンクリートを一般に **AE コンクリート** という．

現在，レディーミクストコンクリートは AE コンクリートが主流であり，コンクリートの空気量が性能を左右するため，空気量の管理が重要になっている．フレッシュコンクリートの空気量の測定方法には，圧力方法，質量方法，容量方法がそれぞれ JIS 規格化されているが，JIS A 1128「フレッシュコンクリートの空気量の圧力による試験方法」で測定するのが最も一般的となっている．圧力方法による空気量の測定機器（**エアーメーター**）を図 4·6 に，測定方法の概念図を図 4·7 に示す．圧力方法は，ボイルの法則による空気の圧力平衡を利用して簡単にコンクリートの空気量を測定する測定方法である．

建築工事においてはコンクリートの空気量を 3〜

図 4·6 エアーメーター

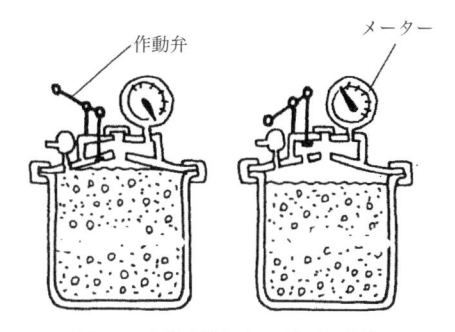

図 4·7 圧力方法による空気量の測定

6% に設定するのが一般的である．

3 その他の試験

その他の比較的頻繁に実施されるフレッシュ性状の確認試験として下記のような試験がある．

・フレッシュコンクリートの温度測定方法（JIS A 1156）
・フレッシュコンクリート中の水の塩化物イオン濃度試験方法（JIS A 1144）
・コンクリートの凝結時間試験（JIS A 1147）
・コンクリートのブリーディング試験方法（JIS A 1123）

4·2 コンクリートの強度

コンクリートの強度には，圧縮，引張り，曲げ，せん断，疲労，付着，支圧など種々のものがある．各種強度には相互関係があり，一般にそれらは圧縮強度の関数として表現されることが多い．

表 4·1 に，**圧縮強度**と各種強度の関係を示す．

また，コンクリートの各種強度は水セメント比，材齢，骨材の性質，供試体の寸法，載荷速度，コンクリートの打ち込み方向と載荷方向，試験条件など種々の影響を受ける．

1）強度論

1 水セメント比説

コンクリートの圧縮強度は水とセメントの比に反比例して変化する．この水セメント比説は 1918 年に D. A. Abrams が提唱したもので，圧縮強度と水セメント比（原典では容積比）の関係は式(4.1)および図 4·8 に示すように双曲線で表される．

表 4·1　圧縮強度と各種強度の関係

コンクリート	引張強度/圧縮強度	曲げ強度/圧縮強度	直接せん断強度/圧縮強度
普通コンクリート	1/9 〜 1/13	1/5 〜 1/7	1/4 〜 1/7
軽量コンクリート	1/9 〜 1/15	1/6 〜 1/10	1/6 〜 1/10

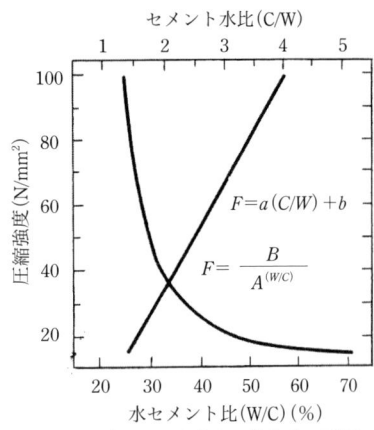

図 4·8　水セメント比と圧縮強度の関係
(笠井芳夫編『コンクリート総覧』技術書院, 1998 年, p.397)

$$F = \frac{B}{A^X} \tag{4.1}$$

ここに，
　F：コンクリートの圧縮強度
　A, B：実験定数（主に材料によって異なる）
　x：水セメント比（W/C）

②セメント水比説

1925 年に Inge Lyse によって提唱された説で，質量比によるセメントと水の比が圧縮強度と直線関係にあるとしている．コンクリートの圧縮強度と水セメント比の関係をセメント水比の関係に置き換えると，図 4·8 に示した直線の関係になり，式(4.2)で表すことができる．

$$F = aX + b \tag{4.2}$$

ここに，
　F：コンクリートの圧縮強度
　a, b：実験定数（主に材料によって異なる）
　X：セメント水比（C/W）

③その他

強度論には水セメント比説，セメント水比説の他に空隙説，ゲルスペース比説等がある．

2）圧縮強度

コンクリートの強度といえば，一般的に圧縮強度のことを意味する．これは，①圧縮強度が他の強度に比べて著しく大きく代表しやすいこと，②コンクリートは構造部材において主として圧縮荷重に抵抗するように設計されていること，③試験方法が比較的簡単であること，④最も多く実施される試験であること，などのためである．

コンクリート強度は主として次の要因に影響される．
①材料の品質：セメント，骨材，水，混和剤の品質
②調合：水セメント比，セメント量，水量，細骨材率，混和材料の量
③施工方法：練り混ぜ方法，打ち込み方法，締め固めの程度
④養生方法：温度と湿度の履歴
⑤材齢：コンクリートを混練後に経過した期間
⑥試験条件：供試体の形状と寸法，載荷速度，載荷面の粗滑，試験時の乾湿

上記の要因の中で，⑥はコンクリートに強度発現機構を与えるコンクリート内部組織とは無関係の要因で，他の要因とはやや異質である．

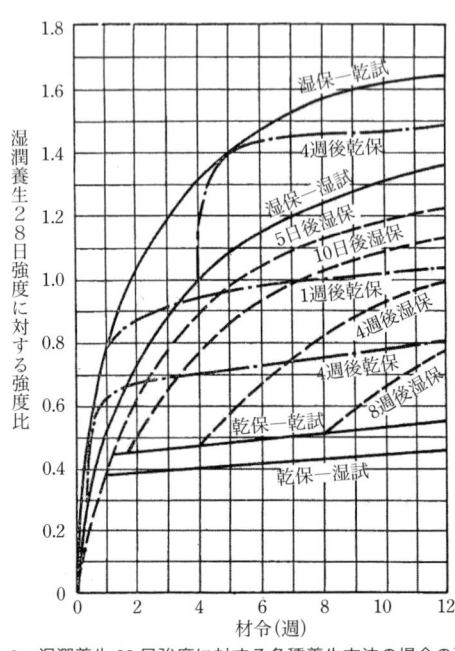

図 4·9　湿潤養生 28 日強度に対する各種養生方法の場合の強度比
(近藤・坂監修『コンクリート工学ハンドブック』朝倉書店, p.366)

養生方法による強度変化の例として，図4・9に各種養生方法の違いによる圧縮強度比を示す．

3) その他強度

①引張り強度

引張り強度は，供試体の一軸引張り試験において，最大耐力を試験体断面積で割った値で表す．コンクリートの引張り強度は圧縮強度に比べて極めて小さく，通常のコンクリートでは圧縮強度のおよそ1/10程度であり，強度が高くなるとその比は小さくなり，超高強度では約1/20～1/30程度となる．

鉄筋コンクリートの構造物の設計では，通常コンクリートは引張り力を負担しないものと考える．

②割裂強度

割裂強度とは，図4・10に示すように円柱供試体を横に置いて上下から圧縮載荷し，荷力軸に直交する方向に作用する引張り応力の最大応力度のことである．直接引張試験に比べて簡易な試験方法としてJIS A 1113（コンクリートの引張強度試験方法）に規定されている．

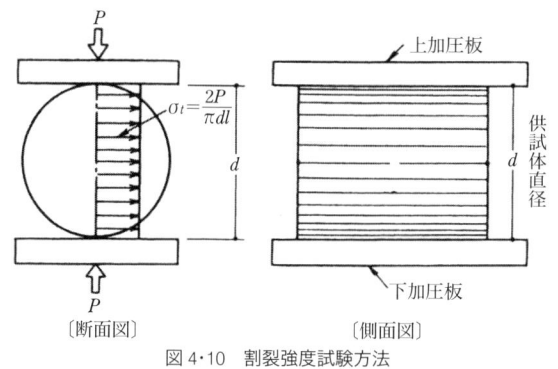

図4・10 割裂強度試験方法
（建築学会編『建築材料用教材』2006年，p.42）

③曲げ強度

曲げ強度とは，角柱状供試体の曲げ載荷試験において，供試体が曲げ破壊する際の，断面の引張り応力度の最大値のことである．3等分点載荷法で得られる曲げ強度は，直接引張り試験で求められる引張り強度や割裂強度の1.5～2.0倍程度の値となる．

④せん断強度

せん断強度とは，供試体のある断面に正反対の方向から平行な力を載荷することにより，せん断力を加えその作用面ですべり破壊を生じさせようとするとき，それに抵抗してすべり面に平行に発生する最大応力度のことである．せん断強度は，圧縮強度の1/4～1/6程度，引張強度の2.5倍程度の値である．

⑤付着強度

付着強度とは，鉄筋とコンクリートとの界面における両者のすべりに対する抵抗力を鉄筋の単位表面積当りの最大応力度で表したものである．鉄筋とコンクリートの間に付着が生じる機構は，次の3つの作用によると考えられる．

①セメントペーストと鉄筋表面の化学的粘着作用
②コンクリートと鉄筋表面との摩擦作用
③鉄筋表面の突起（ふし）による機械的作用

4・3 弾性・クリープおよび収縮

1) 弾性

変形した材料から外力を取り除くと，もとの形に戻る性質を弾性といい，もとのかたちに戻らない性質を塑性という．

材料が弾性変形をするとき，応力とひずみを関係づける比例定数は弾性係数またはヤング係数と呼ばれ，応力－ひずみ曲線の勾配をEとして，式(4.3)のように求められる．

$$E = \frac{\sigma}{\varepsilon} \tag{4.3}$$

ここに，
　σ：荷重方向の応力
　ε：荷重方向のひずみ

コンクリートの応力－ひずみ曲線は，載荷初期の段階から非線形となるため，元来，完全弾性材料における応力とひずみの比である弾性係数は一義的には定められない．そのため，図4・11に示すように，目的に応じて種々の弾性係数が定義される．これらのうち，構造設計には圧縮強度の1/3～1/4の応力点と原点，または原点近傍の点を結ぶ割線弾性係数が用いられる．

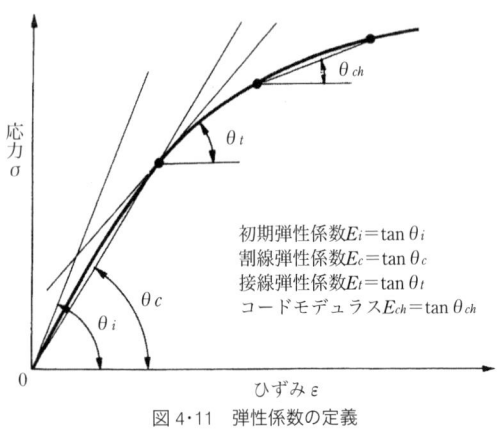

図 4・11 弾性係数の定義
(笠井芳夫編『コンクリート総覧』技術書院, 1998 年, p.424)

また，コンクリートに荷重を加えたときの縦横のひずみの比をポアソン比という．ポアソン比 ν は，縦ひずみ εl と横ひずみ εt を用いて式 (4.4) のように示す．

$$v = \frac{\varepsilon t}{\varepsilon l} \quad (4.4)$$

2) クリープ

コンクリートに荷重を載荷すると図 4・12 のようにその瞬間に弾性ひずみ ε_{ie} と若干の塑性ひずみ P を生じ，この和がいわゆる初期の全ひずみ ε_e である．その載荷を持続すると長期にわたってひずみの増大が生じる．載荷応力が許容応力度以下であれば数年後にひずみの増大はほぼ定常状態近くになる．このように固定荷重でコンクリートのひずみが増大する現象をクリープという．

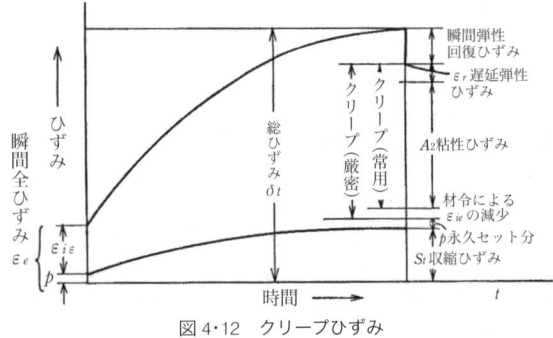

図 4・12 クリープひずみ
(近藤・坂監修『コンクリート工学ハンドブック』朝倉書店, p.483)

3) 収縮

コンクリートの収縮にはいくつかの要因があるが，その中でも最も大きな要因が**乾燥収縮**である．コンクリートは湿潤状態で製造され，その後乾燥することによって収縮する．一般的な骨材の場合，相対湿度 70% の環境で，モルタルでは $10 \sim 15 \times 10^{-4}$，コンクリートでは $5 \sim 8 \times 10^{-4}$ 程度の収縮を示す．

コンクリートの乾燥収縮に及ぼす各種因子として，①コンクリートの単位水量，②骨材の性質，③セメントの性質，④コンクリートの組成，⑤混和材料の影響，⑥乾燥期間，⑦養生条件等があるが，その中でもコンクリートの単位水量が最も影響を与えると言われている．図 4・13 に普通コンクリートの単位水量と乾燥収縮率（6 か月）の関係を示す．

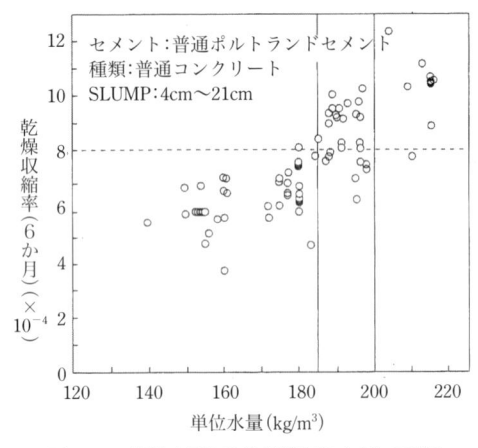

図 4・13 単位水量と乾燥収縮率(6 か月)の関係
(日本建築学会『JASS 5 鉄筋コンクリート工事』, 2009 年, p.187)

乾燥に伴う収縮のほかに，炭酸化による収縮，乾湿による容積変化，温度変化による容積変化，水和反応に伴う収縮などがある．

4・4 硬化コンクリートのその他の性質

1) 支圧強度

PC 鋼材の定着部など断面の一部に局部荷重を受ける場合の圧縮強度を支圧強度という．支圧強度は最大荷重を支圧面積（Aa）で除して求める．支承部の全面積（A）に対する支圧面積の比 A/Aa が 20 を越えると支圧強度は圧縮強度のほぼ 5 倍となる．

2) 疲労強度

繰返し載荷を受けるコンクリートは通常の圧縮許容応力より小さな荷重で破壊することがある．これを疲労破壊と呼び，無限に載荷を繰り返しても破

壊を起こさない最大の応力を**疲労限度**と言い，ある繰返し回数で破壊を起こす応力を疲労強度と言う．

コンクリートの繰返し載荷による疲労限界は最大強度の50～60%程であり，疲労破壊は微細ひび割れの発生と載荷点での応力集中の結果，各載荷で微小破壊が累積するためである．図4·14に無筋コンクリートの繰返し載荷による応力－ひずみ曲線を示す．

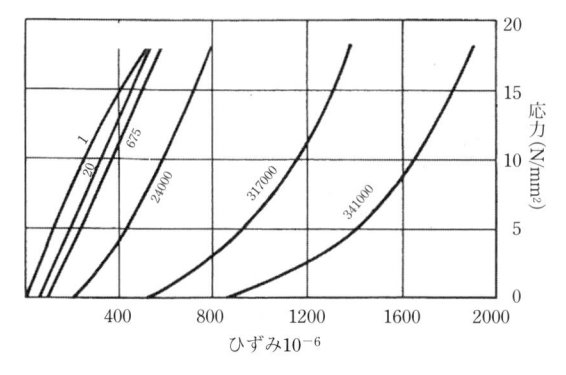

図4·14　繰り返し載荷時の応力—ひずみ曲線
(*Properties of Concrete* 4th ed., Nevill)

3) 衝撃強度

衝撃強度とは衝撃荷重に耐える強度である．コンクリートの含水状態に影響され，乾燥状態のほうが大きくなり，図4·15に示すように載荷速度が速くなると通常の静的載荷速度（毎秒0.5N/mm²）のときの2倍以上となる．衝撃強度を求めるには重錘を落下させる方法と振動による打撃法があり，一般に前者が用いられる．

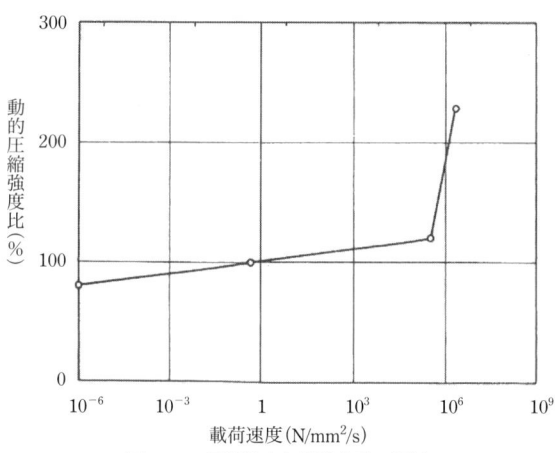

図4·15　圧縮強度と衝撃荷重の関係
(*Properties of Concrete* 4th ed., Nevill, p.344)

4) 水密性

緻密で健全なコンクリートは高い水密性を示すが，一般的なコンクリートでは余剰水の乾燥による毛細管空隙がコンクリート内部に発生し，この毛細管空隙に水圧が加わることによって透水が生じる．特にブリーディングにより水路が形成される打設時の上下方向にはこの水密性の低下が顕著となる．

コンクリートの水密性は以下の透水係数（Kc）で表され，水セメント比が大きい場合は透水係数が大きくなる．JASS 5においては「**透水性を低減して水密性を確保する場合のコンクリートの調合は水セメント比50%以下とする**」と規定している．

$$Q = Kc \cdot A \cdot \triangle H/L \tag{4.5}$$

ここに，

Q：流量（cm³）

Kc：透水係数（cm/s）

A：流れの断面積（cm²）

$\triangle H$：流入，流出の水頭差（cm）

L：供試体の流れ方向の長さ（cm）

また，透水係数（Kc）は下記の要因が影響する．

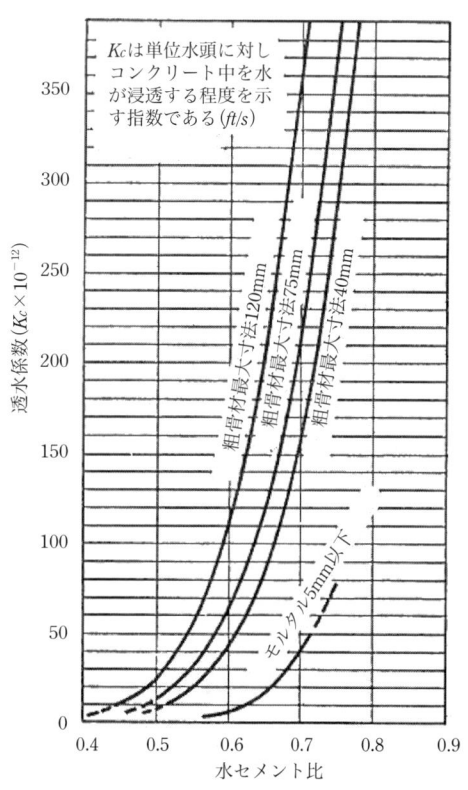

図4·16　W/Cと水密性の関係
(Bureau of Reclamation, *Concrete Manual* 8th ed., 1977)

①粗骨材寸法が大きくなると増大する．
②湿潤期間が長くなるほど減少する．
③乾燥により減少する．
④AEコンクリートの空気量により減少する．
⑤良質なポゾランの混入で減少する．

　図4・16にモルタルおよびコンクリートの粗骨材最大寸法ごとの水セメント比と透水係数の関係を示す．

5) 熱的性質

　コンクリートの比熱，熱伝導率，熱拡散率などの特性をコンクリートの熱的性質という．熱拡散率は密度との間に以下のような関係がある．

$$h^2 = \lambda / (\rho C) \quad (4.6)$$

ここに，h^2：熱拡散率（m²/h）
　　　　C：比熱（kJ/kg・K）
　　　　λ：熱伝導率（W/m・K）
　　　　ρ：密度（kg/m³）

　コンクリートの熱的特性は骨材の影響を受け，水セメント比や強度の影響は比較的少ない．各種骨材を用いた熱的特性を表4・2に示す．

6) 耐熱性・耐火性

　コンクリートは構造材料の中では耐熱性・耐火性に優れる材料であるが，長時間高温にさらされると骨材とセメントペーストとの熱膨張の差による緩み，セメントペースト中の結合水の脱水，水和物の分解，骨材の変質などにより強度低下等の劣化が発生する．加熱温度が高いほど強度の低下は大きく，500℃で60％以下に低下する．弾性係数は強度より著しく低下し，500℃では10〜20％程度まで低下する．

　また，高強度コンクリート等の組織が緻密なコンクリートや含水率の高いコンクリートでは，急激な加熱によりコンクリート表面が爆裂する事があり，超高強度コンクリートでは爆裂の対策が必要となる．

7) 音響特性

　一般にコンクリートは遮音性能には優れているが，吸音性能は低い．図4・17にコンクリートの遮音性能等を表わす指標を示す．透過率が小さいものほど遮音性能が良いことになる．コンクリートは単位重

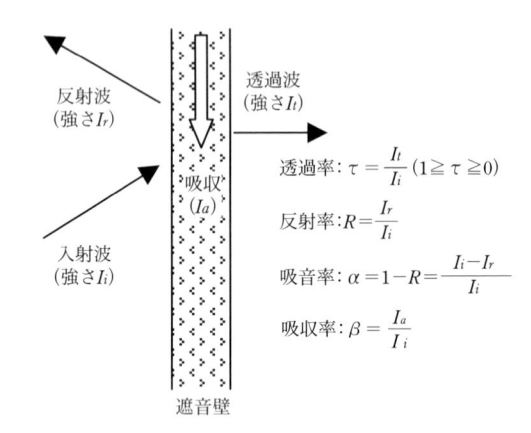

図4・17　遮音壁と音の反射・吸収・吸音

透過率：$\tau = \dfrac{I_t}{I_i}$ （$1 \geq \tau \geq 0$）

反射率：$R = \dfrac{I_r}{I_i}$

吸音率：$\alpha = 1 - R = \dfrac{I_i - I_r}{I_i}$

吸収率：$\beta = \dfrac{I_a}{I_i}$

表4・2　各種コンクリートの熱的性質（岡田・六車『コンクリート工学ハンドブック』朝倉書店，1981）

	骨材		密度 ρ (kg/m³)	熱膨張係数 α (1/K)	熱伝導率 λ (W/m・K)	比熱 C (kJ/kg・K)	熱拡散係数 h^2 (m²/h)	温度範囲
	細骨材	粗骨材						
重量コンクリート		磁鉄鉱	4020	8.9×10^{-6}	2.44〜3.02	0.75〜0.84	0.0028〜0.0037	〜300℃
		赤鉄鉱	3860	7.6×10^{-6}	3.26〜4.65	0.8〜0.84	0.0039〜0.0054	
		重晶石	3640	16.4×10^{-6}	1.16〜1.40	0.54〜0.59	0.0021〜0.0027	
普通コンクリート（除くダムコンクリート）	－	珪岩	2430	$12〜15 \times 10^{-6}$	3.49〜3.61	0.88〜0.96	0.0056〜0.0062	10〜30℃
	－	石灰岩	2450	$5.8〜7.7 \times 10^{-6}$	3.14〜3.26	0.92〜1	0.0048〜0.0052	
	－	白雲母	2500	－	3.26〜3.37	0.96〜1	0.0048〜0.0051	
	－	花崗岩	2420	$8.1〜9.7 \times 10^{-6}$	2.56	0.92〜0.96	0.0040〜0.0043	
	－	流紋岩	2340	－	2.09	0.92〜0.96	0.0033〜0.0034	
	－	玄武岩	2510	$7.6〜10.4 \times 10^{-6}$	2.09	0.96	0.0031〜0.0032	
	川砂	川砂利	2300	－	1.51	0.92	0.0026	
軽量コンクリート	川砂	軽石類	1600〜1900	－	0.63〜0.73	－	0.0014〜0.0018	
	軽砂	軽石類	900〜1600	$7〜12 \times 10^{-6}$	0.5	－	0.0013	
気泡コンクリート	セメント		500〜800	8	0.22〜0.24		0.0009	
	石灰			$7〜14 \times 10^{-6}$				

量が大きいほど遮音性能が高くなる．また，吸音性を高めるためにはロックウール，スポンジ，ウレタンなどの吸音材を取り付けると良い．

4・5 コンクリートの調合設計

コンクリートの調合設計は，打ち込む構造物の仕様にあわせてコンクリートの品質項目と目標値を選定し，その目標値を満足するコンクリートの調合を設定することである．調合設計を選定する際の手順のフロー図を図4・18に示す．

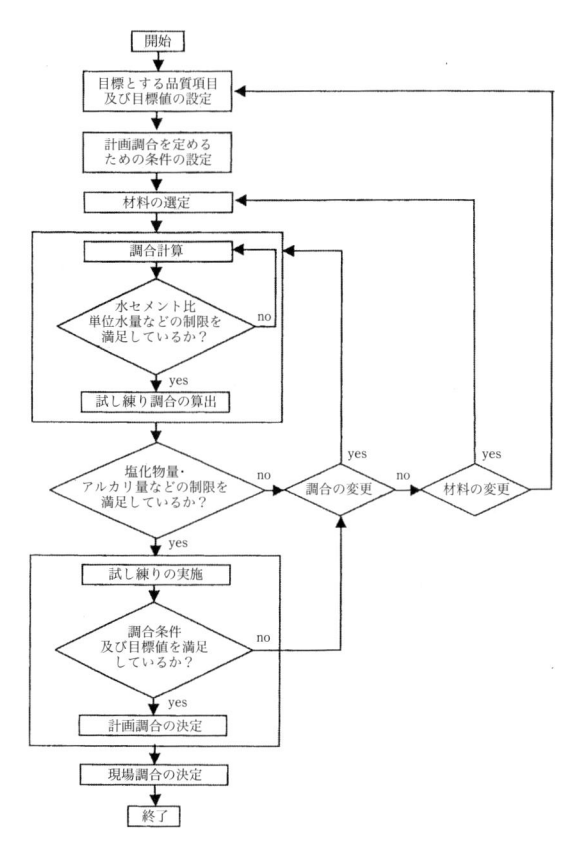

図4・18 調合設計のフロー
（日本建築学会編『建築材料用教材』2006年，p.48）

コンクリートの品質項目は，圧縮強度，フレッシュ性状（スランプ・空気量・材料分離抵抗性等），耐久性を基本とする．

また，設計仕様および施工条件によって特殊な品質項目（水和発熱量，水密性，耐塩害性等）を設定する必要がある場合は，それらの要求性能に関しても満足するものを選定する．

選定するコンクリートが使用するレディーミクストコンクリート工場のJIS認定範囲を外れる場合は，試験練りを行って品質目標値を満足することを確認する必要がある．

1）品質目標値の選定

[1] コンクリート調合強度の選定

コンクリートの**調合強度**は，打ち込んだコンクリートの圧縮強度が設計基準強度および耐久設計基準強度を満たすように，建築学会『建築工事標準仕様書・同解説（JASS 5）』に従った補正値を加えた強度を選定する．この補正値は，構造物に打ち込まれたコンクリートのコア強度と強度管理用供試体強度の養生方法や養生温度の違いを補正するための補正値である．

また，コンクリートの圧縮強度は少なからず製造上のばらつきの影響を受ける．そのため，構造体強度が設計基準強度を満足するためには，このばらつきに応じた割り増しを設定する必要がある．

強度の割り増しは，下記の条件を満たすように設定するのが一般的である．

① 目標強度に対する不良率が4%以下
② 目標強度の85%以下とならない

そのためレディーミクストコンクリート工場のばらつきの実績値である標準偏差σを使用して，下式に示すように割り増した強度（調合強度F）を設定する．調合強度割り増しの概念図を図4・19に示す．

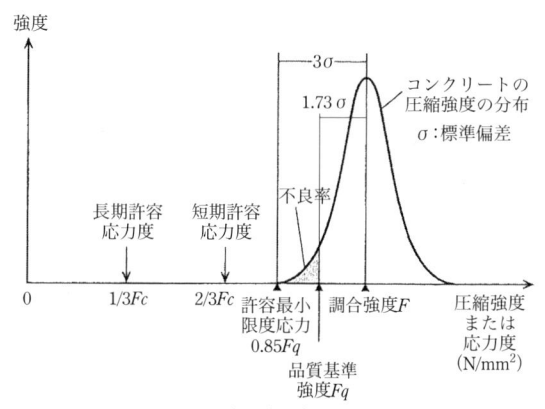

図4・19 調合強度の割り増し概念図
（日本建築学会編『建築材料用教材』2006年，p.49）

$$F \geq Fq + 1.73\,\sigma \quad (\text{N/mm}^2)$$

$$F \geq 0.85Fq + 3\,\sigma \quad (\text{N/mm}^2)$$

ここに，
 F：コンクリートの調合強度（N/mm²）
 Fq：コンクリートの品質基準強度（N/mm²）
 σ：圧縮強度の標準偏差（N/mm²）

レディーミクストコンクリート工場の実績の標準偏差がない場合は，2.5N/mm²または$0.1Fq$の大きい方を標準偏差σとして使用する．

2 フレッシュ性状の選定

コンクリートのスランプは，打ち込みが可能な範囲でできる限り小さい値とするのが望ましい．必要以上に大きなスランプ値のコンクリートを使用すると，締め固め等で材料分離を生じやすくなる．

コンクリートの空気量はワーカビリティ・ブリーディング量・**凍結融解抵抗性**に影響を与え，空気量が小さいとこれらの性能が得られなくなる場合がある．また，空気量が高すぎる場合は強度の低下をまねくので注意が必要である．

AEコンクリートの場合，空気量は3～6％とするのが一般的である．

3 その他の品質目標

その他，耐久性や設計図書に記載された要求性能，および施工上必要となる要求性能を考慮した上でコンクリートの品質項目と目標値を決定する．一般的には塩化物含有量・乾燥収縮量等がある．またマスコンクリート，塩害を受ける環境，猛暑地，極寒冷地，遮蔽コンクリート等の場合は，その他の品質項目を設定する場合がある．

2）品質管理

コンクリートの品質管理は，レディーミクストコンクリートが調合条件を満たすことを確認するために実施するものである．

一般的な品質管理としては，フレッシュコンクリートの性状および圧縮強度の確認となる．これらの確認試験は建築学会『建築工事標準仕様書・同解説（JASS5）』およびJIS A 5308（レディーミクストコンクリート）で決められた試験項目と頻度で実施する．

フレッシュコンクリートの性状に関しては，スランプ・空気量・塩化物イオン量が調合設計条件およびJIS A 5308（レディーミクストコンクリート）を満足することを確認することである．

建築工事では圧縮強度に関しては下記の2種類の品質管理を行う必要がある．

1 レディーミクストコンクリートの受け入れ検査

受け入れ検査は発注したレディーミクストコンクリートの強度が，発注した強度を満足することを確認するための試験である．圧縮強度の確認は，標準水中養生（20℃水中養生）を行った供試体の圧縮強度が強度管理材齢（通常28日）で呼び強度を満足していれば合格となる．

2 構造体コンクリートの確認検査

建築工事においては，受け入れ検査と別に，打ち込まれた部材自体のコンクリート強度（構造体コンクリート強度）が設計上必要な強度を満足していることを確認する必要がある．図4・9に示したように，コンクリートの圧縮強度は養生条件により大きく異なる．このため本来は打ち込んだ部材からコア供試体を採取し，圧縮強度試験を実施して確認することが望ましいが，これが困難であるため，コアコンクリートに類似した養生方法の供試体や補正値を用いて合否の判定を行う．養生方法と判定基準および試験頻度に関しては，建築学会『建築工事標準仕様書・同解説（JASS 5）』に従う．

4・6　レディーミクストコンクリート

一般に建築工事でコンクリートを使用する場合は，コンクリート製造工場から購入することとなる．この様に工場で製造するコンクリートをレディーミクストコンクリート，製造する工場をレディーミクストコンクリート工場という．

1）レディーミクストコンクリートの規格

レディーミクストコンクリートに関してJIS A 5308「レディーミクストコンクリート」が規格化されている．JISでは，普通コンクリートとして圧縮強度18～45N/mm²，スランプ8～21cmのコンクリートが規格化されており，その他に軽量コンクリー

表4·3 レディーミクストコンクリートの種類

コンクリートの種類	粗骨材の最大寸法 (mm)	スランプまたはスランプフロー*1 (cm)	呼び強度													
			18	21	24	27	30	33	36	40	42	45	50	55	60	曲げ4.5
普通コンクリート	20, 25	8, 10, 12, 15, 18	○	○	○	○	○	○	○	○	○	—	—	—	—	—
		21	—	○	○	○	○	○	○	○	○	—	—	—	—	—
	40	5, 8, 10, 12, 15	○	○	○	○	○	—	—	—	—	—	—	—	—	—
軽量コンクリート	15	8, 10, 12, 15, 18, 21	○	○	○	○	○	○	○	—	—	—	—	—	—	—
舗装コンクリート	20, 25, 40	2.5, 6.5	—	—	—	—	—	—	—	—	—	—	—	—	—	○
高強度コンクリート	20, 25	10, 15, 18	—	—	—	—	—	—	—	—	—	○	—	—	—	—
		50, 60	—	—	—	—	—	—	—	—	—	—	○	○	○	—

*1 荷卸し地点の値であり，50cm及び60cmがスランプフローの値である．

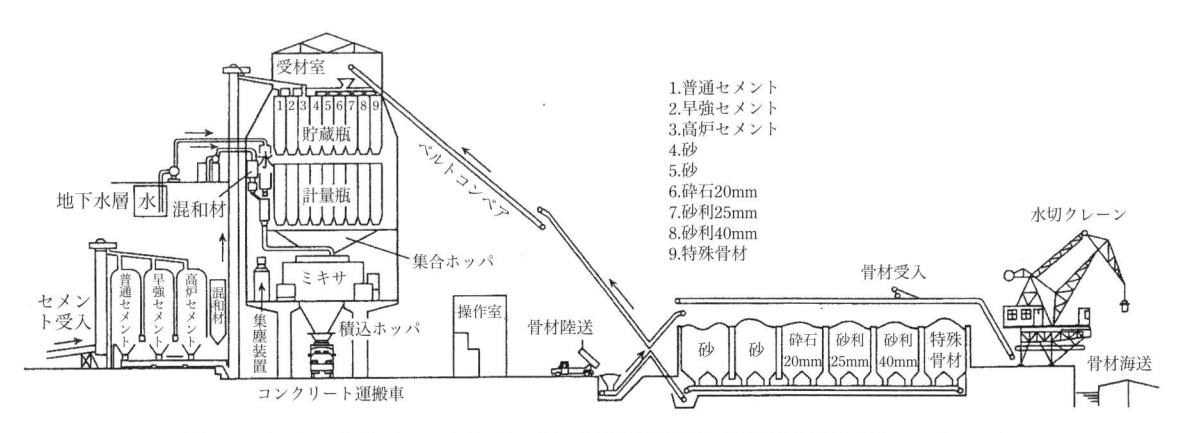

図4·20 レディーミクストコンクリート工場の概要（日本建築学会編『建築材料用教材』2006年, p.52）

ト，舗装コンクリート，高強度コンクリートの規格が存在する．JIS A 5308により規格化されているレディーミクストコンクリートの種類を表4·3に示す．ただし，レディーミクストコンクリート工場（レミコン工場）がJIS A 5308に規定されているすべての調合のJIS認定を取得しているとは限らないので，使用者はレミコン工場に事前にJIS認証調合の取得範囲を確認しておく必要がある．

JIS A 5308の認証を受けていない調合のコンクリート（JIS外品）に関しては，使用者と生産者で協議の上，試験練りを実施して使用する．

JIS A 5308「レディーミクストコンクリート」では製造するコンクリートの種類だけでなく，コンクリートの仕様，コンクリート調合表の表記，使用材料の品質，製造する工場の製造管理方法，混練設備機器，設備の管理方法および各種試験方法までが規定されている．

2）レディーミクストコンクリート工場

一般的なレミコン工場の設備概要を図4·20に示す．レミコン工場は，各種材料（骨材・セメント・混和材料・練り混ぜ水等）の受け入れ・貯蔵・計量，コンクリートの混練設備およびコンクリートを工事現場まで運送する**アジテータトラック**が備えられている．工事で使用するレミコン工場の選択を行う際は，工場で生産しているコンクリートの調合計画書，品質データ，実績，および工場の骨材のストック状況（屋根の有無等）や品質管理の実施方法等を参考にするとよい．

練習問題 4.1 次のフレッシュコンクリートに関する記述のうち，**最も不適当な**ものはどれか．

1. 一般的にスランプ試験によるスランプ値に代表されるフレッシュコンクリートの流動・変形に対する抵抗性を示す性状をコンシステンシーという．
2. コンクリートの空気量とは全フレッシュコンクリート容積に対する空気の量を容積比で％で表記する．エントレインドエアはコンシステンシー，材料分離および凍結融解抵抗性に影響を及ぼす．
3. コンクリート打ち込み後に練り混ぜ水が沈降する現象をブリーディングといい，沈降した水分をブリーディング水という．過大なブリーディングはコンクリートの沈下ひび割れの原因となる．
4. スランプ試験はスランプコーンを引き上げた時のコンクリート上面の下がり高さをスランプ値として計測する．スランプ値が大きいコンクリートは軟らかく施工性が良いが材料分離しやすいので注意する必要がある．

練習問題 4.2 次のコンクリートの硬化後の性状に関する記述のうち，**最も不適当な**ものはどれか．

1. コンクリートの圧縮強度は，使用材料や養生方法や調合により変化するが，他の条件が同一であればセメント水比に比例する．
2. コンクリートの引張り強度は圧縮強度に比べて小さく，通常のコンクリートでは圧縮強度のおよそ 1/10 程度である．
3. コンクリートは乾燥により収縮する材料であり，ひび割れの原因は乾燥収縮の影響が大きい．普通コンクリートでは $5 \sim 8 \times 10^{-4}$ 程度の収縮を示す．
4. コンクリートの各種強度は圧縮強度の関数で表される．一般にコンクリートの強度と言えば圧縮強度を示し，強度試験の中で圧縮強度試験のみが規格化されている．

練習問題 4.3 レディーミクストコンクリート，調合選定，品質管理に関する記述のうち，**最も不適当な**ものはどれか．

1. レディーミクストコンクリートの JIS では，コンクリートの種類だけでなく製造管理や製造設備に関しても規格化されている．
2. JIS A 5308 の認証を受けたレディーミクストコンクリート工場であれば，JIS A 5308 に規格化されたすべてのコンクリートを出荷することができる．
3. 建築現場のコンクリート強度の管理では，"受け入れ検査"と"構造体コンクリート強度の検査"をそれぞれに行う必要がある．
4. コンクリートの強度は工場の製造上のばらつきによる割り増しを行うため，発注する強度が同じであっても，工場によってコンクリートの調合強度が異なる．

第5章 コンクリート(3)

5・1 コンクリートの耐久性

コンクリートの耐久性とは，硬化したコンクリートが建築物の構造体としてどの程度の期間使用できるかを示すものである．

コンクリートの耐久性に影響を及ぼす現象として，中性化，塩害，アルカリシリカ反応，凍害，化学的腐食，風化・老化などがある．本項では，これらの現象に関する劣化の因子とその防止対策について述べる．

1) 中性化

中性化（炭酸化ともいう）は，大気中の二酸化炭素がコンクリート内に侵入し炭酸化反応を起こすことによって，アルカリ性（pH12～13程度）から中性になる現象である．

$Ca(OH)_2 + CO_2 + H_2O = CaCO_3 + 2H_2O$

中性化の確認は，コンクリートの断面にフェノールフタレインアルコール溶液を噴霧し，pHが約9以下の変色しない部分を測定する．

中性化により，コンクリート内部の鋼材に腐食の可能性が生じる．鋼材腐食の進行により，ひび割れの発生，かぶりの剥離・剥落，鋼材の断面欠損による耐荷力の低下，構造物あるいは部材性能の低下が生じる（図5・1参照）．

中性化抑制方法は，コンクリートの気密性あるい

コンクリートの中性化（炭酸化）の推定

コンクリートの中性化速度は，中性化の期間をtとすると$\sqrt{t}$に比例する．

$C = A\sqrt{t}$

ここに，C：炭酸化深さ，A：係数

この関係より，今までの研究により，様々な中性化予測式が提案されている．ここでは，岸谷により提案された式を示す．

$$t = \frac{0.3(1.15+3x)}{R^2(x-0.25)^2}C^2 \quad (x \geq 0.6)$$

$$t = \frac{7.2}{R^2(4.6x-1.76)^2}C^2 \quad (x < 0.6)$$

ここに，

t：Cまで中性化する期間（年）

x：強度上の水セメント比

C：中性化深さ（cm）

R：中性化比率（セメントの種類，骨材の種類，表面活性剤の種類によって定まる比率）

| コンクリート内部に二酸化炭素が進入し，水酸化カルシウムを生成する．（反応した部分がアルカリ性から中性になる） | 中性化の進行に伴い，鉄筋が錆びやすい状態となり，水と酸素の供給により腐食が生じる．（鉄筋の腐食はph11以下で開始する） | 腐食が進行すると，コンクリートにひび割れが生じる．ひび割れが生じる腐食量は，コンクリートの強度，かぶり，鉄筋径等に依存する． | ひび割れを通して酸素等の供給量が増加し，ひび割れの拡大やかぶりの剥落が生じる．また，鉄筋の欠損により耐荷力の低下が認められる． |

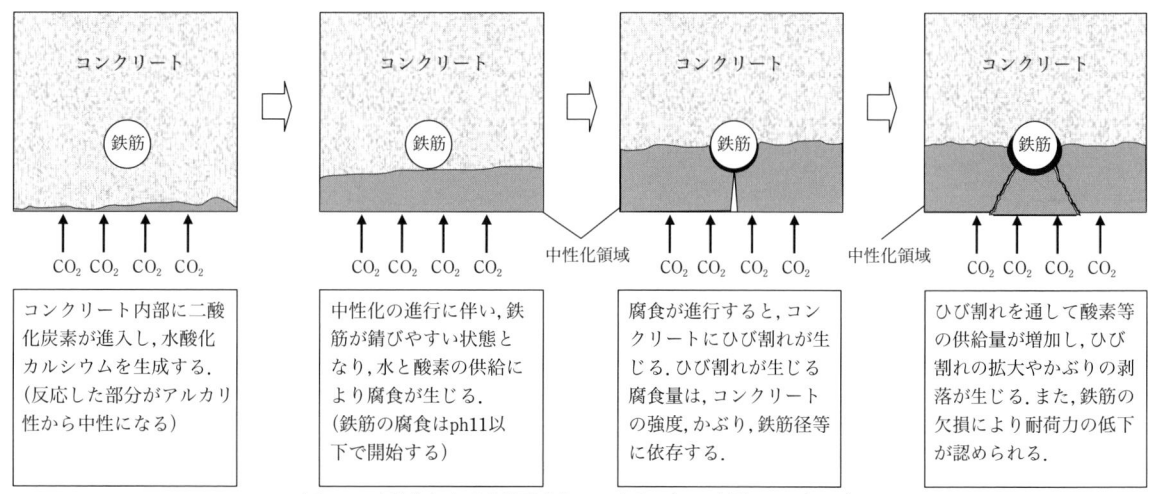

図5・1 中性化による鉄筋腐食とコンクリートひび割れのメカニズム

は水密性を高める方法と，気密性の大きい仕上げ材で塗装する方法の2つに大別される．

コンクリートの気密性あるいは水密性を高める方法は，①水セメント比が小さく単位水量の小さい密実なコンクリートの採用，②ポリマーセメントコンクリートの採用等が挙げられる．

気密性の大きい仕上げ材の塗装による方法は，①モルタルの塗装による方法，②有機，無機系の仕上げ材の塗装による方法等がある．

2）塩害

塩害は，鉄筋コンクリート構造物中に一定量以上の塩化物イオンが存在することにより鉄筋が腐食しやすい状態になり，そこに酸素が供給されるような環境下で鉄筋の腐食が進展する現象である．

コンクリートは，セメントの水和反応に使われない水（以下，細孔溶液と呼ぶ）が存在しており，空気中の二酸化炭素により中性化していない場合にはpH12～13程度の高いアルカリ性を示す．このような高アルカリ環境下では，鋼材に不動態被膜を生成し，腐食しにくい状態となっている．

鋼材の腐食は，鋼材表面の不動態被膜が塩化物イオンにより破壊されることで開始する．腐食反応は図5・2に示すように鋼材表面から鉄イオン（Fe^{2+}）が細孔溶液中に溶け出すアノード反応と鉄イオンが鋼材中に残した電子（$2e^-$）が酸素と反応するカソード反応に分けて考えられている．

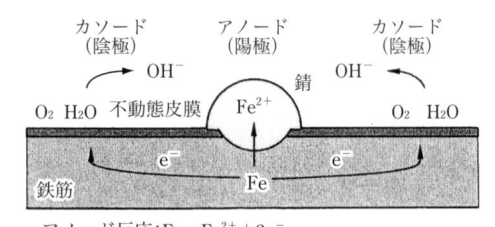

アノード反応：$Fe \rightarrow Fe^{2+} + 2e^-$
カソード反応：$1/2\, O_2 + H_2O + 2e^- \rightarrow 2OH^-$
図5・2　鋼材の腐食反応の模式図
（日本コンクリート工学協会『コンクリート診断技術'02〔基礎編〕』，p.41）

コンクリート構造物の塩害は，図5・3に示すように鋼材の腐食が開始するまでの潜伏期，腐食開始から腐食ひび割れ発生までの進展期，腐食ひび割れの影響で腐食速度が大幅に増加する加速期，および鋼材の大幅な断面現象などが起こる劣化期の順で進展していく．塩害による劣化区分と劣化状況を表5・1に示す．

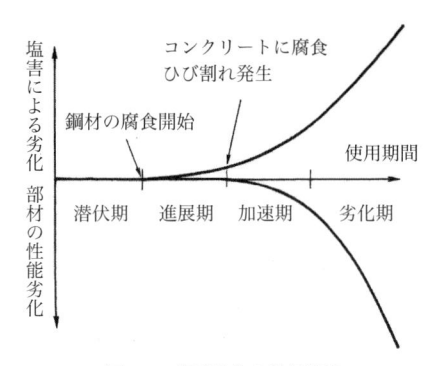

図5・3　塩害劣化の進行過程
（日本コンクリート工学協会『コンクリート診断技術'02〔基礎編〕』，p.39）

表5・1　塩害による劣化区分と劣化状況

劣化区分	劣化状況
潜伏期（Ⅰ）	外観上の変状は見られず，鉄筋位置における塩化物イオン濃度が腐食発生限界塩化物イオン濃度に達するまでの期間
進展期（Ⅱ）	鉄筋位置における塩化物イオン濃度が腐食発生限界塩化物イオン濃度に達し，鉄筋腐食が開始し，腐食生成物の膨張によりコンクリートにひび割れが発生するまでの期間
加速期（Ⅲ）	コンクリートにひび割れが発生することにより腐食速度が増し，錆汁やコンクリートの剥離・剥落が見られる期間
劣化期（Ⅳ）	ひび割れの進展，ひび割れ幅の増大，錆汁やコンクリートの剥離・剥落により変形の増大や耐荷重の低下が顕著となる期間

塩化物による腐食抑制対策は，腐食物質のコンクリートからの除去として，コンクリート材料中に含まれる塩化物イオン量を出来る限り少なくし，かぶりコンクリート中への塩化物イオン侵入・浸透の抑制として，水セメント比の小さいコンクリートを用いて密実性を増加させたり，かぶりを十分にとり，ひび割れを抑制する．

また，脱塩工法の適用，コンクリートの表面処理の実施，ポリマー含浸コンクリートの使用，鉄筋のメッキ加工や樹脂塗装，電気防食，防錆剤の塗布等の工法もある．

3）アルカリ骨材反応

アルカリ骨材反応は，コンクリート中の高いアルカリ性を示す細孔溶液（セメント由来のもので水酸化アルカリ（$NaOH$，KOH）を主成分とする）とア

ルカリシリカ反応性を含有する骨材（反応性骨材，表5・2参照）が反応して，アルカリシリカゲルを生成し，周りの水を吸収して膨張するために，コンクリートの異常な膨張およびそれに伴うひび割れを発生させることである（図5・4）．

表5・2 アルカリシリカ反応性を有する鉱物

鉱物名	キャラクター
オパール	無定形シリカ鉱物で，火山岩や堆積岩の空隙を埋めて産出し，極めて反応性が高い
クリストバライト，トリジマイト	石英の多形で安山岩など石基や紋晶中にみられ，反応性が高い
火山ガラス	マグマが急冷し，結晶化する前に固結したもの．反応性は高い
微少石英	チャートなどに見られる潜晶質石英やカルセドニーに代表される．クリストバライトなどに比べると反応は緩やかである．

（日本建築学会編『建築材料用教材』丸善，2006年，p.38）

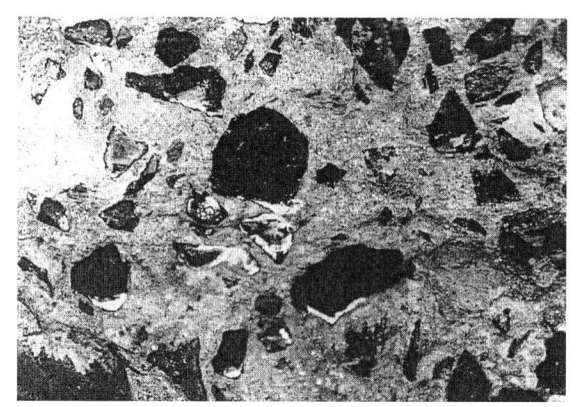

図5・4 コンクリート中のアルカリシリカゲルの生成状況
（日本コンクリート工学協会『コンクリート診断技術 '02〔基礎編〕』,p.45）

このため，**アルカリシリカ反応（ASR）**による有害な膨張は，図5・5に示すように，①有害量の反応性骨材，②十分な量の水酸化アルカリ，③必要量の水分の3条件が同時に成立したときに発生する．

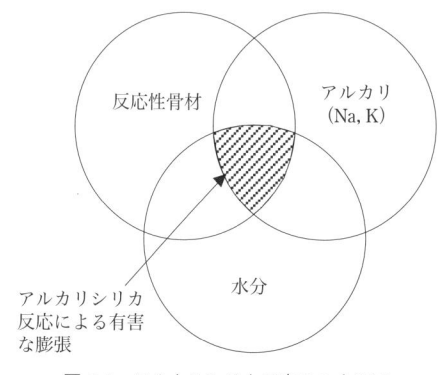

図5・5 アルカリシリカ反応の3大要因

アルカリ骨材反応には，アルカリシリカ反応とアルカリ炭酸塩反応の2種類があり，わが国で報告されるほとんどがアルカリシリカ反応である．

アルカリシリカ反応抑制対策は，施工前と施工後に分類される．施工前の対策としては，図5・5に示したアルカリシリカ反応の3大要因を取り除くことである．具体的には，使用する骨材が反応性骨材であるかを確認し，反応性骨材であれば出来る限り使用しない，アルカリの（Na^+, K^+）の供給を少なくする．

施工後の対策としては，原因となる反応性骨材とセメントに由来するアルカリがコンクリート全体に存在するため，恒久的な補修は困難である．延命補修としては，外部からの水分の供給防止が効果的である．

アルカリシリカ反応によるひび割れ

コンクリート構造物に生じるアルカリシリカ反応によるひび割れは，環境条件（温度，湿度，日射，水掛りなど），拘束条件（鋼材量や外部拘束の有無）の影響を大きく受けたものになる．

無筋コンクリートまたは鉄筋量の少ないコンクリート構造物では，網の目状または亀甲状のひび割れがコンクリートの内部にまで発達するが，アルカリシリカ反応による膨張が拘束されている鉄筋コンクリート構造物では，軸方向材に沿った方向性のあるひび割れが亀甲状のひび割れとともに発生することが多い．

4）凍害

凍害とは，コンクリート中の水分が0℃以下になった時の凍結膨張によって発生するものであり，長期間にわたる凍結と融解の繰返しによりコンクリートが徐々に劣化する現象である．

凍害による劣化の主な形態は，次に示すものが代表的である．

①ポップアウト（表層下の骨材粒子などの膨張による破壊でできた表面の円錐状の剥離）
②微細ひび割れ（紋様や地図状が多い）
③スケーリング（表面が薄片状に剥離・剥落）
④崩壊（小さな塊か，粒子になる組織の崩壊）

一般に，微細ひび割れ，スケーリングは，コンク

リートのペースト部分が劣化するものであり，コンクリートの品質が劣る場合や，適切な空気連行がされてない場合に多く発生する．一方，ポップアウトは骨材の品質が悪い場合によく観察される．これらの劣化の進行深さ（凍害深さ）の増大に伴う性能低下は図5・6および表5・3に示すように潜伏期，進展期，加速器，劣化期に分けることができる．

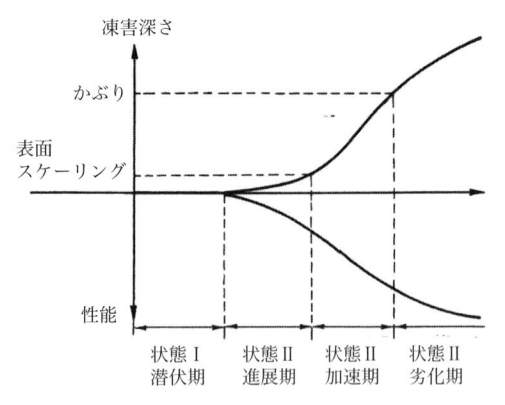

図5・6　凍害劣化過程の概念図
（日本コンクリート協会『コンクリート診断技術 '02〔基礎編〕』，p.47）

表5・3　凍害による劣化区分と劣化状況

劣化区分	劣化状況
状態Ⅰ 潜伏期	凍結融解作用を受けるが凍害による劣化がなく，初期の健全性を保持している段階
状態Ⅱ 進展期	凍害深さが小さく剛性にほとんど変化がなく，鉄筋の腐食がない段階
状態Ⅲ 加速期	凍害深さが大きくなり，美観等により周辺環境への影響が起こり，鉄筋腐食が発生する段階
状態Ⅳ 劣化期	凍害深さがかぶり以上になり，変形や鉄筋の腐食が著しくなり，部材としての耐荷力に影響を及ぼす段階

コンクリートの凍害発生の要因は，図5・7のように使用材料の種類，品質，コンクリートの調合，打ち込み，締め固め，養生方法，構造物が供用される期間，それらが置かれる環境条件，水の供給程度など多くの要因に影響される．そして，複合して影響することにより，凍害の程度，範囲，形態が異なる．

凍害抑制対策は，使用するコンクリートの①AE減水剤等を使用して，適正量（一般に5％前後）導入，②水セメント比を小さくする，③施工可能な範囲でできる限りスランプを小さく（単位水量を小さく）する，④吸水率，軟石含有率の低い良質の骨材を使用等が挙げられる．

実用的には，凍結融解温度作用の緩和・防止や，コンクリートの含水の高まりの抑制等を合わせて考えることも必要である．

凍害劣化のメカニズム

水は凍結するときに自由膨張できるものとすると9％の体積膨張を生じる．セメントペースト内部では，温度降下に伴い，まず大きい空隙中の水が凍結し，次いで小さい空隙中の水が凍結する．小さい空隙中の水が凍結する過程では，大きい空隙中にできた氷晶により膨張が拘束される．この膨張を緩和するだけの自由空隙が存在しない場合は，大きい静水圧が空隙の壁に作用し，これが引張り強度に達したときにひび割れが生じるものと考えられる．

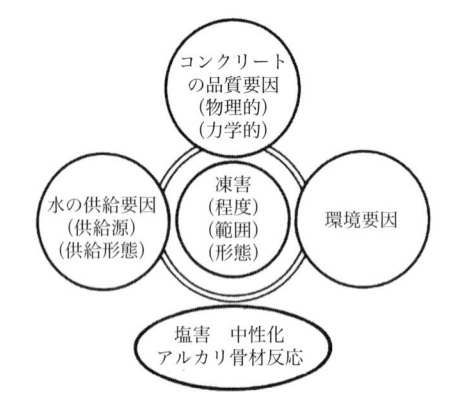

図5・7　凍害発生要因の体系化
（日本コンクリート工学協会『コンクリート診断技術 '02〔基礎編〕』，p.47）

5）化学的腐食

コンクリートが外部からの化学作用を受け，その結果として，セメント硬化体を構成する水和成分が変質あるいは分解して結合能力を失っていく劣化現象を，総称して化学的腐食という．化学的腐食を及ぼす要因は，酸類，アルカリ類，塩類，油類，腐食性ガスなど多岐にわたり，その結果として生じる劣化現象も一様ではない．一般的な環境においてこれらの化学的腐食が問題となることは少なく，温泉地や酸性河川流域に建設された構造物等がその代表例となる．ただし，下水道関連施設や化学工場・食品工場等の特殊環境下にある構造物では，しばしば化学的腐食が問題となる．

以下に化学的腐食を及ぼす影響と劣化の形態を示す．

1 酸による化学的腐食

セメントの水和物で最も酸と反応しやすいのは，水酸化カルシウム $Ca(OH)_2$ であり，次いでカルシウ

ムアルミネートの水和物とカルシウムシリケートハイドレートで，カルシウムアルミネートフェライトの水和物は比較的反応しにくいと考えられている．しかしながら，いずれも酸と反応して分解する．

これらの分解は，塩酸（HCl），硫酸（H_2SO_4），硝酸（HNO_3），リン酸（H_3PO_4）などの無機酸やぎ（蟻）酸（HCOOH），酢酸（CH_3COOH），乳酸（$CH_3CH(OH)COOH$）などの有機酸のみならず，脂肪酸によっても分解が生じる．

②アルカリによる化学的腐食

コンクリートはそれ自体が強アルカリであり，アルカリに対する抵抗力は通常かなり大きい．しかし，非常に濃度の高い NaOH には浸食される．特に，乾湿繰返しのある場合には劣化が激しく，工場の床などを定期的に強アルカリで洗浄する場合には，アルカリによるコンクリートの浸食が生じる．

③塩類による化学的腐食

塩類による化学腐食の代表的なものは，硫酸塩による化学腐食である．海水作用における浸食は，波浪に伴う浸食や塩化物イオンの鉄筋への関与などを別とすれば，主に硫酸塩によるものであり，ナトリウム，カルシウム，マグネシウムなどの硫酸塩が，セメント中の $Ca(OH)_2$ と反応して二水セッコウを生成し，さらに C_3A と反応しエトリンガイトを生成して著しい膨張を引き起こす．

④油類による化学的腐食

一般に，酸性物質を含まない鉱物油はコンクリートをほとんど浸食しないが，植物性油のように多くの遊離脂肪酸を含有する場合には，酸として作用しコンクリートを浸食する場合がある．脂肪酸の解離の程度は，油の種類によって大きく異なる．

⑤腐食性ガスによる化学的腐食

コンクリートに化学腐食をもたらす気体として，塩化水素（HCl），フッ化水素（HF），硫化水素（H_2S），二酸化硫黄（SO_2）などがある．

塩化水素や二酸化水素，二酸化硫黄は，水に溶けて酸を生成することによりコンクリートを浸食する．

硫化水素は，硫黄酸化細菌の作用等によって酸化されて硫黄酸化物となり，水に溶解して酸を生成しコンクリートを腐食する場合と，ガス状で水中に溶解してコンクリートを腐食する場合とがある．

6）風化・老化

風化・老化は，海洋環境，強酸や高濃度の硫酸根との接触あるいは凍結融解作用を受ける特殊な環境などの特別な劣化促進要因に曝される環境を除外して，通常の使用条件で経年的にコンクリートが変質・劣化していく現象と定義される．表5・4に風化・老化に分類される現象と懸念される変状，低下する構造性能を示す．

表5・4 風化・老化に分類される現象

卓越する作用	顕在化する変状	低下する性能
摩耗	断面減少	美観，使用性，耐荷性
微粒子付着	汚れ（変色）	美観
生物付着	汚れ（変色）	美観
水との接触による成分溶出	汚れ，エフロレッセンス，強度低下，pH低下（中性化）	美観，使用性，耐荷性

（日本コンクリート工学協会『コンクリート診断技術 '02〔基礎編〕』，p.59）

5・2 硬化コンクリートの試験

強度特性に関わる性能の確認試験項目及び方法の一例を表5・5に，耐久性に関わる性能の確認試験項目および方法の一例を表5・6に示す．

表5・5 強度特性に関わる性能の確認試験項目および方法

試験項目	試験方法
圧縮強度	JIS A 1108（コンクリートの圧縮強度試験方法） JIS A 1185（コンクリート生産管理工程管理用試験方法）
引張強度	JIS A 1113（コンクリートの割裂引張強度試験方法）他
曲げ強度	JIS A 1106（コンクリートの曲げ試験方法）他
付着強度	日本コンクリート工学協会（引張試験方法） 建材試験センター（JCM 委員会案）
弾性係数	JIS A 1149（コンクリートの静弾性係数試験方法） JIS A 1127（共鳴振動によるコンクリートの動弾性係数，動せん断弾性係数及び動ポアソン比試験方法），他
クリープ	JSTM C 7102（コンクリートの圧縮クリープ試験方法） ASTM C 512-02（Standard Test Method for Creep of Concrete in Compression），他

（日本建築学会編『鉄筋コンクリート構造物の品質管理および維持管理のための試験方法』日本建築学会，p.73 より一部抜粋）

表5・6 耐久性に関わる性能の確認試験項目および方法

試験項目	試験方法
長さ変化（コンクリートの長さ変化，セメントペーストの長さ変化，自己収縮・膨張率）	JIS A 1129-1:2001（モルタル及びコンクリートの長さ変化試験方法－第1部：コンパレータ方法） JIS A 1129-2:2001（同第2部：コンタクトゲージ方法） JIS A 1129-3:2001（同第3部：ダイヤルゲージ方法）（セメントペーストの長さ変化） JCI-SAS1-2（水和収縮試験方法（改訂版2002），他（自己収縮および自己膨張） JCI-SAS2-2（セメントペースト，モルタルおよびコンクリートの自己収縮および自己膨張試験方法（改訂版2002）），他
収縮拘束力およびひび割れ抵抗性	（収縮拘束による応力・ひび割れ） JIS A 1151（拘束されたコンクリートの乾燥収縮ひび割れ試験方法），他 （自己収縮拘束による応力・ひび割れ） JCI-SAS3-2（コンクリートの自己収縮応力試験方法），他
中性化抵抗性	JIS A 1152（コンクリートの中性化深さの測定方法） JIS A 1153（コンクリートの促進中性化試験方法），他
凍結融解抵抗性	JIS A 1148（コンクリートの凍結融解試験方法） ASTM C 672/C 672M-03（Standard Test Method for Scaling Resistance of Concrete Surface Exposed to Deicing Chemicals）
熱的性質（断熱温度上昇，熱膨張率，熱伝導率）	（断熱温度上昇量） JCI-SQA3（コンクリートの断熱温度上昇試験方法（案）），他 （線膨張率） JIS A 1325（建築材料の線膨張係数測定方法），他 （熱伝導率） JIS A 1412-1（熱絶縁材の熱抵抗性及び熱伝導率の測定方法－第1部：保護熱工法（GHP法）） JIS A 1412-2（熱絶縁材の熱抵抗性及び熱伝導率の測定方法－第2部：熱流計法（HFM法））
アルカリ骨材反応	（反応性判定試験方法） JASS 5N T603（コンクリートの反応性試験方法） JCI-AAR3（コンクリートのアルカリシリカ反応性判定試験方法（コンクリート法）），他 （迅速判定法） ZKT-206（コンクリートのアルカリシリカ反応性迅速試験方法）

（日本建築学会編『鉄筋コンクリート構造物の品質管理および維持管理のための試験方法』日本建築学会，p.73より一部抜粋）

1）強度・変形特性に関する試験

1 圧縮強度試験

JIS規格の中で圧縮強度試験は，JIS A 1132（コンクリートの圧縮強度用供試体の作り方）によって供試体を作製，養生し，JIS A 1108（コンクリートの圧縮強度試験方法）によって試験を行うことが規定されている．

2 引張強度試験

JIS規格の中で引張強度試験は，供試体の作製方法としてJIS A 1132を試験方法としJIS A 1113（コンクリートの割裂引張強度試験方法）を試験方法規格として整備しており，割裂引張強度をコンクリートの引張強度として用いることが一般的である．

3 曲げ強度試験

曲げ試験は圧縮強度と同様，曲げ強度もJIS A 1132（コンクリートの強度試験用供試体の作り方）により供試体を作製し，管理材齢まで標準養生した後，JIS A 1106（コンクリートの曲げ試験方法）により行うことがJIS A 5308（レディーミクストコンクリート）で規定されている．

4 弾性係数試験方法

割線弾性係数は，非線形な$\sigma-\varepsilon$曲線上の任意の点と原点を結ぶ直線の勾配で，$\sigma-\varepsilon$曲線上の点（σ_aおよびε_a）の選び方によって変化するため，弾性係数の評価に際してσ_aおよびε_aの値の選定方法が重要となる．従来，割線弾性係数を求めるのに使用するσ_aおよびε_aの値としては，コンクリートの$\sigma-\varepsilon$曲線の特徴および実コンクリート構造物でコンクリートに常時作用する応力レベルを踏まえて，圧縮強度の1/3～1/4の点が用いられてきた．以上は，静的な$\sigma-\varepsilon$の関係から算定する弾性係数であるため，特に静弾性係数と呼ばれ，一般的には，JIS A 1149（コンクリートの静弾性係数試験方法）により求められている．

5 クリープ試験方法

現在，コンクリートの圧縮クリープに関する試験方法については，国内外を通じて統一的に提案されているものはないが，国内では，建材試験センターが団体規格として提案しているJSTM C 7102（コンクリートの圧縮クリープ試験方法）が一般的に使用されている．

2）耐久性に関する試験方法

1 長さ変化

長さ変化の試験方法は，コンクリートの長さ変化の試験方法がJIS A 1129-1（モルタル及びコンクリートの長さ変化試験方法－第1部：コンパレータ方法），JIS A 1129-2（同第2部：コンタクトゲージ方法），JIS A 1129-3（同第3部：ダイヤルゲージ方法）で，

セメントペーストの水和反応試験方法が JCI-SAS1-2（水和収縮試験方法（改訂版 2002））で，自己収縮および自己膨張試験方法が JCI-SAS2-2（セメントペースト，モルタルおよびコンクリートの自己収縮および自己膨張試験方法（改訂版 2002））で，それぞれ規定・提案されている．

2 収縮応力およびひび割れ抵抗性

拘束による応力・ひび割れの試験については，コンクリートの収縮拘束応力・ひび割れ試験が JIS A 1151（拘束されたコンクリートの乾燥収縮ひび割れ試験方法）で，コンクリートの自己収縮による応力・ひび割れ試験が JCI-SAS3-2（コンクリートの自己収縮応力試験方法）で，それぞれ規定されている．

外的な収縮拘束応力は，拘束鋼材の剛性もしくはアクチュエータなどを用いて機械的に与えることにより測定される．

コンクリートの収縮拘束応力は，コンクリートの長さ変化，クリープ，ヤング係数が複合的に関与した所産として測定されるため，建物の形状に対応した拘束度を適切に付与することによりひび割れ発生の危険度をおよそ評価することが可能である．

3 中性化抵抗性

コンクリートの中性化は，そのコンクリートが曝されている環境条件に大きく左右されるため，暴露試験によって中性化の抵抗性を評価することが望ましいが，試験が長期に渡り，評価に時間を要することから，促進試験によって中性化抵抗性の評価が行われる場合が多い．

促進試験は，炭酸ガス濃度を高くし，温度・湿度を一定にした試験槽で所定の材齢まで養生し，基準とするコンクリートや規定値との比較を行うことで評価する方法であり，JIS A 1153（コンクリートの促進中性化試験方法）により，その方法が規定されている．

暴露試験は，自然環境あるいは評価対象となるコンクリートが曝される条件に応じた環境にコンクリート供試体を静置して評価の対象となる所定の期間を経過した時点の中性化の状況を評価するものである．暴露試験の方法については，試験の目的に応じて実施されることになる．

暴露試験と促進試験との関係については，温・湿度や乾燥状態によって異なるため，促進試験の期間が実際の環境下での何年に相当するかということを一概に評価することは難しい．

4 凍結融解抵抗性

凍害についての抵抗性を評価する試験方法は JIS A 1148（コンクリートの凍結融解試験方法）で規定されていて，水中凍結水中融解による試験方法は「JASS 5.26 凍結融解作用を受けるコンクリート」中の耐凍害性の性能区分に対応する品質の試験にも用いられている．

スケーリング抵抗性，塩分環境下でのスケーリング抵抗性を評価する促進凍結融解試験方法として，ASTM C 672/C 672M-03（Standard Test Method for Scaling Resistance of Concrete Surface Exposed to Deicing Chemicals），RIREM Recommendation CDF Test があり，目的に応じて実施されている．

暴露試験は，自然環境下や評価対象となるコンクリートが曝されている環境下にコンクリートの供試体を所定の期間静置し，凍害による劣化状況を評価するもので，試験の目的に応じた方法で実施されることになる．

5 熱的性質

コンクリートの熱的性質の試験については，コンクリートの断熱温度上昇量の試験方法が JCI-SQA3（コンクリートの断熱温度上昇試験方法（案））で，コンクリートの線膨張率の試験方法が JIS A 1325（建築材料の線膨張率試験方法）で，コンクリートの熱伝導率の試験方法が JIS A 1412-1（熱絶縁材の熱抵抗及び熱伝導率の測定方法－第 1 部：保護熱工法（GHP 法））と JIS A 1412-2（熱絶縁材の熱抵抗及び熱伝導率の測定方法－第 2 部：熱流計法（HFM 法））で，それぞれ規定されている．また，コンクリートの比熱の試験方法としては，断熱型熱量計法が利用される．

6 アルカリ骨材反応

アルカリシリカ反応性の試験は，コンクリートのアルカリシリカ反応性を判定する試験方法が JASS

5N T-603（コンクリートの反応性試験方法）と JCI-AAR3（コンクリートのアルカリシリカ反応性判定試験方法（コンクリート法））で，生産工程管理のためのコンクリートのアルカリシリカ反応性の有無を迅速に判定するための試験方法が ZKT-206（コンクリートのアルカリシリカ反応性迅速試験方法）で，それぞれ規定されている．JASS 5N T-603 と JCI AAR3 は試験材齢 6 か月におけるコンクリート供試体の膨張率により判定し，ZKT-206 はコンクリートのアルカリシリカ反応性を 2 日間で判定する方法である．

5・3　特殊な性質のコンクリート

特殊な性質のコンクリートは，大別すると①要求性能による区分，②施工条件による区分，③構造形式による区分の 3 つに分類される．分類ごとの詳細を以下に示す．

1) 要求性能による区分

①軽量コンクリート

軽量コンクリートは，軽量骨材を用いた普通コンクリートに比べて単位容積質量の小さいコンクリートの総称である．

軽量コンクリートの種類は，粗骨材に人工軽量粗骨材，細骨材に砂・砕砂・再生細骨材・各種スラグ骨材を用いた軽量コンクリート 1 種と粗骨材に人工軽量粗骨材，細骨材に人工軽量細骨材または，これに砂・砕砂・再生細骨材・各種スラグ骨材を加えた軽量コンクリート 2 種に分類される．表 5・7 に，軽量コンクリートの設計基準強度の最大値および気乾単位容積質量の範囲を示す．

表 5・7
軽量コンクリート設計基準強度の最大値と気乾単位容積質量の範囲

コンクリートの種類	設計基準強度の最大値 (N/mm^2)	気乾単位容積質量の範囲 (t/m^3)
軽量 1 種コンクリート	36	1.8〜2.1
軽量 2 種コンクリート	27	1.4〜1.8

②高流動コンクリート

高流動コンクリートとは，フレッシュ時の材料分離に対する抵抗性を損うことなく流動性を著しく高めたコンクリートの総称であるが，ここでは，製造・運搬・打込み時に有害な材料分離を起こさず，振動・締固めをしなくてもほぼ型枠内に充てんすることができる，いわゆる自己充てん性を備えたコンクリートのことをいう．

③高強度コンクリート

高強度コンクリートは，設計基準強度が 36N/mm^2 を超えるコンクリートである．設計基準強度が 60N/mm^2 を超えるコンクリートは，必要に応じて試験または信頼できる資料により，設計が要求する構造体の性能が得られることを確かめ，仕様の詳細を定めなければならない．

鉄筋コンクリート構造物に用いるコンクリートの圧縮強度は，建築基準法の改正・施行（平成 12 年 6 月）により，JIS A 5308（レディーミクストコンクリート）に規定されていないコンクリートを使用する場合には，国土交通大臣の認定取得が必要である．

④水密コンクリート

水密コンクリートは，適用部材に要求される防水性能によっては防水層を設けることはあっても，積極的にコンクリート自身に水を遮断する性能を持たせることを目的とするコンクリートである．おもに水槽・プール・地下室などの圧力水が作用する構造物に適用される．

水密性の高いコンクリートが得られる材料・調合を選ぶことはもちろんであるが，それ以上にひび割れ・ジャンカなどの欠陥を生じないように打設可能なコンクリートを選び，それに適した施工計画および品質管理計画を立てることが重要である．

⑤海水の作用を受けるコンクリート

海中および海岸地域にあるコンクリート構造物では，海水・波しぶきおよび海塩粒子作用を受けてコンクリート中に塩分が浸透する．したがって，これらの構造物ではコンクリートおよび内部の鉄筋が浸透塩分に対して耐久性を有するよう設計・施工することが重要である．

⑥凍結融解作用を受けるコンクリート

凍結融解作用を受けるコンクリートは，硬化したコンクリートが長期間にわたる凍結融解作用を受け

ることによって生じる凍害の防止を目的として，そのような部分に使用するコンクリートである．初期凍害は，「寒中コンクリート」の対象となるため，ここでは除外する．

コンクリートが凍害を受けると，組織膨張によるひび割れが生じ，より進行した段階で，その部分のコンクリートが崩壊する．このような劣化がコンクリートの凍害の基本であるが，水分条件の激しい場合や凍結融解作用に加えて海水や融雪塩などの塩分が作用した場合には，コンクリート表面層が剥離するスケーリングを生じたり，骨材中に吸水率の極めて高い軟石成分が含まれている場合には，ポップアウトが生じることがある．

7 遮蔽用コンクリート

遮蔽用コンクリートを使用する際に考慮すべき放射線は，一般にガンマ線と中性子線の2種類がある．通常，遮蔽体としては，①ガンマ線のみを遮蔽するもの，②中性子線とガンマ線の両方を遮蔽するもの，の2つのタイプに分けられる．

ガンマ線の遮蔽性能は，遮蔽体の厚さの積にほぼ比例する．厚さが一定であれば，密度が高くなるほどその遮蔽性能は上がる．

中性線を遮蔽するためには，高速中性子を減速させる原子番号の大きい元素または中程度の大きさの元素を含んでおり，中速中性子を熱中性子に変える水素のような軽い元素もあり，なおかつ熱中性子を吸収できる材料を含んでいることが望ましい．

2) 施工条件による区分

1 寒中コンクリート

寒中コンクリートは，コンクリートの打ち込み後の養生期間で凍結するおそれのある場合に施工されるコンクリートである．寒中コンクリートで最も留意すべき点は，初期凍害の防止と強度増進の遅れに対する対応である．

寒中コンクリートの期間は，それぞれの地域について定めているが，コンクリートの打ち込みから28日までの間の平均気温が3.2℃以下（積算温度Mが370°D・D）となる期間に相当する．

2 暑中コンクリート

暑中コンクリートは，外気温およびコンクリート温度が高いことが原因となり，単位水量の増加，輸送中・運搬中のスランプ低下，凝結促進，コンクリート表面からの水分の急激な蒸発などによって，コールドジョイント・ひび割れの発生および長期強度の発生不良など種々の問題が発生しやすい．

暑中コンクリートを適用する期間は，日平均気温の日別平滑平年値が25℃を超える期間を基準として適用する期間を定めている．

3 流動化コンクリート

流動化コンクリートは，あらかじめ練り混ぜられたコンクリート（ベースコンクリート）に流動化剤を添加して，スランプを増大させたコンクリートである．

流動化コンクリートのスランプは21cm以下とし，品質管理はベースコンクリートと流動化コンクリートの両方について行う必要がある．

4 マスコンクリート

マスコンクリートは，部材断面の最小寸法が大きく，かつセメントの水和熱による温度上昇で有害なひび割れが入るおそれのある部分のコンクリートである．

マスコンクリートとなる部材断面の目安は，最小断面寸法が壁上部材で80cm以上，マット状部材・柱状部材で100cm以上となる．柱状部材では外部拘束が小さいので温度ひび割れは入り難いが，構造体コンクリートの強度発現に留意する必要がある．このほかに，設計要求性能のレベル，コンクリートの設計基準強度，部材形状，拘束の程度，実績などを考慮して最終的に定めるとよい．

5 水中コンクリート

水中コンクリートは，水中またベントナイトやポリマーなどの安定溶液中に，トレミー管を用いてコンクリートを形成する場所打ちコンクリート杭，または鉄筋コンクリート地中壁に使用するコンクリートである．

3) 構造形式による区分

① プレストレストコンクリート

プレストレストコンクリートは，PC鋼材によりあらかじめ圧縮力を与えたコンクリートである．プレストレストコンクリート部材の施工方式は，プレテンション方式とポストテンション方式に分けられる．プレテンション方式は，主として工場生産される部材に採用される方式であり，ポストテンション方式は主として現場打ち工法に用いられる方式である．

② プレキャスト複合コンクリート

プレキャスト複合コンクリートは，プレキャスト鉄筋コンクリート半製品（ハーフプレキャストコンクリート部材）を部材の断面の一部として用い，後から打ち込んだコンクリート（現場打ちコンクリート）と一体化させるコンクリートである．

③ 無筋コンクリート

無筋コンクリートは，JASS 4 地業および基礎スラブ工事で使用する捨てコンクリート，補強筋を用いない軽微な基礎スラブコンクリートや土間コンクリートのほか，基礎底面の地盤を部分的に嵩上げするために使用するコンクリート（通称ラップルコンクリートと言われているもの）など鉄筋で補強しないコンクリートである．

使用するコンクリートの種類は，特記のない場合には普通コンクリートとし，品質基準強度についても特記のない場合について $18N/mm^2$ とする．

④ 住宅基礎用コンクリート

住宅基礎用コンクリートは，木造建築物の基礎，小規模な門，塀，居住の用に供しない軽微な構造物，簡易な機械台などに使用するコンクリートである．

コンクリートの種類は普通コンクリートとし，JIS A 5308（レディーミクストコンクリート）に適合するレディーミクストコンクリートを用いる．レディーミクストコンクリートの呼び強度は表5・8に示す値とする．

表5・8 レディーミクストコンクリートの呼び強度

コンクリートの打ち込みから28日後までの期間の予想平均気温（℃）	10以上	2以上 10未満
呼び強度	24	27

（日本建築学会『JASS5』，2003年，p.562）

5・4 コンクリート製品

コンクリート製品とは，工場など使用場所以外で成型され，所要の性能を発揮した後に使用場所に運ばれて組み立て・施工されるものである．

その特徴として，

・製造作業が天候に左右されることが少ない
・同一製品を繰り返し製造するため，均質な製品の製造が可能である．
・工場で養生を行い所要の品質のものを現場で使用するため，現場での養生が不要で工期の短縮が可能である．

等が挙げられる．図5・8に，コンクリート製品に関係する技術群を示す．

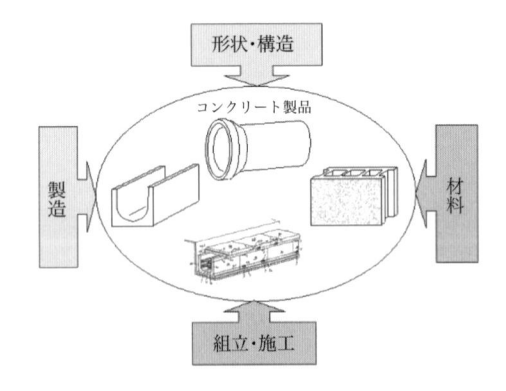

図5・8 コンクリート製品に関係する技術群
(特許庁ホームページ http://www.jpo.go.jp/shiryou/s_sonota/map/ippan11/1/1-1.htm)

1) 建築用コンクリートブロック

建築用コンクリートブロックは，JIS A 5406（空洞コンクリートブロック）に規定されている，補強筋を挿入する空洞をもち，コンクリートブロック単体で外力を負担するものをいう．

建築用コンクリートブロックの種類は，形状によって図に示す基本ブロックと異形ブロック，透水性によって普通ブロックと透水性ブロック，品質によ

って表に示すA種，B種，C種がある（表5・9，図5・9）．

表5・9 空洞コンクリートブロックの品質（JIS A 5406）

種類	気乾かさ密度 (g/cm³)	全面積に対する圧縮強さ (N/mm²)	容積吸水率 (%)	透水性* (cm)	最大吸水率に対する含湿率比 (%)
A種	1.7 未満	3.92 以上	40 以下	8 以下	40 以下
B種	1.9 未満	5.88 以上	30 以下		
C種	—	7.85 以上	20 以下		

＊透水性は透水性ブロックだけに適用する

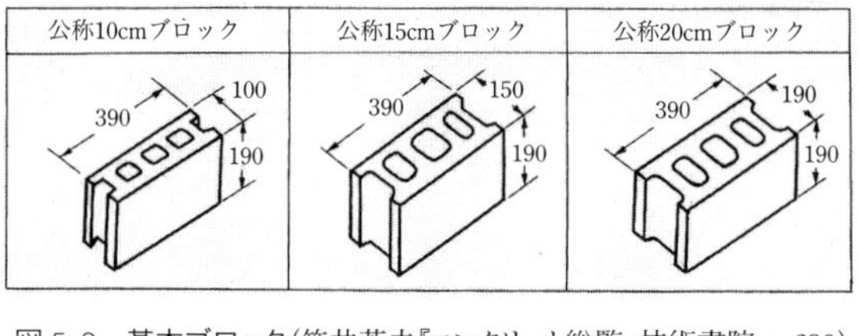

図5・9 基本ブロック（笠井芳夫『コンクリート総覧』技術書院，p.639）

2）プレキャスト製品

ハーフプレキャスト（PCa）板とは，プレキャスト材と現場打ちコンクリートを合成して水平材や垂直材をつくるための型枠兼用のプレキャストコンクリート部材である．型枠だけに用いられる場合と構造体の一部として用いられる場合がある．

3）ALC製品

溶接金網で補強した軽量気泡コンクリートをオートクレーブ養生（10気圧，180℃）した板状製品である（JIS A 5418参照）．ALCパネルは，比重0.5程度の軽量で，断熱性に優れている反面，圧縮強度（4.5N/mm² 程度）をはじめ諸強度が小さいため欠けやすく，運搬，施工に当たっては十分な注意が必要である．

4）鋼管コンクリート杭

鋼管コンクリート杭とは，強度が高く延性材料である鋼管を外殻として，圧縮強度80N/mm²以上の高強度コンクリートを遠心力締め固めによってライニングし，鋼管とコンクリートを一体化した工場製品の合成杭である．コンクリートに膨張材を混入するものをA種，しないものをB種と区分している．

特徴としては，曲げ抵抗力と曲げ合成が極めて大きく，打撃に対する抵抗力も大きく，鋼管部分で容易に溶接ができるので剛結合が可能になるなどの特徴を有している．

5）ヒューム管（鉄筋コンクリート管）

ヒューム管は，鉄筋かごを入れた型枠を成形機の上で回転させ，ミキサで練り混ぜたコンクリートを投入して，遠心力で締め固めながら成形する鉄筋コンクリート管である．ヒューム管には，外圧のみで設計される外圧管，外圧および内圧に対して設計される内圧管，および推進管などがある．外圧管には1種管，2種管，3種管の3種類があり，2種管および3種管に要求される高耐力は，膨張材によるケミカルプレストレス（化学的処理により事前に応力を与えておくこと）で確保されている．

6）緑化コンクリート

緑化コンクリートは，一定の空隙があるポーラスコンクリートブロックの中に，無機系の特殊な培土を植物の種子とともに充填したものである．

保水性，透水性，ブロック下地の土から吸水性を有している．植物の種子が発芽し，表層の緑化と雨水による浸食防止が容易に可能である．

練習問題 5.1 耐久性を考慮した鉄筋コンクリートの施工方法に関する次の記述のうち，**最も不適当な**ものはどれか．

1. 工事期間中に凍害を受けるおそれがあったので，コンクリート打ち込み後，5日間にわたってコンクリート温度を2℃以上に保つ養生を行った．
2. ひび割れの発生を防止するため，所用の品質が得られる範囲で，コンクリートの単位水量を出来るだけ小さくした．
3. コンクリートの打ち込み速度は，振動機の締め固め能力よりもコンクリートのポンプ運搬能力を優先して決定した．
4. 細骨材に使用する海砂は，水洗いした後，細骨材の塩化物量が許容値以下であることを確認した．

練習問題 5.2 コンクリート工事に関する次の記述のうち，**最も不適当な**ものはどれか．

1. アルカリ骨材反応の抑制対策として，高炉セメントB種を使用することは有効である．
2. コンクリートの養生期間中の温度が過度に高いと，長期材齢における強度の増進は小さくなる．
3. 流動化コンクリートに用いるベースコンクリートの単位水量は，一般に185kg/m³以下とする．
4. 初期凍害のおそれのある寒中コンクリートにおいては，AE剤，AE減水剤または高性能AE減水剤を使用し，空気量を3％以下とする．

練習問題 5.3 コンクリートの種類に関する用語とその説明との組み合わせとして，**最も不適当な**ものは，次のうちどれか．

1. 普通コンクリート
    ——普通ポルトランドセメントを用いるコンクリート
2. 寒中コンクリート
    ——打込み後の養生期間に，コンクリートが凍結するおそれのある時期に施工されるコンクリート
3. マスコンクリート
    ——部材断面の最小寸法が大きく，かつセメントの水和熱により有害なひび割れが入るおそれのあるコンクリート
4. 軽量コンクリート
    ——人工軽量骨材を一部または全部に用いるコンクリートで，単位容積質量を小さくしたコンクリート

練習問題 5.4 コンクリート製品に関する用語とその説明との組み合わせとして，**最も不適当な**ものは，次のうちどれか．

1. 鋼管コンクリート杭
    ——鉄筋かごを入れた型枠を成形機の上で回転させ，ミキサで練り混ぜたコンクリートを投入して，遠心力で締め固めながら成形する部材である．
2. ハーフプレキャスト（PCa）板
    ——プレキャスト材と現場打ちコンクリートを合成して作製する，型枠兼用のプレキャストコンクリート部材である．
3. 建築用コンクリートブロック
    ——補強筋を挿入する空洞をもち，コンクリートブロック単体で外力を負担するものをいう．
4. ALC製品
    ——溶接金網で補強した軽量気泡コンクリートをオートクレーブ養生（10気圧，180℃）した板状製品である．

第6章 鋼材(1)

鉄が建造物に直接使用されたのは，古代ローマ時代の組石造建築物である．しかし，その用い方は石積の補強に小鉄片を挿入した程度にすぎなかった．

高炉法の発明は15世紀ごろと言われ，銑鉄がつくられるようになったが，構造物に鉄の本質を生かして鋼材として使用するようになったのは，18世紀後半からである．1784年にはパドル法の発明により錬鉄が可能となり，1855年にはベッセマーの転炉製鋼法が発明され，鋼が造られるようになった．この製造法は銑鉄を鍛造・圧延できる鉄に変えた「鋼の時代」の幕開けであった．この19世紀後半以降，世界史的に「鋼の時代」となった（図6・1）．

日本では，粗鋼として年間約1億トン強の鉄が製造されており，普通鋼は約8100万トン製造されている．普通鋼の分野別使用量を図6・2に示す．これによれば，普通鋼は土木・建築分野の建設用で，およそ44%が使用されている．

その中で建築分野で利用されている普通鋼は3分の2弱であり，普通鋼全体の30%程度が建築用途に用いられている．このように，建築は普通鋼利用の最大の分野である．

建築分野で使用される普通鋼の内訳をみると，構造用として棒鋼が，鉄筋コンクリート造の鉄筋として使用され，建築全体の約40%強を占めている．つづ

図6・1　J.Bogardasの鋳鉄の建物
（『鉄骨の構造設計』技報堂，1973年，p.7）

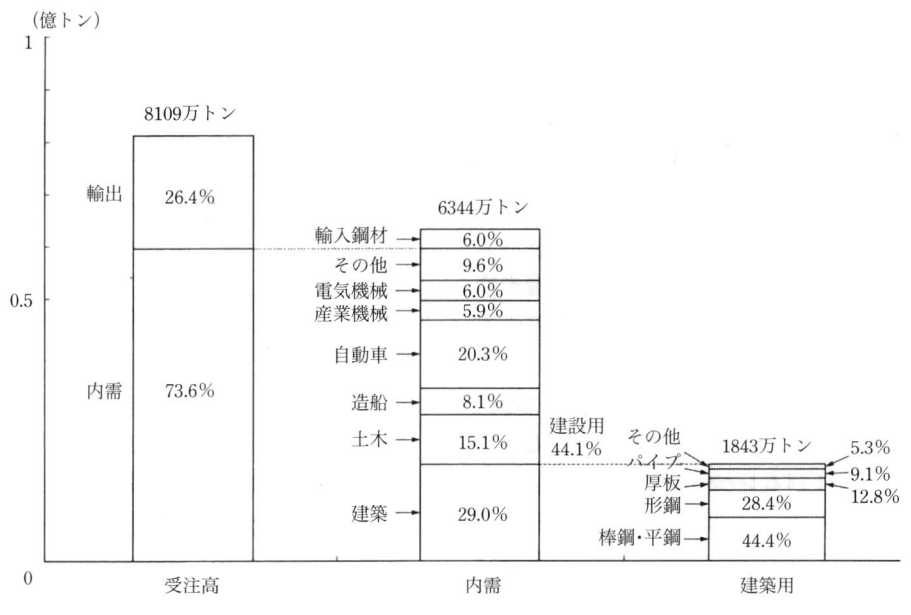

図6・2　普通鋼国内需要概況(2006年度)　（日本鉄鋼連盟『新しい建築構造用鋼材 第2版』，2008年，p.1）

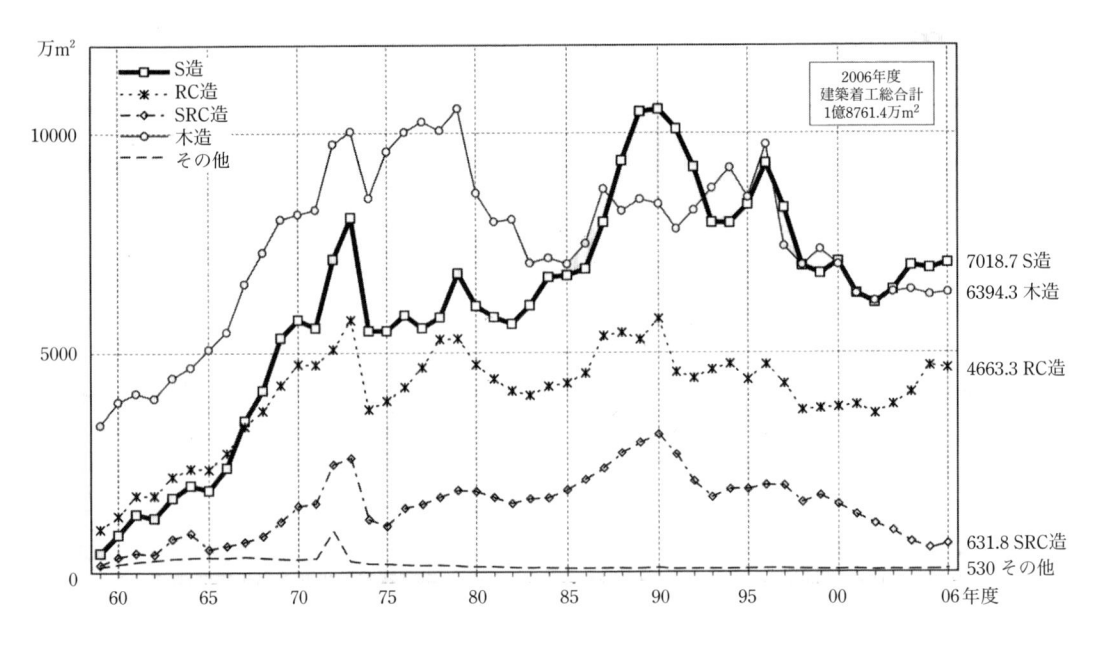

図6・3 構造種別着工面積の年度別推移 （日本鉄骨連盟『新しい建築構造用鋼材 第2版』, 2008年, p.2）

図6・4 ランドマークタワー（高さ296m）
（日本建築学会関東支部『鉄骨構造の設計』, 2005年, p.2）

図6・5 福岡ドーム（屋根の直径213m）
（日本建築学会関東支部『鉄骨構造の設計』, 2005年, p.2）

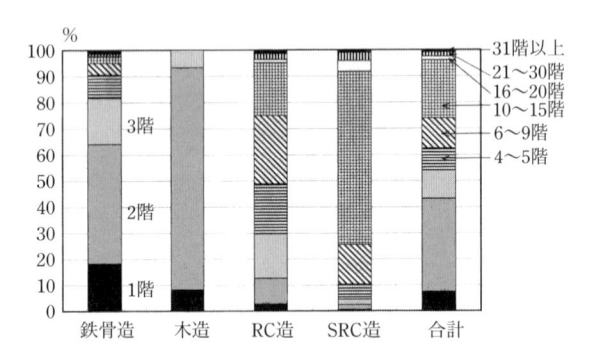

図6・6 2002年構造別・階数別着工床面積比率
（日本建築学会関東支部『鉄骨構造の設計』, 2005年, p.3）

いて，形鋼が30％弱，パイプが10％弱を占めている．

建築物の構造別にみると，鉄骨造は木造と並んでもっとも利用されている構造である（図6・3）．また，もっとも高さが高いクラスの建物やスパンの大きいクラスの建物，あるいは最も面積の大きいクラスの建物やデザイン性の高い建物の構造に使われている．（図6・4，6・5）．これらの構造は，設計・施工などの各面で高度な技術が開発され，応用されている．

しかし一方，近年の着工統計を見ると，鉄骨造着工総面積の約8割は3階建て以下の建物であり（図6・6），1棟当たりの平均床面積も約320m²で，木造の約120m²に次いで小規模で，上述したような高度な鉄骨造はほんの一握りの存在であることがわかる．

6・1 鋼材の種類

1) 分類・特徴

鉄鋼の分類の仕方にはいろいろあるが，炭素の含有量が鉄の性質を大きく左右することから，これらを基準にして学術的には次のように分類される．

純鉄，錬鉄	炭素含有量	0.035％以下
鋼（はがね）	同上	0.035〜1.7％
銑鉄	同上	1.7％〜9.7％

現在，実際に使用されている鉄は大部分が鋼と銑鉄で，その性質を大まかに特徴づけると，鋼は鍛造，圧延，プレスなどの方法でいろいろな形に変えられる鉄であり，銑鉄はそれが出来ない鉄である．

鋼とは学術上では上述したように，炭素を 0.035〜1.7％含むものをいうが，一般に 0.04〜0.6％のものが多い．炭素含有量の低いものは軟らかく，伸びやすい．鋼中の炭素含有量が高くなるほど鋼は硬く，強くなるが，衝撃に対する抵抗性は減じる．鋼は炭素含有量に応ずる硬さから分類すると特別極軟鋼から最硬鋼まで 7 種類に分かれ表 6・1 に示すように，それぞれの用途に分かれる．

鋼材とは使用目的に応じて使いやすいかたちにした製品のことである．鋼材の品種，銘柄は形状によって分類するのが普通で，表 6・2 に示すように条鋼，鋼板，鋼管，外輪に大別される．

2) 化学成分の影響

鋼の主成分は鉄（Fe）であるが，その他に少量の炭素（C）・マンガン（Mn）・ケイ素（Si）・リン（P）・硫黄（S）などが含まれている．これらの 5 つの元素を「**主要 5 元素**」と呼ぶ．P と S は不純物と呼ばれ，通常用途では低いほどよく，C・Mn・Si は，鋼に必要な強度や衝撃特性を確保するための役割をもっている．

特に，炭素は鋼の性質を大きく決定する成分であるが，これは前項で述べた通りである．

表 6・3 は炭素を含めた他の化学成分が鋼材にどんな影響を与えるかを整理した一覧である．

JIS では，これらの元素の含有量によって鋼材の種類を区別している．

6・2 製法

鉄鋼材料は，鉄鉱石から製品になるまで図 6・7 ような工程で生産される．生産メーカーの分類としては，溶鉱炉（高炉）と転炉を用いて種々の圧延製品まで一貫生産する**高炉メーカー**と，スクラップを電

表 6・1 炭素含有量による鋼の分類

種類	炭素含有量（％）	用途例
特別極軟鋼	0.10 以下	電線，溶接棒，包丁地金
極軟鋼	0.10〜0.18 以下	ブリキ，薄板，鉄筋，釘，針金
軟鋼	0.18〜0.30 以下	橋梁，船舶用鋼板
半軟鋼	0.30〜0.40 以下	車軸，トロッコのレール
半硬鋼	0.40〜0.50 以下	ショベル，スコップ，クランク・シャフト
硬鋼	0.50〜0.60 以下	鉄道レール，自動車クラッチ
最硬鋼	0.60 以上	縫針，ピアノ線，バネ，刃物，やすり，工具類

（『鉄鋼の知識』鉄鋼新聞社，1972 年，p.22）

表 6・2 形状による鋼材の分類

条鋼	棒鋼…丸鋼，角鋼，平鋼，六角鋼，八角鋼，半円鋼（または大形，中形，小形）バーインコイル，リテーニングバー，異形丸鋼，ツイストバー
	形鋼…山形，溝形（大形，中形，小形），I 形，T 形，H 形，Z 形，F 形，球山形，球平形，サッシバー，リムリングバー，ボール・ピース，Y バー，鋼矢板，坑枠鋼，軽量形鋼
	軌条…重軌条，軽軌条
	線材…普通線材，特殊線材
鋼板	厚板（厚み 3mm 以上）…厚板，中板，縞鋼板，クラッド鋼板
	薄板（厚み 3mm 以下）…薄板（熱間圧延，冷間圧延），ブリキ，亜鉛鉄板，アルミメッキ鋼板，電磁鋼板，特殊被覆鋼板
	帯鋼
鋼管	継目無鋼管，鍛接管，溶接管（電縫管，UOE プレス鋼管，スパイラル鋼管，ガス溶接管），引抜鋼管（再生管），コルゲートパイプ
外輪	

（『鉄鋼の知識』鉄鋼新聞社，1972 年，p.225）

表 6·3　化学成分の影響(日本鉄鋼連盟『新しい建築構造用鋼材 第 2 版』, 2008 年, p.118)

元素	利点	欠点	備考
炭素 (C)	鋼の強度を上げる	延性 (伸び等) と衝撃特性を損う 溶接性を悪くするので添加量が制限される	5 元素の一つ 鋼の最も重要な元素でかつ安価である
ケイ素 (Si)	鋼の強度を上げる 脱酸作用がある	多量 (0.5%以上) に添加すると, 衝撃特性や延性が低下する	5 元素の一つ 比較的安価である
マンガン (Mn)	鋼の強度を上げる 延性, 衝撃特性を上げる 脱酸作用を上げる 硫黄 (S) の悪影響を抑える	多量 (1.6%以上) に添加すると, 衝撃特性や延性が低下する	5 元素の一つ 炭素の次に重要な元素で安価である
リン (P)	多量 (0.07%以上) の添加で鋼材の耐候性を高める	溶接性, 冷間加工性, 衝撃特性を劣化させる凝固時に偏析しやすく, 偏析による悪影響が大きい	5 元素の一つ 普通は P は低い方が望ましいが, 脱 P にはコストがかかる
硫黄 (S)	切削性を良くする (機械構造用鋼の場合)	鋼中の Mn と結びついて MnS 系の非金属介在物を形成し, 鋼の清浄度を悪化させる MnS は圧延により伸びて, 衝撃特性や厚さ方向の絞り特性を劣化させる 二枚割れやラメラテアの原因となる. また, 高層ビル溶接四面箱型断面柱の角継手溶接部の斜角超音波検査で, MnS に起因する欠陥を検出し問題となることがある	5 元素の不純物元素の一つ 普通は S は低い方が望ましいが, 脱 S にはコストがかかる Z 方向特性要求のある場合や構想ビルの溶接四面箱形断面柱の用途には, S を 0.003%以下にまで下げた鋼が用いられる場合が多い
銅 (Cu)	強度を高める 耐食性を高める	熱間脆性を引き起こすので, 含有量を制限する必要がある 溶接金属の高温割れを引き起こす	スクラップから入る場合と積極的に添加する場合がある
ニッケル (Ni)	添加によって鋼の衝撃特性を改善する	高価である	低温用鋼以外では, 添加するとしても少量である
クロム (Cr)	焼入れ性と強度を高める 耐食性, 耐酸化性, 高温強度を高める	溶接熱影響部を硬化させ, 溶接低温割れを起こしやすくなる	構造用鋼では, 耐候性鋼や TS570N/mm² クラスの鋼 (SM570, SA440), 高温用鋼に用いられる
モリブデン (Mo)	焼入れ性と強度を高める 高温での強度を高める効果大	溶接熱影響部を硬化させ, 溶接低温割れを起こしやすくなる	構造用鋼では, TS570N/mm² クラスの鋼 (SM570, SA440), 耐火鋼に用いられる
バナジューム (V)	焼入れ性と強度を高める	溶接熱影響部を硬化させ, 溶接低温割れを起こしやすくなる	構造用鋼では, TS570N/mm² クラスの鋼 (SM570, SA440), 耐火鋼に用いられる
ニオブ (Nb)	圧延時に結晶組織を微細化して強度と衝撃試験特性を高める	多量の添加により, 溶接熱影響部を硬化させ, 熱影響部の衝撃特性を悪化させる場合がある	構造用鋼では, TS570N/mm² クラスの鋼に用いられる
チタン (Ti)	鋼中に TiN を形成して溶接熱影響部の衝撃特性を改善する	多量の添加により衝撃特性を劣化させる	
ボロン (B)	0.001%程度の極微量で鋼の焼入れ性を高める	多量の添加により溶接割れ等を起こしやすくする	構造用鋼では, TS570N/mm² クラス以上の鋼に用いられる場合がある
カルシウム (Ca)	鋼中の S と結びついて CaS を形成し, S 系非金属介在物を球状化する. この効果で鋼の Z 方向特性が著しく改善される		Z 方向特性要求がある場合や高層ビル溶接四面箱形断面柱の用途に添加される場合が多い
アルミ (Al)	窒化アルミ (A/N) を形成し, 鋼の組織を微細化して衝撃特性を高める	多量の添加により伸び特性を劣化させる	衝撃特性が重視される用途の鋼に添加される場合が多い
酸素 (O)		鋼中で酸化物非金属介在物を形成する	酸化物系非金属介在物の大部分は溶鋼時に浮上分離するが, 残りは鋼の内部欠陥になりうる
窒素 (N)	窒化アルミ (A/N) を形成し, 鋼の組織を微細化して衝撃特性を高める	N 量が多いと衝撃特性が悪化する. 特に歪時効硬化による衝撃特性の劣化を大きくする	N 量は比較的低めに調整される場合が多い
水素 (H)		鋼中の欠陥あるいはその周囲に集まり, 水素割れあるいは水素脆化を起こす. また溶接時においては溶接低温割れを起こす	水素割れを起こさない限界まで水素を抜く必要がある (特に水冷 TMCP 鋼で重要)

気炉で溶解後，圧延して製品とする**電炉メーカー**とに大別される．

む製銑（溶銑）となって炉底に溜まる．

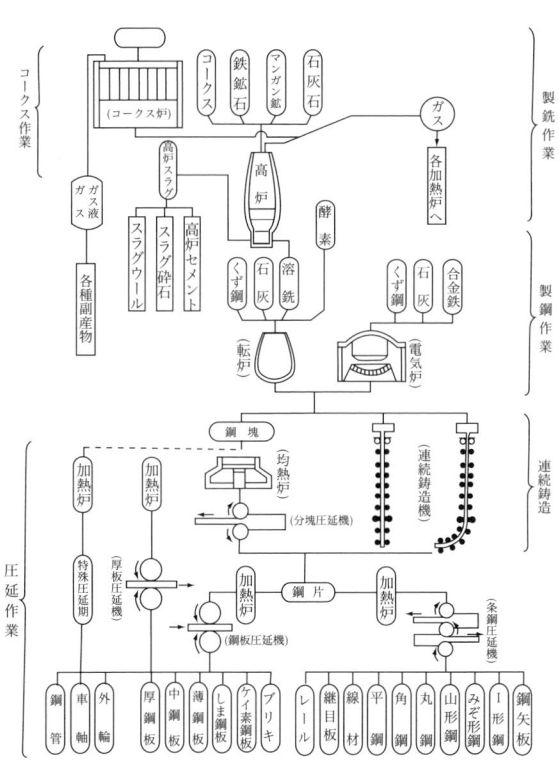

図6・7　鉄鋼の生産工程図
（日本建築学会『建築材料用教材』，2008年，p.19）

図6・8　高炉の外観（写真提供：住友金属工業㈱）

1）高炉の製鉄工程

1 鉄鋼の原料

鉄の原料は鉄鉱石である．しかし，鉄鉱石だけでは鉄はつくれない．鉄鉱石を溶かして鉄分を取り出す高炉には，コークスや石灰石，石炭を一緒に入れる必要がある．また，鋼をつくる製鋼工場の炉には，鉄スクラップやフェロマンガン，フェロシリコンなどいろいろな"副原料"を入れなければならない．

2 製銑（鉄鉱石から鉄をつくる工程）

鉄鉱石から**銑鉄**を作り出すのが高炉である．高炉は図6・8，図6・9のようなものが使用される．高炉の頂部から鉄鉱石・コークス・石灰石などを交互に投入し，炉の下腹部から加熱された空気が送り込まれる．高炉内ではコークスが燃えて1400℃位の高温となり，鉄鉱石が炉頂から降下するにつれて溶解化するとともに，コークスから生成した一酸化炭素（CO）によって還元されて鉄（Fe）となるが，同時に炭素を吸収し，2.5％〜4.5％程度の炭素（C）を含

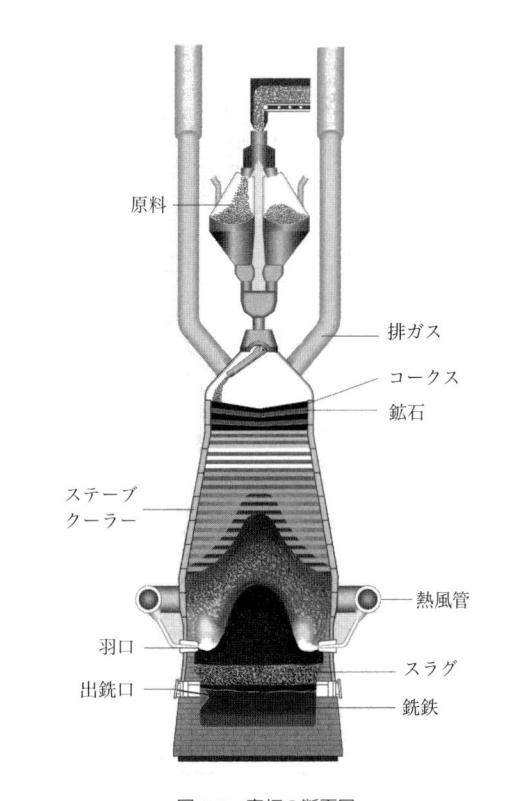

図6・9　高炉の断面図
（住友金属工業㈱パンフレット「鹿島製鉄所」p.4）

3 製鋼（銑鉄から鋼をつくる工程）

①鋼をつくる

銑鉄は炭素分を多く（4〜5％）含んでいるため，硬く，もろいので，これをねばりのある強靱な鋼（はがね）にするには炭素を徹底的に減らし，リン，硫黄，ケイ素など不純物を除去する必要がある．これが製鋼の目的である．現在，製鋼法の主流となっているのは転炉法である．

第6章　鋼材(1)　75

②酸素で不純物を取り除く**転炉**

先ず、高炉でつくられた溶銑をトーピードカー(混銑車)に入れて運び、製鋼工場内の図6·10のような転炉の中に入れる。最近では、不純物であるリン(P)と硫黄(S)を効率よく低減するため、トーピードカー内で脱リンと脱硫をする溶銑予備処理が行われている。

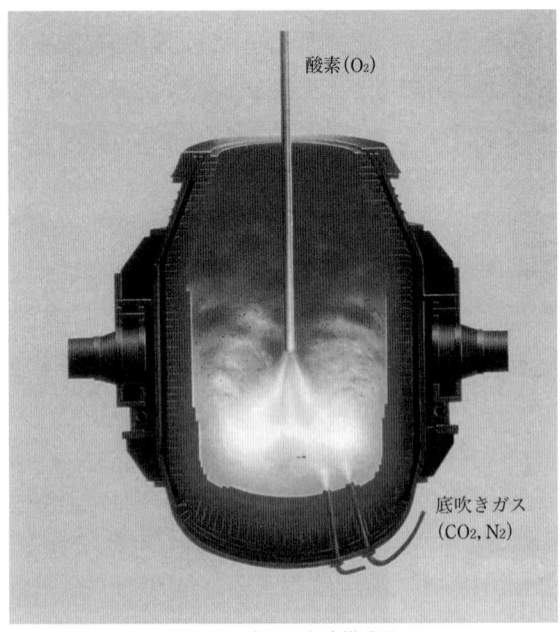

図6·10 転炉の炉内模式図
(住友金属工業㈱パンフレット「鹿島製鉄所」p.5)

転炉では、約20分間の酸素の吹き込み（**吹錬**）が行われる。その結果、溶銑中の余分な炭素が一酸化炭素ガスにより酸化されるため、炭素の含有量が低下し、もろい銑鉄から粘りある鋼が生まれる。転炉では、この製鋼処理とともに合金成分調整や温度調整も行われる。これを**精錬**という。

2) 電炉の製鉄工程

①鉄鋼の原料

電炉メーカーでは転炉製鋼の代わりに鉄スクラップ、冷鉄などを原料とする。機械、電気、車両、造船等の加工工程から発生するスクラップや廃車、廃船、建物等やその他、使用済み鉄製品として発生するスクラップなどである。

②電気の熱で精錬する電気炉

電気炉にはアーク式と高周波誘導式があり、アーク式は電極と鉄スクラップとの間にアークを飛ばし、その熱で精錬する方式である。高周波誘導式はルツボの周りにコイルを巻いて高周波の電流を通し、鉄スクラップに誘導電流を発生させてその抵抗熱で精錬する方式である。

アーク式電気炉はふたのついた鍋のような形で、ふたに黒鉛で出来た太い電極が垂直に差し込まれている。電流を流しアークを発生させるとともに酸素を吹き込み、電弧熱と反応熱で鉄スクラップを溶かした（酸化精錬）のち、酸素や硫黄を取り除く還元精錬を行なう。

3) 鋳造(連続鋳造で固体に)

高炉や電炉の製鋼作業で得られた溶けた鋼(溶鋼)は図6·11の連続鋳造設備により鋼片という半製品に固められる。設備の最上階で溶鋼は鋳型へ滝のように注がれる。その鋳型内で側面表面が凝固した鋼は、下方に引き抜かれながら中心まで徐々に固まる。凝固が完成するまでは中心の溶鋼静圧によるシェル(凝固殻)の膨張変形を防止するため、ローラーでシェルを保持しながら水冷スプレーやミストで鋳片を冷却する。こうして固まった帯状の鋼片は、ガス切断機で所定の長さに切り分けられ、**スラブ**、**ビレット**、**ブルーム**などと呼ばれる半製品となる。

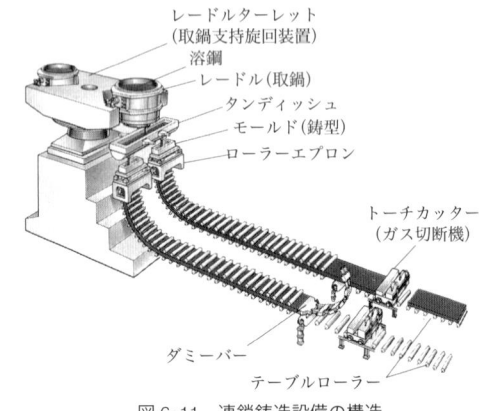

図6·11 連鎖鋳造設備の構造
(住友金属工業㈱パンフレット「鹿島製鉄所」p.6)

6·3 加工

1) 鋼から鋼材へ

使用目的に応じて使いやすいかたちにした製品を鋼材と呼ぶ。鋼材をつくる主な方法は上下をロール

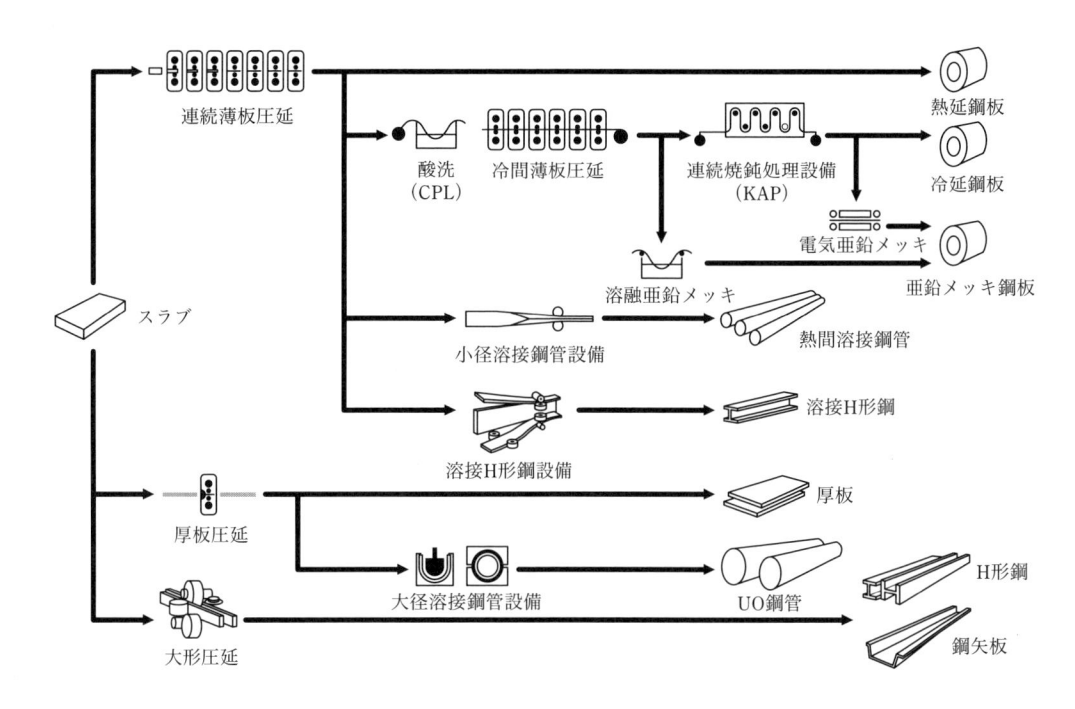

図6・12 鋼材の製造工程(住友金属工業㈱パンフレット「鹿島製鉄所」を基に作成)

にはさんで圧し延ばす圧延である．他には目的の形に鋳込む鋳造，鋼塊を叩いて必要な形にする鍛造，熱した鋼片をダイスに通す押し出しなどがあるが，板やレールやパイプなど一般になじみの深い鋼材はほとんど圧延でつくられている（図6・12）．

圧延には鋼片を加熱して圧し延ばす熱間圧延と，それを常温でさらに延ばす冷間圧延がある．

2）厚板の製造法

1 厚板とは

厚板とは上下に配置された圧延機（図6・13）により製造された熱間圧延鋼板のことをいう．さらに，強度等の必要特性を具備させるため，圧延後に熱処理を行なって製造する場合もある．一般的に厚板の製品サイズは，厚さ6〜350mm，幅1000〜5300mm，長さ25m以下の範囲である．

2 厚板の製造工程

① 加熱

スラブと呼ばれる半製品を，変形抵抗を小さくし圧延をしやすくするために，通常連続式過熱炉で1200℃程度に加熱する．

図6・13 厚板仕上げ圧延機
(住友金属工業㈱パンフレット「鹿島製鉄所」p.7)

② 圧延

圧延工程では所定の寸法に圧延するとともに，鉄の材質を改善する．高温で加熱されたスラブは表面が酸化されているため，高圧水をスラブ表面に噴射して酸化部分を除去する．4重式圧延機により，ロールを正逆回転しながら往復圧延し，スラブを90度回転させる機能と組み合わせて，所定の厚さ・幅・長さの平坦な厚板が製造される．

圧延のもう一つの役割は材質の改善である．圧延条件や圧延後の冷却条件を制御することで，種々の特性の厚板が製造される．

第6章 鋼材(1)

焼ならし，焼入れ・焼戻しおよび焼なまし

焼ならし

焼ならしとは，鋼を900℃近辺まで加熱後，空冷して金属組織を均質化，微細化したり，内部応力を除去する処理である．また，炭化物の大きさや分布を制御する役割もあり，これによってじん性が著しく向上する．

焼入れ・焼戻し

焼入れとは，鋼を900℃近辺まで加熱後，急速に冷却させる処理である．冷却媒体には通常は水が使用される．焼入れのままの鋼は非常に硬くて脆いため，400〜600℃に加熱，冷却し，安定的な組織に近づける処理を行なう．これを焼戻しと呼んでいる．

焼なまし

焼なましとは，適切な温度に加熱し，その温度に保持した後に徐々に冷却する処理である．焼なましは，残留応力の除去，硬さの低下，切削性の向上，冷間加工性の改善などの性質を得るために実施される．

（参考：日本鉄鋼連盟『新しい建築構造用鋼材 第2版』2008年，pp.97-99）

超高層の話

世界中で高層ビルが建つ時代になったが，日本は地震多発国のため，1960年以前までは建物高さ31m以上は建てられなかった．

しかし，建築技術の進歩によって，高いビルが建てられるようになった．日本での超高層ビルの第1号は1968年の霞ヶ関ビルで，36階，147mである．

現在の日本一は横浜ランドマークタワーで，高さは296mある．世界一高い建物は台湾にあり，階数は101階，高さは508mもある．

しかし，これで驚いてはいけない．アラブ首長国連邦のドバイに建設中のビルは高さ約800mと言われている．他にもこれに近い高さの建物が計画中だそうだ．

鉄はこうした高層ビルを実現する上で欠かすことのできない材料なのである．

図6・14 世界一高いビル「台北101」その高さ何と508m．（写真提供：㈱熊谷組）

③せん断，精整工程

圧延された鋼板は要求寸法に合わせて切断される．シャー又はガス切断を主とするが，最近ではより切断効率の高いプラズマやレーザーも広く利用されている．その後，歪を矯正し平坦度を向上させるために，冷間または温間でレベラーに通したり，プレスによる矯正が行なわれる．

④熱処理工程

建築用厚板に適用される熱処理方法は，焼ならし，焼入れ・焼戻しおよび焼なましの3種類である（左コラム参照）．

3）条鋼の製造法

1 H形鋼の製造法

①概要

H形鋼は20世紀初頭に西欧でユニバーサル圧延法が発明されて生産が開始され，米国でも続いて製造されるようになった．一方，日本では欧米から約60年遅れて，1961年に工場が建設され，建築・土木建材として広く使用されるようになった．

②製造工程

製品例を図6・15に示す．形鋼製品は，図6・16のような垂直・水平2本の回転するロールに製品と同じ断面形状になるような孔型をつくり，これに加熱炉で赤熱された鋼片を通して圧延する．鋼片から何回か圧延を繰り返し，孔型を通すごとに断面形状を小さくしていくとともに，断面の形を少しずつ変えて製品の形に近づけていく．

図6・15 H形鋼の製品例
（住友金属工業㈱パンフレット「H形鋼・外法一定H形鋼」p.4）

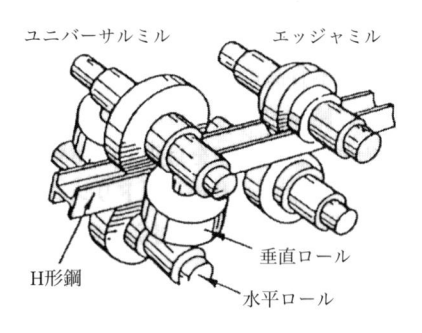

図6・16　H形鋼の中間ユニバーサル圧延
(日本鉄鋼連盟『新しい建築構造用鋼材 第2版』, 2008年, p.103)

2 棒鋼の製造法

①概要

棒鋼は建設・機械・自動車など多くの産業分野に使用され，形状，材質も用途により多岐にわたっている．建設分野では，大部分が鉄筋コンクリート用棒鋼でありRC造やSRC造，そして基礎に使用されている．

②製造工程

一般に，圧延に半連続式と全連続式があり，水平圧延機のみの配列や水平・垂直圧延機を交互に配列している場合がある．

加熱炉で赤熱された鋼片（ビレット）を，圧延機に通して圧延する．圧延の初めは，楕円や正方形または菱形の孔型で圧延をし，仕上げの孔型に近づくに従って丸型に圧延する．棒鋼の孔型デザイン例，仕上げ孔型例および製品形状例を図6・17，図6・18に示す．

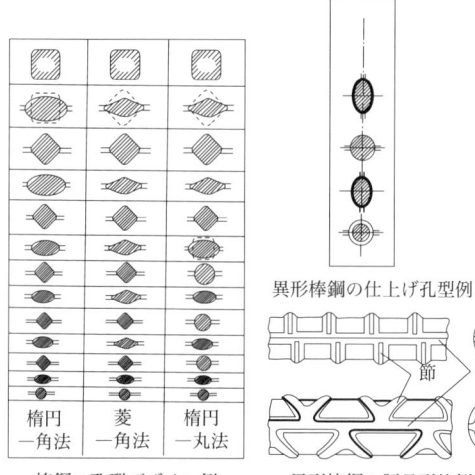

図6・17　棒鋼の孔型デザイン例と異形棒鋼の製品形状例
(日本鉄鋼連盟『新しい建築構造用鋼材 第2版』, 2008年, p.106)

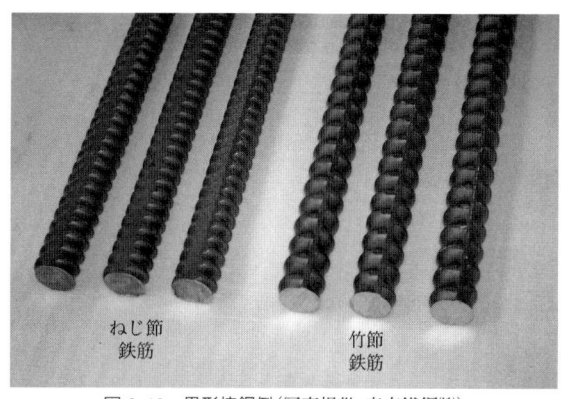

図6・18　異形棒鋼例（写真提供：東京鐵鋼㈱）

4) 鋼管の製造法

1 概要

鋼管は主として円筒状の形状を持ち，かつ美観にも優れている．寸法も外形10mm程度のものから外形50mのものまで広範囲の生産が可能であり，各種製造法ごとの製品の特徴を生かし，さまざまな用途に使用されており，建築構造用としては柱材，トラス材などに多く用いられている（図6・19）．

図6・19　鋼管と膜構造を用いた駅舎（写真提供：㈱熊谷組）

その製造法は大別すると，継目無製造法と溶接製造法に分けられ，前者は鋼管に継目を造らない製造法で，その製品は継目無鋼管またはシームレス鋼管と呼ばれる．後者は鋼板を管状に成形し，継目（シーム）を溶接する鋼管製造法で，溶接鋼管と呼ばれる．

2 継目無鋼管の製造工程

継目無鋼管は建築・土木分野の一般構造用鋼管，ラインパイプ用・油井用鋼管，ボイラ用，原子力用鋼管など外径寸法が小径から中径の主として肉厚の厚い鋼管である．

鋼片を加熱炉で所要の温度に加熱後，穿孔機によ

り厚肉の中空素管を製造する．その後，中空素管を長尺の管に伸長圧延し，ほぼ所定の外径および厚さに仕上げた後，製品寸法に仕上げる．

③ 溶接鋼管の製造工程

① 電縫鋼管

電縫鋼管は外径寸法が小径から中径の広範囲の鋼管であり，生産性がよく，鋼管のなかでも最も大量に生産されている．用途は建築・土木用一般鋼管，鋼管杭，ガス・水道用一般配管および圧力配管，ラインパイプ用鋼管などである．

その製造工程は，所定の幅の鋼板をレベラーにより平板とし，これを多段のロールにより順次円弧状に折曲げて円形に近い形状に成形し，エッジ部を高周波電気抵抗（誘導）溶接して鋼管とする．

② UOE 鋼管

UOE 鋼管は外径寸法の比較的大きな鋼管である．用途は建築・土木用の一般構造用鋼管，鋼管杭，高圧ラインパイプ，ガス・石油輸送用鋼管，上下水道鋼管などである．

その製造工程は，鋼板を所定の幅に切断し，さらに開先加工を行い，Uプレス機によりU形状にした後，Oプレス機によってO形状にプレスし，開先部を洗浄して仮付溶接を行う．その後，内外面を溶接し，その後，管を所定の寸法に仕上げる．

③ その他の溶接鋼管

他の製造法で困難な厚肉，もしくは大外径用として，ロールベンディングおよびプレスベンディング鋼管がある．建築構造の極厚あるいは大径の柱材等の構造用が主体である．

5) 角形鋼管の製造法

① 概要

外径寸法が 200mm 以上の冷間成形による角形鋼管は 1970 年代に製造が開始され，ラーメン構造の柱として使用され始めた．鋼材重量当たりの断面性能が高いという利点があるため，多く利用されている（図 6·20）．

図 6·20 角型鋼管を用いたラーメン構造（写真提供：テクノス㈱）

冷間成形は冷間ロール成形法と冷間プレス成形法の 2 通りがあり，冷間プレス成形は更に 2 つの製造法に分かれる（図 6·21）．

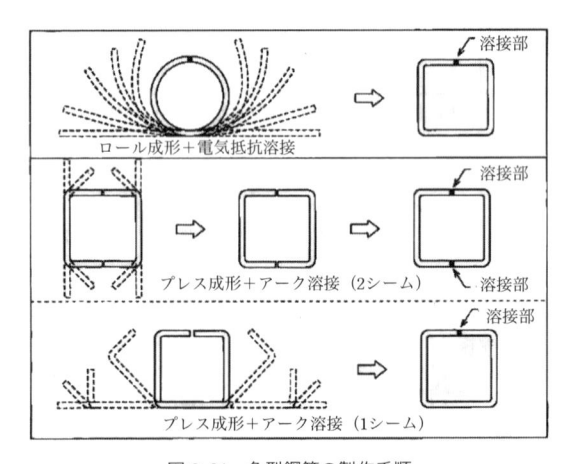

図 6·21 角型鋼管の製作手順
（『鉄鋼工事現場施工計画書の作成マニュアル』技報堂，2006 年，p.68）

② 冷間ロール成形法

冷間ロール成形法による角形鋼管の製造は，小径の角形鋼管も大径角形鋼管も設備規模は異なるが同様な電縫鋼管製造法により製造される．

製造法は，まず所定の幅の平板鋼板を多段のロールにより順次円弧状に折り曲げて円形に近い形状に成形し，端部を抗溶接して鋼管とする．その後，四方から鋼管中心方向に向かって加圧成形し，所定の角形断面とする．外径寸法は 550mm 程度，板厚は 22mm 程度が上限となっている．これを超えるものは冷間プレス成形法によって製造される．

③ 冷間プレス成形法

冷間プレス成形法は厚板を素材として角形鋼管の角部に相当する部分をプレスにより成形し，鋼板幅

方向端部の突合せ部（継目）を溶接する製造法である．製造法に二通りあり，2シームは2枚の厚板おのおのについて，プレス加工により，角形断面の角部に相当する2箇所をプレスして溝形断面形状に成形し，この2個を組み合わせ，突合せ部を内外面から溶接して角形鋼管に仕上げる．1シームは一枚の鋼板をプレス加工によって角形断面の角部に相当する4か所をプレスしてほぼ角形断面に成形した後，突合せ部を，内外面から溶接を行い，角形鋼管に仕上げる．

6) 溶接軽量H形鋼の製造法

① 概要

溶接軽量H形鋼は1970年代に製造が開始され，当初は鉄骨造骨組の小梁や温室のフレーム等に使われていた．その後，1980年代から工業化住宅の梁として採用され，現在では生産量の8割以上が住宅に使われている．

製造可能な断面寸法はウェブ高さが80mm～450mm，ウェブ板厚が2.3mm～6mm，フランジ幅が50mm～200mm，フランジ厚が2.3mm～12mm程度であり，自由な断面が設定できる．また，めっき鋼板を母材とした軽量H形鋼も製造可能である．

② 製造法

図6・22に溶接詳細を示す．上下フランジ用とウェブ用の3条の鋼板を連続的に高周波電気抵抗溶接してH形鋼とする．その後，溶接部の超音波試験と曲がりの矯正を行い，走行切断機により所定の長さに切断する．

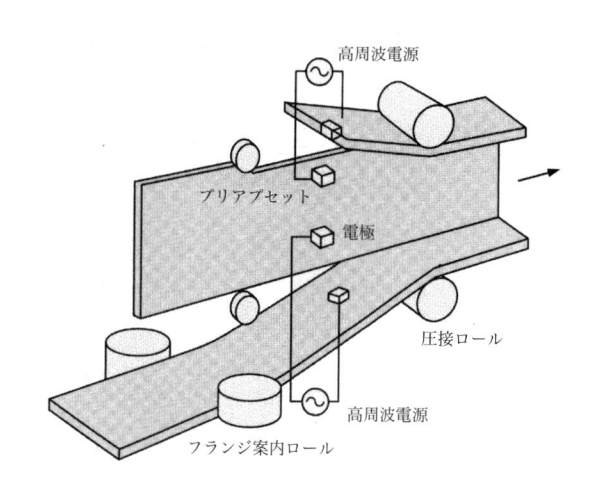

図6・22 溶接軽量H形鋼の溶接方法
（『新しい建築構造用鋼材 第2版』日本鉄鋼連盟, 2008年, p.112）

銑鉄1トンを作るには

銑鉄1トンを生産するには，大体「鉄鉱石1.5～1.7トン，コークス0.4～0.7トン，石灰石0.2～0.3トン，電力10～80KWh，水30～60トン」が必要と言われている．また，1トン当りの鉄鉱石所要量は「鉱石比」と呼んでいる．日本の鉄鉱石，原料炭の輸入依存度はほぼ100%で，2001年度は鉄鉱石1億2649万トン，原料炭6277万トンが輸入された．（参考：日本鉄鋼連盟ホームページ）

表6・4 鉄鋼1t当たりの必要原料量

鉄鉱石	1.5～1.7t
コークス	0.4～0.7t
石灰石	0.2～0.3t
電力	10～80kWh
水	30～60t

（日本建築学会『建築材料用教材』2006年, p.19）

練習問題6.1 次の記述のうち，**最も不適当なもの**はどれか．
1. 焼ならしは，鋼を900℃近辺まで加熱後，空冷して金属組織を均質化，微細化したり，内部応力を除去する処理である．
2. 焼入れとは，鋼を900℃近辺まで加熱後，ゆっくり冷却させる処理である．冷却媒体には通常は油が使用される．
3. 焼戻しとは，焼入れした鋼を400～600℃に加熱，冷却し，安定的な組織に近づける処理のことである．
4. 焼なましは，残留応力の除去，硬さの低下，切削性の向上，冷間加工性の改善などの性質を得るために実施される．

練習問題6.2 次の記述のうち，**最も不適当なもの**はどれか．
1. 鋼材に含まれる炭素量が増加すると，鋼材の強度・硬度は増加するが，じん性・溶接性は低下する．
2. 鋼の性質のうち，炭素が大きく決定する成分であるが，その他に少量の炭素(C)・マンガン(Mn)・ケイ素(Si)・リン(P)・硫黄(S)などが含まれている．
3. 鋼材に含まれるリン(P)・硫黄(S)は，通常用途では高いほどよい．
4. 鋼材に含まれるC・Mn・Siは，鋼に必要な強度や衝撃特性を確保するための役割をもっている．

練習問題6.3 次の記述のうち，**最も不適当なもの**はどれか．
1. 焼入れされた鋼材の強度・硬度は上がるが，じん性は低下する．
2. 鋼は炭素を0.035～1.7%含むものを言うが，普通0.04～0.6%のものが多い．
3. JIS規格では，炭素元素のみの含有量によって鋼材の種類を区別している．
4. 鋳鉄は延性が劣り，脆い性質があるので，鉄骨構造の構造耐力上主要部分に使用する場合は使用部位が限定される．

練習問題6.4 次の記述のうち，**最も不適当なもの**はどれか．
1. 鉄鋼の製法は，高炉により鉄の原料の鉄鉱石を溶かし製鋼する方法と，電炉により鉄スクラップを溶かし製鋼する方法とに大別される．
2. 高炉で鉄鋼石を溶かして鉄分を取り出す場合，他の材料が混ざらないように，鉄鋼石のみを投入する必要がある．
3. 電炉による製造では，原料に，機械メーカーなどの加工工程から発生するスクラップや廃車などの使用済み製品から発生するスクラップを使用する．
4. 高炉や電炉により製造した鋼を使用目的に応じて使いやすい形にした製品を「鋼材」と呼ぶ．

第7章 鋼材(2)

7·1 鋼材の性質

1) 鋼材の機械的性質

鋼材の機械的性質を調べるには材料試験機を用いて試験片に力を作用させて行い，試験結果は応力度とひずみ度曲線として表すのが一般的である．

図7·1に鋼材の**応力度―ひずみ度関係**の一例を示す．縦軸の応力度とは断面に作用している単位面積当たりの力で，横軸のひずみ度とは単位長さ当たりの伸び量である．この曲線を見ると，力を作用させてしばらくの間は直線的に伸びていく，この状態が**弾性**状態である．その後，ある荷重を超えると荷重が安定せずに伸びだけが進行する部分がある．これが降伏状態である．そして再び荷重が上昇し始めるとともに伸びが進み始めるが，その後荷重が減少して破断に至る．この状態がひずみ硬化域である．降伏状態とひずみ硬化域を弾性に対して**塑性**と呼ぶ．

降伏状態は，金属材料の中でも特殊な挙動であり，建築用に使用される後述するSN材，SM材，SS材などの炭素量の少ない金属材料の場合のみで生じる現象である．

図7·2に鋼材に引張力と圧縮力を交互に作用させた時の挙動を示す．図から引張と圧縮ではほとんど同じ挙動を示すのがわかる．また，この応力度―ひずみ度曲線の意味するのは，鋼材は荷重を加えると変形(延び)するが，破断に至るまでには時間を要するということである．つまり，鋼材は非常に粘り強く，変形しながら力に耐える材料であるのがわかる．

※用語の説明

降伏点：図7·1に示したように，降伏点には上降伏点と下降伏点がある．後述するJIS規格では，上降伏点を単に降伏点と呼んでいる．なお，降伏点は降伏強度，降伏応力度などと呼ばれることもある．

引張強さ：応力度―ひずみ度曲線で最大応力度が得られた位置である．

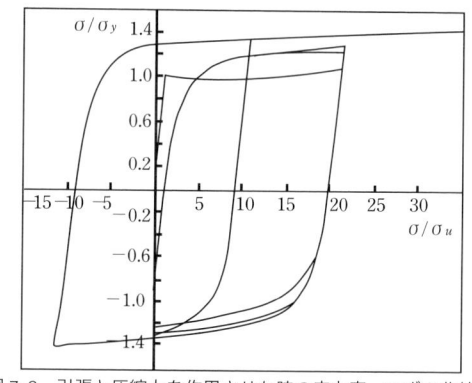

図7·2 引張と圧縮力を作用させた時の応力度―ひずみ曲線例
(日本建築学会『建築材料用教材』2006年，p.21)

図7·1 鋼材の応力度―ひずみ度曲線の模式図（日本建築学会『建築材料用教材』2006年，p.21)

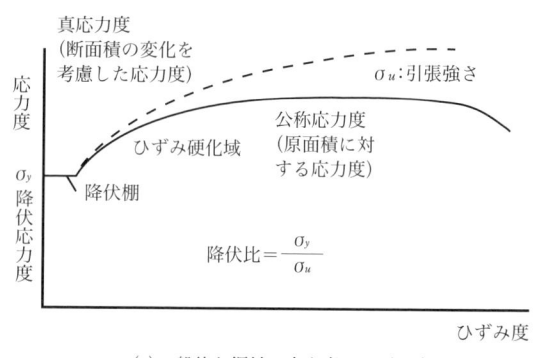

(a) 一般的な鋼材の応力度―ひずみ度関係
(b) 降伏点近傍の拡大図　降伏点が明瞭な鋼材
(c) 降伏点近傍の拡大図　降伏点が明瞭でない鋼材

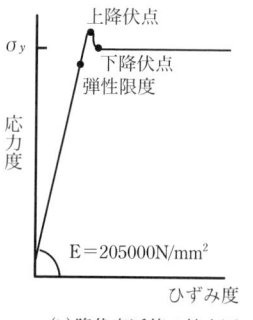

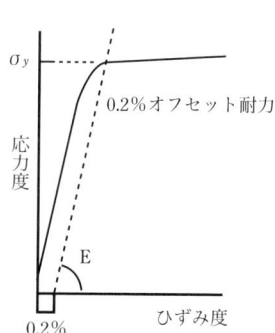

降伏比 = $\dfrac{\sigma_y}{\sigma_u}$

$E = 205000 \text{N/mm}^2$

降伏比：降伏比とは，引張強さに対する降伏強度の値である．

2）鋼材の物理的性質

鋼の性質は炭素量によって大きく変化するが，ここでは建築で使用される鋼材の主たる物理係数を簡単に記す．

- 比重：7.8g/cm³
  （参考，木材：0.5，コンクリート：2.3）
- 融点：約1500℃
- 線膨張係数：0.00001/℃

① 温度による影響

鋼材は温度の上昇に伴い降伏強度や引張強さが変化する．約500℃に熱せられるとその降伏強度や引張強さは常温時の半分になってしまう．

② 腐食

鋼材が空気中に放置されると錆が生じる．これは空気中に含まれる水分によって，鉄と水素イオンとの間に電解作用が起きて，表面が一般に赤錆と言われる水酸化第二鉄となる．これは電解作用による腐食であり，鋼材の欠点である．赤錆が進行すると鋼材の耐久性が損なわれるとともに，鋼材の断面が欠損するので構造性能も損なわれる．

7・2　鋼材の規格

炭素含有量が1.7％以上の鉄を銑鉄，1.7％未満のものを鋼と呼ぶ．一般的には，炭素含有量が0.035～1.7％の鉄と炭素の合金を炭素鋼と呼ぶ．

炭素鋼の中には，微量の各種元素（マンガン・ニッケル・クロム・シリコンなど）を添加，含有させることによって，鋼材の溶接性を向上させ，高強度が得られる溶接構造用鋼材や建築構造用鋼材がある．また，リン・銅・ニッケル・クロムなどの元素は耐食性を向上させ，耐候性鋼材に利用されている．但し，その含有量によってはかえって溶接性や衝撃特性を悪化させる場合があるので注意を要する．

鋼材の材質は**日本工業規格**：JIS（Japan Industrial Standard）規格で種別，化学的成分および機械的性質（引張強さ，降伏点または耐力，伸び，硬さ，衝撃強さなど）が規定されている．一般構造用圧延鋼材（SS材），溶接構造用圧延鋼材（SM材），建築構造用圧延鋼材（SN材）などに分類される．

また，鉄骨造建築の高層化および大スパン化などに伴い，より高品質のものが求められることもある．このような鋼材は**認定材**と呼ばれ，TMPC鋼，高張力鋼，低降伏点鋼，FR鋼などが開発されている．

1）主要なJIS鋼材

① 一般構造用圧延鋼材：JIS G 3101（SS材）

一般構造用の熱間圧延鋼材の規格である．SSはSteel Structureを表している．SS材の代表ともいえるのがSS400で，その400という数字は引張強さが400N/mm²以上あることを表している．しかしながら，降伏強さと引張強さの下限値が規定されているだけで，溶接性に関する規定は定められていない．

② 溶接構造用圧延鋼材：JIS G 3106（SM材）

SMはSteel Marineが語源で船舶建造用に使用される鋼材を意味している．SS材に対して，溶接性を考慮して化学成分の規定を追加したのが**SM材**である．ただし，塑性域での特性である降伏比の規定は定められていない．

③ 建築構造用圧延鋼材：JIS G 3136（SN材）

SNはSteel New structureの頭文字である．このSN材は建築構造専用の鋼材として開発されもので，下記のような特徴がある．

降伏点のばらつき幅，降伏比などは耐震性の指標であるが，SSやSM材とも規格がなく，SN材で新たに追加されたものである．これは，地震エネルギーを吸収するためには降伏比が低いものが望ましいという要求を受けて規定されたものである．また，SN材では溶接性を確保するために炭素含有量などを規定し，リンや硫黄などの不純物量を低減している．

更に，鋼材の衝撃特性（割れ難さ）を示す指標としてシャルピー吸収エネルギーを規定している．この値が確保されていないと，鉄骨部材の溶接接合部が早期に破断し，地震の変形に耐えることができなくなる．

表 7・1　SN 規格材と旧規格材の機械的性質比較（JIS より）

区分	JIS 規格	種類の記号	厚さ〔mm〕上限／下限	降伏点又は耐力〔N/mm²〕下限／上限 厚さ 6mm 以上 12mm 未満	12mm 以上 16mm 未満	16mm	16mm 超 40mm 以下	40mm 超 100mm 以下	引張強さ〔N/mm²〕下限／上限	伸び〔%〕下限 厚さ 6mm 以上 16mm 未満 1A 号	16mm 以上 50mm 未満 1A 号	40mm 超 4 号
400N 級鋼 鋼板鋼帯形鋼平鋼	G3101	SS400	—			245/	235/	215/	400/510	17	21	23
	G3106	SM400A	/100			245/	235/	215/	400/510	18	22	24
		SM400B	/100			245/	235/	215/	400/510	18	22	24
	G3136	SN400A	6/100			235/		215/	400/510	17	21	23
		SN400B	6/100	235/		235/355			400/510	18	22	24
		SN400C	16/100				235/355		400/510	18	22	24
400N 級鋼 鋼管	G3444	STK400	—			235/			400/		23	
	G3475	STKN400W	2/100			235/			400/540		23	
		STKN400B	2/100	235/		235/385		215/365	400/540		23	
400N 級鋼 棒鋼	G3112	SR235				235/			300/520			
	G3138	SNR400A	6/100			235/		215/	400/510			
		SNR400B	6/100	235/		235/355		215/335	400/510			
490N 級鋼 鋼板鋼帯形鋼平鋼	G3106	SM490A	/100		325/		315/	295/	400/610	17	21	23
		SM490B	/100		325/		315/	295/	400/610	17	21	23
	G3136	SN490B	6/100	325/		325/445		295/415	400/610	17	21	23
		SN490C	16/100				325/445	295/415	400/610	17	21	23
490N 級鋼 鋼管	G3444	STK490	—		325/		315/	295/	400/610		23	
	G3475	STKN490B	2/100	325/		325/445		295/415	400/610		23	

④ 建築構造用圧延棒鋼：JIS G 3138（SNR 材）

　SNR 鋼とは，耐力のほか従来の SS 材では保証されていなかった地震時に必要な伸び能力や，溶接部の性能保証などを有した建築構造用材料である．

⑤ 鉄筋コンクリート用棒鋼：JIS G 3112（SD 材）

　コンクリート補強用として強度および溶接性，圧接性を重視して製造された棒鋼である．

　以上の JIS 規格材の機械的性質についてまとめたものを表 7・1 に示す．

※ SN の意味について

　N は New の頭文字で新しいの意味である．JIS G 3136 は 1994 年 6 月に制定された比較的新しい規格である．同様に SNR 鋼，STNK 材の N も同じ意味である．

2) 認定鋼材

　JIS では規格されていないが，国土交通大臣の認定を受ければ，建築構造用に使用できる鋼材である．

① TMPC 鋼

　厚板の鋼材やその溶接性の向上も高層化や大スパン化には欠かせないものとなっている．従来の鋼材では板厚が厚くなると溶接性が損なわれたり，降伏点が低くなるため，設計用強度を低減する必要があった．これらの問題を解消するために TMPC 鋼が開発された．この鋼材は圧延過程で鋼材の冷却と圧延を適切に制御することで強度を高めている．よって合金成分含有量を低くすることが可能となり，溶接性が改善されている．板厚 40mm を超えても設計用強度の低減は不要であるが，国土交通大臣の認定を受ける必要がある．この鋼材の降伏比は SN 材と同じように 80% 以下に規定されている．

② 高張力鋼

　高張力鋼は建築の高層化・大規模化に伴う厚肉・高強度鋼材への要請に対して開発された鋼材である．高張力鋼材として引張強さ 590N/mm² 級や 780N/mm² 級の鋼材が開発されており，高強度でありながら降伏比は 80% 以下と低く抑え，大地震時に優れた塑性変形性能が得られる．また高靱性を考慮し，シャルピー吸収エネルギーを 0℃ で 47J と高く

規定している．

③ 低降伏点鋼（極軟鋼）

従来の炭素鋼よりも降伏点が低く，降伏点 225N/mm² 級鋼材を低降伏点鋼と呼び，100N/mm² 級鋼材を極軟鋼と称している．塑性変形能力に富んだ低降伏点鋼は，降伏後のエネルギー吸収能力に優れているため，制震構造用鋼材として使用されている．

④ 耐火鋼（FR 鋼）

耐火鋼は一般の鋼材に比べて高温時の強度が高い鋼材である．耐熱性を向上させるモリブデンなどの合金元素を加えることで，600℃ における耐力が常温規格耐力の 2/3 以上であることが保証されている．なお，一般鋼である SN，SM や SS 鋼は 600℃ になると規格耐力の 1/2 以下となる．

この特性を利用し耐火設計を行うことにより，耐火被覆の低減や省略が可能となる．また，無耐火被覆とすることにより，柱の径を小さくしたり自由な塗装をすることができ，鉄骨建築の意匠性を向上させることができる．

⑤ ステンレス鋼

ステンレス鋼は 12% 以上のクロムを含む合金鋼である．塩酸や硫酸あるいは硝酸など，腐食性の高い酸が存在する環境下で優れた耐食性を示す鋼材である．また，降伏比が 60% 以下であり，靱性に富んだ構造材料である．

ステンレス鋼は，その特徴である構造体の美しさを強調できるモニュメントなどに多く使われる．

⑥ アルミニウム合金

鋼材ではないが，アルミニウムおよびアルミニウム合金は軽量で錆びにくい特徴を活かし，家庭用品をはじめ，船舶，車両，容器，化学，電気，航空宇宙など多くの分野で用いられている．純アルミニウムは展伸性に富んでいるが，強度が低いため建築構造用途には合金元素を加えたアルミニウム合金が用いられている．

アルミニウム合金は炭素鋼に比べて比重が約 1/3 と軽量であることが特徴である．

※ 用語の説明

硬さ：材料の面に直角に，決められた形の物体を押し込み，材料を局所的に塑性変形させようとする力に対する抵抗力を，へこみ具合で示した数値を押込みかたさという．

衝撃強さ：材料の靱性を比較するために切り欠きを付けた試験片の衝撃試験を行い，破壊までの吸収エネルギーで靱性を比較する．

3）鋼材の用途と分類

鋼材の形状による分類を表 7・2 に示す．

表 7・2　鋼材の分類

分類	形状	用途
形鋼	等辺山形鋼，不等辺山形鋼，I 形鋼，みぞ形鋼，H 形鋼，CT 形鋼	柱，梁
鋼管	角形鋼管，鋼管	柱，梁
鋼板	平鋼，帯鋼	鉄骨柱，梁などのつなぎ材，シートパイル
棒鋼	丸鋼，異形棒鋼	鉄筋コンクリート
軽量形鋼	軽みぞ形鋼，軽 Z 形鋼，軽山形鋼，リップみぞ形鋼，リップ Z 形鋼，ハット形鋼	壁・天井下地，鉄骨系プレハブ構造用

（松本進『図説やさしい建築材料』学芸出版社，2007 年，p.7）

形鋼の代表は H 形鋼（H 鋼）である．その他に等辺山形鋼（アングル），みぞ形鋼（チャンネル），CT 形鋼などがある．これらの形鋼の寸法は規格が定められている．鋼管には角形と鋼管（円形）があり，辺長さと直径，肉厚さが規格で定められている．鋼板は板厚さが定められており，薄い方から 4.5, 6, 9, 12, 16, 19, 22, 25, 28, 32, 36, 40mm がある．棒鋼は鉄筋コンクリートに使うもので，**異形鉄筋**の場合は，D6, D8, D10, D13, D16, D19, D22, D25, D29, D32, D35, D38, D41 がある．

7・3　鋼材の接合

前節で述べたように，鋼材は強度が高い材料であるが，個々の部材が安全であっても部材同士をつなぐ接合部が弱くては安全性を確保することはできない．部材同士をつなぐ接合部を建築構造では一般に継手と呼ぶ．鉄骨構造の場合は，高力ボルト接合と溶接接合が用いられ，鉄筋コンクリート構造に使用する鉄筋（棒鋼）の場合は，圧接や機械式によるものがある．以下，それぞれの概要について述べる．

表7·3 高力ボルトの規格と特徴

名称	規格	等級	呼び径	品名	引張強さ [N/mm²]	硬さ	特徴
高力六角ボルト	JIS B 1186	F10T	M12〜M30	ボルト	980〜1176	27〜38	普通鋼材の継手に使用 JIS表示許可工場
				ナット		16〜35	
				座金		35〜45	
トルシア形高力ボルト	JSS II 09	S10T	M16〜M24	ボルト	980〜1176	27〜38	普通鋼材の継手に使用 国土交通大臣認定
				ナット		16〜35	
				座金		35〜45	
溶融亜鉛めっき高力ボルト	JIS B 1186 準拠	F8T	M16〜M24	ボルト	784〜980	18〜31	防錆や防食を目的として普通鋼に溶融亜鉛めっきを施した継手に使用 国土交通大臣認定
				ナット		16〜35	
				座金		25〜45	
耐火鋼高力ボルト	JIS B 1186 JSS II 09	F10T—FR S10T—FR	M16〜M24 M16〜M24	ボルト	980〜1176	27〜38	耐火鋼を接合する継手に使用．600℃の高温時にも母材の引張強さを満足する性能がある 国土交通大臣認定
				ナット		16〜35	
				座金		25〜45	
耐候性鋼高力ボルト	JIS B 1186 JSS II 09	F10T—W S10T—W	M16〜M24 M16〜M24	ボルト	980〜1176	27〜38	耐候性鋼を接合する継手に使用．表面に安定錆を生成させ，耐食性を持たせている JIS表示許可工場
				ナット		16〜35	
				座金		35〜45	
ステンレス鋼高力ボルト	SAS701	10T—SUS	M16〜M24	ボルト	980〜1176	27〜38	ステンレス鋼を接合する継手に使用 国土交通大臣認定
				ナット		16〜35	
				座金		35〜45	

(鋼材倶楽部編『新しい建築構造用鋼材』より)

表7·4 高力ボルト，ナット及び座金の材料の化学成分[%]の一例

		C	Si	Mn	P	S	Cu	Ni	Cr	B	Al	Mo	Nb
高力六角ボルト	ボルト	0.2	0.05	0.95	0.013	0.013	0.15	0.1	0.15	0.001	0.04		
	ナット	0.32	0.24	0.7	0.013	0.013	—		—		—		
	座金	0.22	0.25	1.35	0.013	0.013	0.15	—	—				
耐火鋼高力ボルト	ボルト	0.23	0.18	0.84	0.016	0.018	0.01	0.02	1.07			0.33	
	ナット	0.23	0.18	0.84	0.016	0.018	0.01	0.02	1.07			0.33	
耐候性鋼高力ボルト	ボルト・ナット・座金	0.23	0.16	0.8	0.013	0.015	0.43	0.44	0.81	0.014			
ステンレス鋼高力ボルト	ボルト・ナット・座金	0.045	0.44	0.7	0.032	0.004	3.28	4.18	15.72				0.3

(鋼材倶楽部編『新しい建築構造用教材』より)

1) 鉄骨の接合

鉄骨部材は断面性能が高い材料であるが，その接合部が弱くて壊れてしまっては構造物が成り立たないので，接合部の設計は十分に安全を確保する必要がある．

1 高力ボルト接合

鉄骨を接合する高力ボルト接合は，高張力ボルトで鋼材を締め付けることにより，鋼材間に生じる摩擦力で力を伝達する方法であり，下記のような特色がある．

①鋼材間の滑りが生じないので，継手の剛性が大きい．
②繰り返し荷重に対する疲労強度が大きい．
③施工時の騒音が小さい．
④ボルト締めの作業が容易で，労務の軽減や工期短縮が図れる．

高力ボルトは，形状により，六角頭ボルトとトルシア型ボルトの2種に分類できる．また，鉄骨の用途に応じて，普通鋼，溶接亜鉛めっき鋼，耐火鋼，耐候性鋼，ステンレス鋼などの材料がある．一般的に使用されるボルト径は，M16，M20，M22，M24である．表7·3に一般的に使用される高力ボルトをまとめたものを示す．

高力六角ボルトは普通鋼材の継手に用いられ，その仕様はJISに定められている．高い軸力（張力）

を導入するため，ボルト1本とナット1個と座金2枚が1組となっている．導入張力により3種類に分類されているが，現在は2種のF10Tのみが使用されている．

トルシア型高力ボルトは，ボルト1本とナット1個と座金1枚が1組として日本鋼構造規格（JSS II 09）に規定されている．種類は六角ボルト同様に2種のS10Tのみが規格されている．

ボルトを構成する材料は，低炭素鋼にクロム（Cr），ボロン（B）を加えたものである．一方，ナットと座金を構成する材料は，機械構造用炭素鋼にマンガン（Mn）あるいはボロン（B）を加えたものである．表7・4にボルト・ナット・座金の化学成分の一例を示す．

2 溶接接合

鋼材の溶接接合にはアーク溶接が用いられることが多い．**アーク溶接**とは，電気の放電現象（アーク放電）を利用し，同じ金属同士をつなぎ合わせる溶接方法であり，図7・3に示すように手溶接（被覆アーク溶接），自動溶接（ガスシールドアーク溶接），全自動溶接（サブマージアーク溶接）がある．

これらの溶接手法の使用割合は，被覆アーク溶接が12％，ガスシールドアーク溶接が80％，そしてサブマージアーク溶接が8％程度である．以下に各溶接手法について簡単に説明を加える．

①被覆アーク溶接

被覆アーク溶接は表7・5に示したように，被覆アーク溶接棒をホルダーで支え，溶接棒と母材の隙間に交流電流または直流電流によりアークを発生させて溶接する方法である．被覆アーク溶接棒は心線のまわりに各種の役割を果たす被覆剤を均一に塗装し，乾燥させたものである．この被覆剤はアーク熱の高温度により分解され，ガスやスラグとなって溶融金属が外気により酸化や窒化するのを防止するものである．

②ガスシールドアーク溶接

ガスシールドアーク溶接は，活性ガス（二酸化炭素），不活性ガス（アルゴン，ヘリウム）などのガスによってアークや溶融金属を保護し，そのアーク熱により母材を連続的に溶融接合する方法である．

③サブマージアーク溶接

サブマージアーク溶接は，被覆アーク溶接における被覆剤の代わりに粒状のフラックスをあらかじめ母材の上に散布しておき，その中に電極ワイヤを供給してアークを発生させて溶接する自動溶接方法である．

2）鉄筋の接合

1 鉄筋の継手

鉄筋の接合は単に「継手」と呼ぶことが多い．継手は2本の鉄筋をつなぎ合わせることで，柱や梁の中で端から端まで連続した鉄筋が必要な場合，工事現場でつなぎ合わせて使う．

鉄筋コンクリート構造では，鉄筋は引張方向に耐える力に期待されているため，引張方向の力を十分に伝達する必要がある．

2 鉄筋継手の種類

鉄筋の**継手**には，直接鉄筋同士をつなぐ場合と，コンクリートやモルタルと鋼管スリーブを介して力を伝達する間接継手に大きく分類できる．図7・4に分類表を示す．

①重ね継手

短い鉄筋を重ねて1本のように配置して，コンク

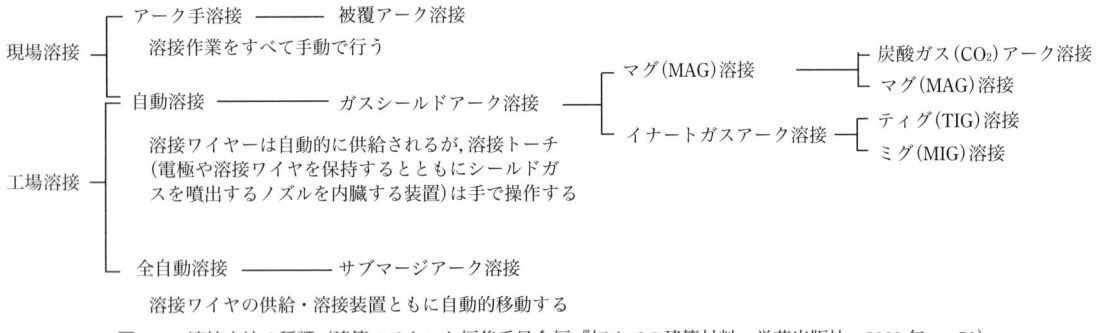

```
現場溶接 ─┬─ アーク手溶接 ─────── 被覆アーク溶接
          │   溶接作業をすべて手動で行う
          │
工場溶接 ─┼─ 自動溶接 ─────── ガスシールドアーク溶接 ─┬─ マグ（MAG）溶接 ─┬─ 炭酸ガス（CO₂）アーク溶接
          │   溶接ワイヤーは自動的に供給されるが，溶接トーチ              │                   └─ マグ（MAG）溶接
          │   （電極や溶接ワイヤを保持するとともにシールドガス            └─ イナートガスアーク溶接 ─┬─ ティグ（TIG）溶接
          │   を噴出するノズルを内蔵する装置）は手で操作する                                          └─ ミグ（MIG）溶接
          │
          └─ 全自動溶接 ─────── サブマージアーク溶接
              溶接ワイヤの供給・溶接装置ともに自動的移動する
```

図7・3　溶接方法の種類（建築のテキスト編集委員会編『初めての建築材料』学芸出版社，2000年，p.51）

表7・5 溶接接合の種類（建築のテキスト編集委員会編『初めての建築材料』学芸出版社，2000年，p.51）

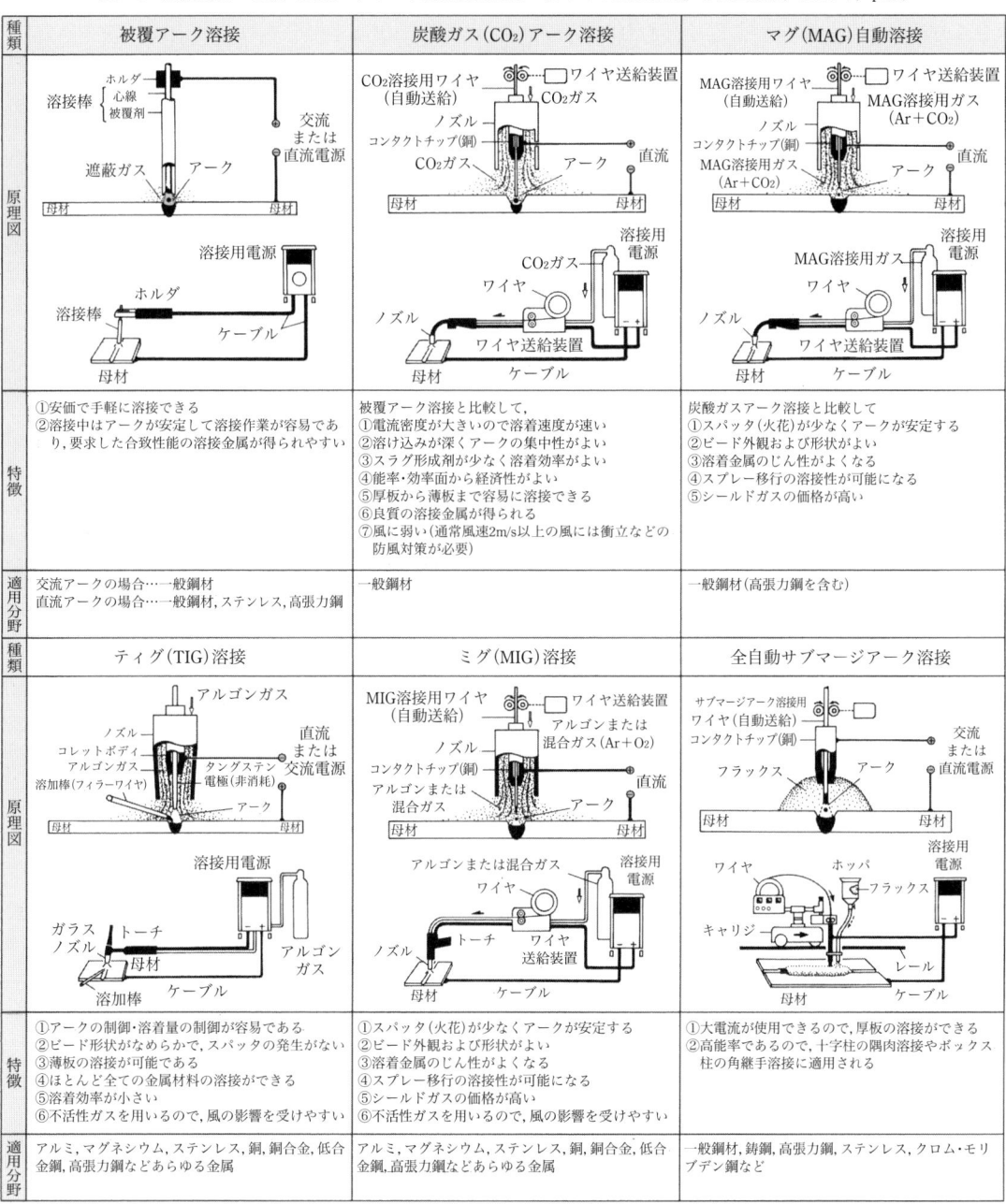

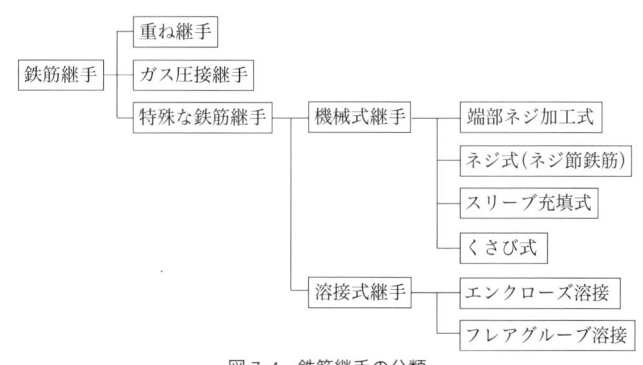

種類	被覆アーク溶接	炭酸ガス(CO_2)アーク溶接	マグ(MAG)自動溶接
原理図	（図）	（図）	（図）
特徴	①安価で手軽に溶接できる ②溶接中はアークが安定して溶接作業が容易であり，要求した合致性能の溶接金属が得られやすい	被覆アーク溶接と比較して， ①電流密度が大きいので溶着速度が速い ②溶け込みが深くアークの集中性がよい ③スラグ形成剤が少なく溶着効率がよい ④能率・効率面から経済性がよい ⑤厚板から薄板まで容易に溶接できる ⑥良質の溶接金属が得られる ⑦風に弱い（通常風速2m/s以上の風には衝立などの防風対策が必要）	炭酸ガスアーク溶接と比較して ①スパッタ(火花)が少なくアークが安定する ②ビード外観および形状がよい ③溶着金属のじん性がよくなる ④スプレー移行の溶接性が可能になる ⑤シールドガスの価格が高い
適用分野	交流アークの場合……一般鋼材 直流アークの場合……一般鋼材，ステンレス，高張力鋼	一般鋼材	一般鋼材（高張力鋼を含む）

種類	ティグ(TIG)溶接	ミグ(MIG)溶接	全自動サブマージアーク溶接
原理図	（図）	（図）	（図）
特徴	①アークの制御・溶着量の制御が容易である ②ビード形状がなめらかで，スパッタの発生がない ③薄板の溶接が可能である ④ほとんど全ての金属材料の溶接ができる ⑤溶着効率が小さい ⑥不活性ガスを用いるので，風の影響を受けやすい	①スパッタ(火花)が少なくアークが安定する ②ビード外観および形状がよい ③溶着金属のじん性がよくなる ④スプレー移行の溶接性が可能になる ⑤シールドガスの価格が高い ⑥不活性ガスを用いるので，風の影響を受けやすい	①大電流が使用できるので，厚板の溶接ができる ②高能率であるので，十字柱の隅肉溶接やボックス柱の角継手溶接に適用される
適用分野	アルミ，マグネシウム，ステンレス，銅，銅合金，低合金鋼，高張力鋼などあらゆる金属	アルミ，マグネシウム，ステンレス，銅，銅合金，低合金鋼，高張力鋼などあらゆる金属	一般鋼材，鋳鋼，高張力鋼，ステンレス，クロム・モリブデン鋼など

図7・4 鉄筋継手の分類

リートと一体化することにより，鉄筋に生じる力を伝達する方法である．鉄筋に生じる引張力は，重ね部分のコンクリートの付着応力に伝達させるメカニズムとなっている．

重ね継手長さは，鉄筋の種類(異形鉄筋，丸鋼)，鉄筋径，フックの有無，コンクリート強度などから決定する．この方法だと，高強度の鉄筋や太径の鉄筋を用いると継手長さは長くする必要がある．ただし，高強度コンクリートを使ったり，鉄筋の端部にフックを設ければ継手長さを短くすることも可能となる．

②ガス圧接継手

鉄筋端面同士を突き合わせて，鉄筋軸方向に圧力を加えながら突き合わせ部分を密着させ，酸素とアセチレン炎で加熱し，鉄筋端面を還元状態で溶かすことなく赤熱状態に柔らかくして，圧力によって押し付け「ふくらみ」を形成して接合する継手工法である．ガス圧接は1930年代にアメリカでパイプラインやレールの接合のために開発されたものであるが，鉄筋のガス圧接は日本独自に発達した工法である．

③溶接式継手

鉄筋同士を溶接してつなぎ合わせる継手である．溶接する方法には，鉄筋の重なった部分の側面や鉄板と鉄筋を溶接（フレア溶接）する場合と，鉄筋の端部同士を溶接（突き合わせ溶接―エンクローズ溶接）する方法がある．

④機械式継手

機械的に鉄筋をつなぎ合わせる継手である．あらかじめ高強度モルタルなどを充填した鋼管スリーブ（鋳物で出来た筒）内に鉄筋を挿入し，充填された高強度モルタルを介して力の伝達を図る継手や，ねじ節鉄筋にスリーブ鋼管内にねじ加工したものに鉄筋を挿入して高強度モルタルをグラウトして一体化を図る方法が多く用いられる．

各種鉄筋継手の例を図7・5に示す．

7・4 鋼材・接合の試験

1) 金属材料の試験

鋼材の機械的性質としては，下記に記す5つの項目が主たるものである．

①引張強さ
②圧縮強さ
③硬さ
④衝撃強さ
⑤疲れ強さ

これらの機械的性質の試験方法はその試験に使用する試験片の形状を含めてすべてJIS Zに定められている．下記に主な試験方法を記す．

・金属材料引張試験方法：JIS Z 2241
・金属材料衝撃試験方法：JIS Z 2242
・ブリネル硬さ試験方法：JIS Z 2243
・金属材料曲げ試験方法：JIS Z 2248

次に溶接した鋼材の試験方法について主たるものを下記に記す．

・溶接熱影響部の最高硬さ試験方法：JIS Z 3101
・突合せ溶接継手の引張試験方法：JIS Z 3121
・前面すみ肉溶接継手の引張試験方法：JIS Z 3131
・側面すみ肉溶接継手のせん断試験方法：JIS Z 3132
・被覆アーク溶接棒のすみ肉溶接試験方法：JIS Z 3181

2) 鉄筋継手の試験

ガス圧接継手については，現場での抜取試験などが仕様書に定められている．一方の機械式継手については，ガス圧接，重ねアーク溶接および重ね継手を除く，いわゆる機械式継手（圧着，溶接）などに適用する「鉄筋継手性能判定基準」があり，継手の性能試験方法が定められている．試験結果により継手の性能が4種類に分類され，継手を適用できる箇所に制限が設定されている．

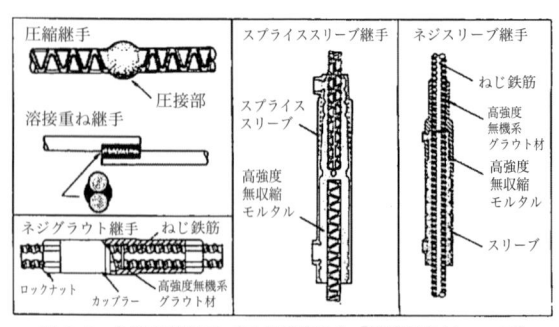

図7・5 各種鉄筋継手（日本建築学会『構造用教材』，p.50）

練習問題 7.1 次の記述のうち，鋼材の機械的性質として，**最も不適当な**ものはどれか．

1. 鋼材の機械的性質として応力度－ひずみ度関係によって表されることが多い．
2. 鋼材の試験片に力を加えると，弾性，降伏，ひずみ硬化の順の状態となる．
3. 鋼材は引張力に対しても，圧縮力に対してもほぼ同じ挙動を示す．
4. 鋼材は脆性的な材料である．

練習問題 7.2 次の記述のうち，鋼材の性質として，**最も正しい**ものはどれか．

1. 鋼材の性質は含まれる炭素の量によって大きく変化する．
2. 鋼材の比重はコンクリートの比重の3倍よりも小さい．
3. 鋼材の線膨張係数は，コンクリートの線膨張係数とは大きく異なる．
4. 鋼材に赤錆が生じると鋼材の降伏点は高くなる．

練習問題 7.3 次の鋼材の規格や性質などに関する記述のうち，**最も正しい**ものはどれか．

1. JIS規格では，鋼材の化学的成分と機械的性質が定められている．
2. JISに定められていない鋼材を建築構造用に用いてはならない．
3. 鉄筋コンクリートに用いる鉄筋は認定品である．
4. ステンレス鋼は，耐食性に優れた材料であるが，その強度は鋼材に比べて低い．

練習問題 7.4 次の鋼材の接合に関する記述のうち，**最も不適当な**ものはどれか．

1. 高力ボルトは，必ずボルト1本とナット1個，それと座金2枚が1セットとなっている．
2. 高力ボルトは普通の鋼材よりも高い強度の材料を用いている．
3. 溶接とは母材を溶かして鋼材をつなぐ方法である．
4. アーク溶接とは，外気から溶融金属を保護しながら溶接する方法である．

練習問題 7.5 次の鉄筋継手に関する記述のうち，**最も不適当な**ものはどれか．

1. 重ね継手とはコンクリートの付着力に期待した継手工法である．
2. 機械式継手とは鉄筋同士を直接つなぐのではなく，カプラーやスリーブを介してつなぐ方法である．
3. 金属材料の引張強度を調べる試験方法はJISに定められている．
4. 鉄筋継手の性能確認をするための試験方法はJISに定められている．

練習問題 7.6 次の鋼板の製造方法に関する記述のうち，**最も不適当な**ものはどれか．

1. 加熱とは圧延しやすくするために1200℃程度に加熱することである．
2. 圧延とはロールを正逆回転しながら，所定の厚さ，幅，長さとなるようにする工程である．
3. せん断・精製とは，要求寸法に切断することである．
4. 熱処理とは焼ならし，焼入れ焼戻し，焼なましのことである．

第8章 ステンレス鋼とアルミニウム合金材

8・1 ステンレス鋼

鉄はさびやすいという弱点を持つ．この弱点を改良するためにステンレス鋼は鉄を主成分とし，これに約10%以上のクロム，さらに必要に応じてニッケルやその他の元素（モリブデン，銅，ニオブなど）を配合添加し，溶解精錬してつくられる合金鋼である．図8・1に各鋼種の主要成分比率を示す．

SUS410	Fe(85)	Cr(13)	*(2)
SUS430	Fe(80)	Cr(18)	*(2)
SUS304 / SUS304N2	Fe(72)	Cr(18) Ni(8)	*(2)
SUS316	Fe(65)	Cr(18) Ni(12)	*(2) Mo(2.5)
SUS329J2L	Fe(64)	Cr(25) Ni(6)	*(2) Mo(3)
SUS630	Fe(73)	Cr(17) Ni(4)	*(2) Cu(4)

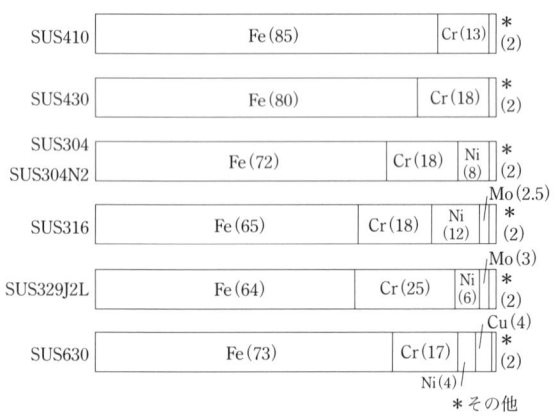

*その他

図8・1 主要成分比率（重量百分率）
（建設省建築研究所「新ステンレス鋼利用ガイドライン」，1995年）

一般にステンレス鋼は錆びない鋼材と思われている．しかし，ある条件のもとではステンレス鋼にも錆びが発生する．もちろん，ステンレス鋼は鉄やアルミニウムより耐食性にすぐれており，非常に錆びにくい金属である．しかし，金や白金のように絶対に錆びない金属ではない．

1) ステンレス鋼の種類

現在使用されているステンレス鋼には数十種類以上の鋼種が存在する．それを主要成分，金属組成から見るとマルテンサイト系，フェライト系，オーステナイト系，二相系，析出硬化系などに分類できる．これらの中でも主要で生産量も比較的多いマルテンサイト系，フェライト系，オーステナイト系および

> **ステンレス鋼はなぜさびにくい？**
>
> 答を簡単に言えばステンレス鋼は表面がある種の膜で覆われており，金属が保護されている状態になっているからである．少し詳しく書くと，ステンレス鋼の地金の表面は緻密で強固な酸化皮膜に覆われていて，これが鉄の欠点である酸化現象（さび）を防ぐ働きをする．この皮膜はクロム酸化物を主体としていて極めて薄く，肉眼で識別することはできない．また，この酸化皮膜は何らかの原因で傷つけられることがあっても，すぐにステンレス鋼中に含まれるクロムが周囲の酸素と結合して自動的に再生される．よって，酸素の供給が妨げられないかぎり，常にステンレス鋼の表面は酸化皮膜によって保護されている状態となる．この酸化皮膜の存在がステンレス鋼に高い耐食性を与えている大きな理由である．

ステンレス鋼高力ボルトに使用されている析出硬化系の4種については内容を把握しておきたい．その場合，各鋼種の特性もこれらの分類で整理すると理解しやすい．ステンレス鋼の種類等を表8・1に示す．

表8・1 ステンレス鋼の種類

合金組織	金属組織	硬化の可能性	代表鋼種
クロム系	マルテンサイト系	焼入れ硬化する	SUS410
	フェライト系	焼入れ硬化しない	SUS430
クロム―ニッケル系	オーステナイト系	加工硬化する	SUS301
		焼入れ硬化しない	SUS304
	析出硬化系	析出硬化する	SUS630

1 マルテンサイト系ステンレス鋼

一般に13Cr（13%のクロムを含むの意）として知られる低炭素系の鋼種でSUS410やSUS420が代表的な鋼種である．組成的にはクロムを含有しマルテンサイト組成を有している．熱処理によって焼入れ硬化させることができ，その程度は炭素含有量と熱処理温度によって変化する．低炭素系は耐食性があり，また調質により優れた機械的性質を得ることが

可能である．

> [補足] **マルテンサイトとは**
> 高温時から急冷することで生じる結晶構造．かたくてもろく割れやすい．

> **ステンレス鋼の記号中の数値について**
> ステンレス鋼の名称に用いられているSUSの後の3桁の数値は何を表しているのだろうか？ 炭素鋼SN400の400が引張強さの下限値を表していることはよく知られている．ステンレス協会(http://www.jssa.gr.jp/)のHPでは以下のように記述している．
> 「SUSの後の3桁の数値はAISI（American Iron and Steel Institute：アメリカ鉄鋼協会）規格番号に準じてつけられている．300台が鉄―クロム―ニッケル系のステンレス鋼を，400台が鉄―クロム系ステンレス鋼を表している」

② フェライト系ステンレス鋼

18Crとして知られるSUS430を基本形とした鋼種であり，組成的にはクロムを含有しフェライト組織を有している．熱処理によって硬化はしない．また磁性を有している．他の元素を添加することで耐食性，耐酸性，機械的性質などの改善を図ることが可能である．

> [補足] **フェライトとは**
> 軟らかくて摩耗に弱いがじん性が大きい結晶構造をさす．純鉄に近い組成である．

③ オーステナイト系ステンレス鋼

18Cr-8Niステンレスとして知られるSUS304を基本とした鋼種で，組成的にはクロムやニッケルを含有しオーステナイト組成を有している．熱処理によって硬化することはなく，非磁性である．ステンレス鋼の中では最も生産量が多く，用途も多岐にわたっている．また，ステンレス鋼の他鋼種に比較して

> [補足] **オーステナイトとは**
> A3またはA1変態点（鉄の性質が変化する温度でA1変態点は723℃付近でA3変態点は910℃付近の温度となる）以上の高温での均一な結晶構造を指す．ステンレス鋼では常温においても存在する．

溶接性が優れている．

④ 析出硬化系ステンレス鋼

組成的にはクロム，ニッケルを含有し，析出硬化熱処理によって，マルテンサイトの組織に金属間化合物を析出させ強度を高めたものである．代表的な鋼種はSUS630となる．このステンレス鋼はオーステナイト系の強度不足，マルテンサイト系の耐食性や加工性の改善を目標に開発されたものである．

2）耐食性

鉄にクロムを添加すると，地金の表面に緻密で強固な保護膜（クロム酸化物）が形成され，鉄の欠点である酸化現象（さび）を防ぐ働きをする．この皮膜の厚さは数ナノメータで極めて薄い．さらにニッケルやモリブデンを添加することにより耐食性を向上させることができる．この皮膜が破壊されたり，皮膜形成に必要な酸素が遮断されたときにさびが発生することになる．腐食の種類は全面腐食，粒界腐食，孔食，隙間腐食，応力腐食割れ，流電腐食などがある．表8・2にそれらを整理して示す．一般にステンレス鋼は**全面腐食**に対しては優れた耐食性を有する．粒界腐食や隙間腐食のような局部的な腐食に

表8・2 錆びの分類
（ステンレス協会『ステンレス条鋼製品の手引き』，1986年）

錆の状態	錆の状況	原因
全面腐食	表面全体がほぼ一様に腐食される	硫酸・塩酸などの化学薬品に浸漬したとき
粒界腐食	粒界が腐食されて結晶粒がとれてしまう	溶接時の熱影響がそのまま残ったとき
孔食	特定の場所のみ腐食が進行する	鉄粉・塩分が付着したとき
隙間腐食	隙間部分が選択的に腐食される	板の合せ目，沈殿物との隙間があるとき
応力腐食割れ	引張応力，組織環境が影響	主として海水などの塩化物環境で残留応力があるとき
流電腐食	電流が流れて溶け出す（軟鋼／ステンレス鋼）	異種金属が接合されると電位差による電流が流れる

対しては意外に弱い場合があるので注意が必要である．以下に腐食の分類とその内容を示す．

1 全面腐食

硫酸や塩酸などの化学薬品による腐食は表面全体がほぼ一様に腐食される場合が多い．そのような腐食の状況を全面腐食と呼ぶ．鋼種にあまり関係なく薬品の種類，濃度，温度により腐食の程度が決まる．

2 粒界腐食

オーステナイト系ステンレス鋼を550℃～850℃の温度範囲に加熱すると粒界にクロム炭化物が析出する．この状態のステンレス鋼を腐食環境においた場合，結晶粒界に沿って腐食が局部的に進行する．これは粒界腐食と呼ばれ，オーステナイト系ステンレス鋼に特有の現象である．溶接時の母材熱影響部にもこれと同様な現象が生じる場合がある．この粒界腐食はクロムの欠乏が原因である．粒界にクロム炭化物が析出して粒界近傍のクロム濃度が減り，その部分が腐食されやすくなる現象である．

3 孔食および隙間腐食

両者とも不動態化域で発生する．この腐食は塩素イオンなどハロゲンイオンを含む環境で不動態皮膜の一部が破壊されその部分が陽極となり溶解する現象である．ハロゲンイオンや金属イオンの存在は特に孔食を促進させる．またごみの付着も隙間腐食と類似の現象であり，腐食の原因となる．

4 応力腐食割れ

応力腐食割れは引張応力を受ける材が腐食環境にある場合に起こる．一般には塩素イオンにより不動態皮膜が破壊され局部的に腐食が起こり，引張応力と直角方向に亀裂が生じる．この腐食と亀裂は分岐しながら伝搬進展し，最後には部材は脆性破壊に似た破断を起こす．腐食環境としては，海水などの塩化物環境下である場合が多いが，高温水，硫化物等が影響する場合もある．

5 流電腐食（異種金属接触腐食）

導電率が高い溶液（例えば海水）を扱う機器では電食ともいわれる流電腐食を起こすことがある．流電腐食とは，電位の異なる異種金属が接触して電解質溶液にさらされた場合に電位の低い金属の腐食が単独の時より促進される状態をいう．すなわち両金属がそれぞれ陽極と陰極になって電池を形成し，陽極側の金属の腐食が促進される．例えばステンレス鋼と炭素鋼の場合は炭素鋼が腐食し，炭素鋼とアルミニウムの場合はアルミニウムが腐食する．

3）溶接性

ステンレス鋼と炭素鋼を比較すると比重，比熱はほぼ同じであるが，熱伝導率は低い（オーステナイト系では炭素鋼の約1/3）．またオーステナイト系ステンレス鋼は熱膨張が大きいなどステンレス鋼の鋼種間でも物理的性質が異なる場合がある．そのため，溶接熱により変形や耐食性，機械的性質に影響を与える場合があり注意を要する．以下に各鋼種の溶接特性を記す．

1 マルテンサイト系ステンレス鋼

マルテンサイト系ステンレス鋼では熱影響部が溶接により焼入れ硬化し，この部分に大きな変態ひずみによる残留応力が生じる．そのため，熱影響部に割れを起こすことがある．よって溶接に際しては焼きなまし，予熱，パス間温度の管理など温度に関する管理が重要となる（図8・2）．

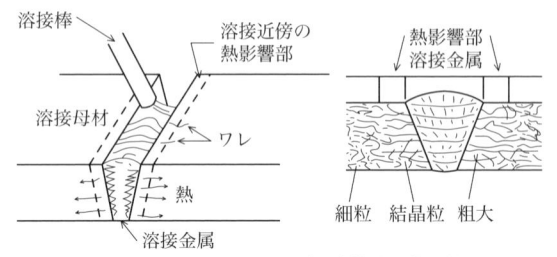

図8・2 マルテンサイト系の溶接時の熱影響
（ステンレス協会『ステンレス条鋼製品の手引き』，1986年）

2 フェライト系ステンレス鋼

フェライト系ステンレス鋼は焼入れ硬化しないため，ほとんど割れは生じない．しかし，加熱された熱影響部では結晶粒が著しく粗大化し室温での延性や靭性が劣化する．また，溶接部の冷却速度が遅すぎると，この部分が脆性破壊することがある．

3 オーステナイト系ステンレス鋼

オーステナイト系ステンレス鋼の溶接性は一般に

良好である．しかし溶接時に550℃〜850℃に加熱される部分では炭化物の粒界析出が起こる．この部分が腐食性雰囲気で使用されると，粒界腐食を生じる．炭化物の粒界析出を防止するには手早く溶接し冷やすことが必要である．

4）機械加工性

1 切断

ステンレス鋼はSN400等の炭素鋼に比べ強度が高いのでシャー切断では高い切断力を必要とする．また延性が高いのでバンドソー切断では切断速度を炭素鋼の場合に比較して遅くする必要がある．

炭素鋼の切断で通常よく使用されるガス切断法は，ステンレス鋼中のクロムが燃焼し，高融点の酸化クロムが形成され鉄の燃焼を妨げるのでスラグの流動性を悪くする．このためガス切断法はステンレス鋼へは適用できない．通常，プラズマアーク切断やパウダー切断等を用いる．

2 成形加工

ステンレス鋼は常温，高温において炭素鋼より変形抵抗が高く，また，弾性変形のもどりも大きい．よって，曲げなどの成形には大きな力を必要とする．

オーステナイト系ステンレス鋼は塑性加工すると硬さが上昇する性質がある．それに対しマルテンサイト系とフェライト系ステンレス鋼はオーステナイト系に比べ加工硬化性が低い．よってオーステナイト系ステンレス鋼の成形加工においては加工硬化に留意が必要である．

3 切削

ステンレス鋼は一般に炭素鋼に比較して削りにくい材料である．しかし，耐熱鋼や高マンガン鋼に比較すれば削りやすい．切削工具として，高速度鋼や超合金などを用いれば一応どのような加工も可能である．鋼種，加工方法により適切な切削条件の選択が必要である．

5）物理的特性

1 概要

ステンレス鋼の密度，比熱は炭素鋼とほぼ同じであるが熱伝導率が低くマルテンサイト系やフェライト系では炭素鋼の約1/2で，オーステナイト系では約1/3である．これは熱を伝達する自由電子の動きをクロムやニッケルが阻害するためである．

熱膨張係数はマルテンサイト系やフェライト系では炭素鋼とほぼ同じであるが，オーステナイト系では約1.5倍と大きい．よって溶接時の変形やひずみが大きくなる可能性があるので注意が必要である．表8・3に主な材料特性を示す．なお同表でSUS304の磁性は無しと記述されているが成形加工により磁

表8・3 材料特性
（ステンレス構造建築協会『ステンレス建築構造設計基準・同解説』，2004年）

	種類		マルテンサイト系（13Cr系）SUS410	フェライト系（18Cr系）SUS430	オーステナイト系（18Cr-8Ni系）SUS304	炭素鋼 SN400
物性	比重 （10^{-3}g/cm³）		7.75	7.70	7.93	7.85
	熱膨張係数（×10^{-6}/℃）		9.9	10.4	17.3	11.7
	熱伝導率（W/m℃）		24.2	26.0	16.3	50
	比熱 （kJ/kg℃）		0.46	0.46	0.50	0.46
	磁性		有	有	無	有
	溶接性		困難	良	優	優
機械的性質	弾性係数（kN/mm²）		200	200	193	205
	降伏点 （N/mm²）		275	305	255	275
	引張強さ（N/mm²）		510	550	590	430
	降伏比		0.53	0.55	0.43	0.64
	伸び（％）		25	27	60	28
	耐低温性		不良	不良	−200℃以下（遷移温度なし）	−45℃で靭性が低下
	耐高温性（300N/mm²の引張強さを保つ温度範囲）		600℃	550℃	700℃	450℃
一般耐食特性	耐候性		フェライト系に比べ劣る	オーステナイト鋼に比べ劣る	優	
	耐海水性		使用条件により鋼種の選定が必要（例 SUS329J1等）			
	塩化物腐食感受性	孔食隙間腐食	大	大	中	
		応力腐食	無	無	大	
	耐酸性	<60%硝酸	良	良	優	
		硫酸	不良	不良	不良〜優	
		酢酸	不良	不良	優	
	耐アルカリ性		良	良	優	
	水素脆性		大	大	無	

性を持つようになる．

2 ステンレス鋼の低温特性

マルテンサイト系，フェライト系ステンレス鋼および炭素鋼は衝撃値が特定温度で低下する現象（遷移温度を有するという）がある．金属はその遷移温度以下では非常にもろくなる．図8・3に示すようにオーステナイト系ステンレス鋼には遷移温度がない．よって低温下でも靭性の低下はなく低温環境で使用する構造材に適している．

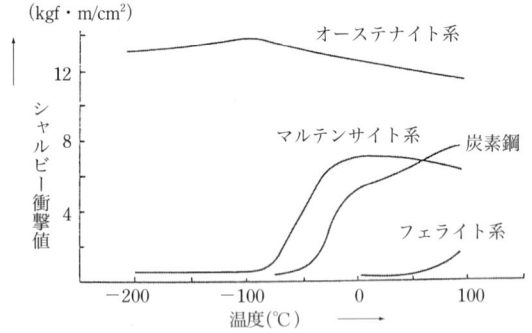

図8・3 低温特性（ステンレス協会『ステンレス条鋼製品の手引き』1986年）

3 ステンレス鋼の高温特性

オーステナイト系ステンレス鋼は高温において優れたクリープ強さを有しており高温高応力下で使用できる材料である．また，マルテンサイト系ステンレス鋼も鋼材温度が400℃付近まではすぐれた引張強さを有している．

大気中で高温にさらされると材料表面には酸化スケールが付き，寸法が減る（酸化減量と呼ばれる）．クロムやニッケルが多いほど酸化減量が少なく，高温で酸化しにくい材料である．

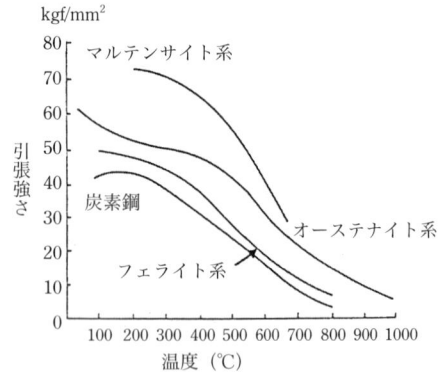

図8・4 高温特性（ステンレス協会『ステンレス条鋼製品の手引き』1986年）

6）力学的特性

1 応力ひずみ関係

ステンレス鋼の応力ひずみ関係は炭素鋼と比較することでその特徴がよく理解できる．簡単に炭素鋼応力ひずみ関係を復習しておこう．炭素鋼の引張試験を行なうと図8・5のような荷重と変形の関係が得られる．同図の縦軸を応力度，横軸をひずみ度として表現すると応力ひずみ関係が得られる．荷重が小さいうちは弾性的挙動を示し，応力度とひずみ度は比例する．さらに荷重を増してある点をこえると応力度とひずみ度は比例しなくなる．その点の応力度は比例限と呼ばれる（図8・5中のA点）．さらに荷重を増すとB点でピークに達し，他の値にC点まで荷重が低下する．その後ほぼ一定の荷重で伸びる区間がある．これは降伏たなと呼ばれている．またB点を上降伏点，C点を下降伏点と呼ぶ．炭素鋼のJIS規格では上降伏点を単に降伏点と呼んでいる．D点から再び応力度が上昇し，ひずみ硬化の開始となる．以上が炭素鋼の標準的な場合である．

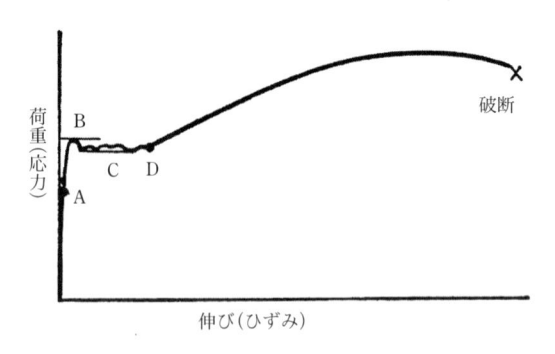

図8・5 炭素鋼の応力ひずみ関係
（平野・阿部・藤盛『大学課程 鉄骨構造学』オーム社，1999年）

上記の炭素鋼に対してステンレス鋼は，
・明確な降伏点を示さない
・非常に大きな伸び能力をもつ
の2点の特徴を有する．これらは特にオーステナイト系ステンレス鋼に顕著である．オーステナイト系ステンレス鋼（SUS304，SUS304N2）に関して図8・6に単調引張時の応力ひずみ曲線を示す．ステンレス鋼は同強度レベルの炭素鋼に比較するとひずみ硬化による応力上昇が大きく引張強さが高いことがわかる．また破断伸びが50%を超えており，伸び能力

が優れていることがわかる．これよりステンレス鋼は引張強さに対する降伏強度の比（**降伏比**）が小さくなり，耐震設計上で重要である部材の変形能力の確保の面で有利な材料と言える．

> **降伏比とは**
>
> 「降伏比＝降伏点／引張強さ」で定義される．この定義より降伏後の応力上昇が大きいほど降伏比が小さくなることが分かる．降伏比は柱や梁のように応力勾配をもつ部材の場合，塑性変形時の塑性化領域の広がりに支配的な意味を持つ．降伏比が高いほど塑性化領域が狭くなり，部材端部などのごく狭い範囲に大きなひずみが強要されることになる．つまり耐震設計上で重要な部材の塑性変形能力の確保に対して不利になる．

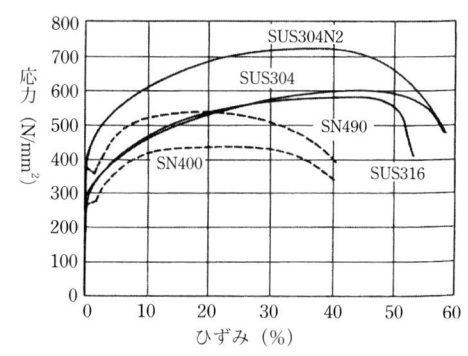

図 8・6 単調引張時の応力ひずみ関係
（ステンレス構造建築協会『ステンレス建築構造設計基準・同解説』，2004 年）

ステンレス鋼のような明瞭な降伏現象を示さない場合の降伏点はある規定された大きさの永久ひずみに対する応力を代用する．通常の鋼材では 0.2% の永久ひずみが用いられ，**0.2% オフセット耐力**と称されている．図 8・7 にその定め方を図示しており，図中の F の縦軸の値が **0.2% オフセット耐力**となる．しかし，ステンレス鋼においては 0.1% オフセット耐力が採用されている．これはステンレス鋼に 0.2% オフセット耐力を適用すると，耐力付近での接線剛性の低下度合いが炭素鋼に比較して大きく，局部座屈を防止する幅厚比の値が相当に厳しくなることが主な理由である．

図 8・8 に示す繰り返し時の応力ひずみ関係からは SUS304 の加工硬化の程度が SS400 に比較して大きいことがわかる．この加工硬化もオーステナイト系ステンレス鋼の特徴である．加工硬化は金属内の転位に関係する現象である．

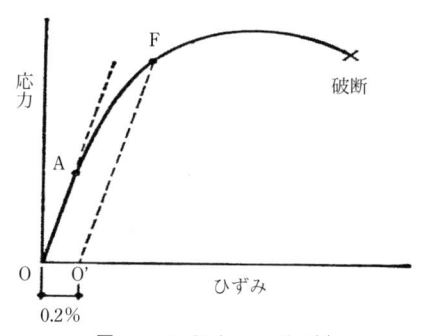

図 8・7 0.2% オフセット耐力
（平野・阿部・藤盛『大学課程 鉄骨構造学』オーム社，1999 年）

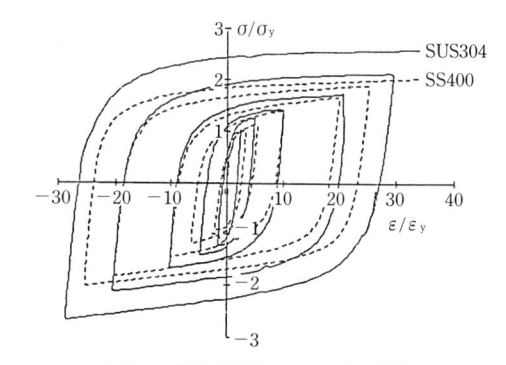

図 8・8 繰り返し時の応力ひずみ関係
（建設省建築研究所「新ステンレス鋼利用ガイドライン」，1995 年）

> **転位とは**
>
> 転位とは金属結晶の原子の配列の乱れた部分であり，線状の結晶欠陥のことである．金属材料の塑性変形はその転位が動いて結晶面にすべりが生ずる現象である．金属に含有されている炭素の一部は結晶内にあり，それは転位と相互に吸引力を有している．転位はその吸引力により動きを制限される．鋼材に力がかかると転位にもせん断力が生じる．そのせん断力がある一定の値を超えると吸引力が壊され，転位が動くことで変形が生じる．これが降伏現象である．降伏後の転位は増殖する性質を有する．よって，降伏後においては転位の数は増すことになる．そうなると転位どうしがもつれあいやすくなる．すなわち転位は動きにくくなり荷重に対する抵抗が増すことになる．これがひずみ硬化または加工硬化と呼ばれる現象である．

② 設計に用いる強度と定数

2000 年の建築基準法の改正によりステンレス鋼は炭素鋼と同じように一般構造材としての扱いを受けるようになった．JIS G 4321「建築構造用ステンレス鋼材」として規格化され，平成 12 年建設省告示第 2464 号で許容応力度と材料強度が定められた．

構造用鋼材としての対象鋼種は SUS304A, SUS316A および SUS304N2A である（ステンレス関連の他の JIS 規格名称と異なり末尾に A が付加されている）．

構造設計で用いられる材料定数と許容応力度を定めるための**基準強度**を表 8·4 に示す．この基準強度は F 値と呼ばれ，材料としてここまで安全だという限界を示す値である．許容応力度設計法は弾性解析と結びついている点からも，各種の許容応力度を定める基準としては降伏点を用いるのが通例になっており，F 値は一般にほぼ降伏点の値になっている．

表 8·4　ステンレス鋼の基準強度

種類	基準強度 (N/mm²)	引張強さ (N/mm²)
SUS304A SUS316A	235	520
SUS304N2A	325	690

降伏点が明瞭でないステンレス鋼などでは所定の永久ひずみの耐力（オフセット耐力）を降伏点に代り用いる．ステンレス鋼では 0.1% オフセット耐力が用いられている．材料の許容応力度や材料強度は規定されたその基準強度 F 値に基づいて定められることになる．

表 8·5 にステンレス鋼の材料定数を示す．同表には参考に炭素鋼（SN400）の値も示している．表 8·5 から分かるようにステンレス鋼のヤング係数は炭素鋼の約 94% 程度で若干小さい．

表 8·5　ステンレス鋼の材料定数(出典：文献 2)

種類	ヤング係数 (N/mm²)	ポアソン比	線膨張係数 (1/℃)
SUS304A SUS316A SUS304N2A	193×10^3	0.3	17.3×10^{-6}
SN400	205×10^3	0.3	11.7×10^{-6}

7）溶接材料

建築基準法 37 条により，建築物の基礎，主要構造部等の部分に使用される材料で平成 12 年建設省告示第 1446 号に指定されているもの（指定建築材料と呼ばれる）は JIS や JAS への適合または大臣認定品とする必要がある．ステンレス鋼の溶接材料も指定建築材料であり JIS 化されている．しかし，これらの JIS には溶着金属の耐力関連の規定がなされていない．

現在一般に用いられるステンレス鋼と溶接材料の組み合わせを表 8·6 に示す．現状のステンレス鋼の溶接施工実績においては被覆アーク溶接，ガスシールドアーク半自動溶接，ティグ溶接やミグ溶接が多く，サブマージアーク溶接の実績はそう多くない．前述したように，これらの溶接材料の JIS（ステンレス鋼溶加棒及びソリッドワイヤ）には強度特性の規定がないため，建築基準法 37 条二号に基づく大臣認定品を使用する必要がある．なお強度の高い溶接部が必要な場合は 309Mo 系の溶接材料が使用されるが，溶接金属が火災等による高温の履歴を受けると著しい脆化を生じるため，注意が必要である．

> [補足] **溶着金属とは**
> 溶着金属とは溶加材（溶接棒など）から移行した金属のこと．ちなみに溶接金属とは溶融母材と溶着金属をあわせたもの．

表 8·6　推奨溶接材料（ステンレス構造建築協会『ステンレス建築構造設計基準・同解説』, 2004 年）

鋼材		種別	被覆アーク溶接棒	フラックス入りワイヤ	溶加棒およびソリッドワイヤ	サブマージアーク溶接ワイヤ
SUS304A SCS13AA-CF	SUS304A SCS13AA-CF SUS304N2A	指定材料	D308 (BD308) D309Mo (BD309Mo)	YF308 (BYF308) YF309Mo (BYF309Mo)	—	S308 (BS308)
		認定材料	BD308L BD309MoL	BYF308L BYF309MoL	BY308 BY308L BY309Mo BY309MoL	
SUS316A	SUS316A SUS304N2A	指定材料	D316 (BD316) D309Mo (BD309Mo)	YF316 (BYF316) YF309Mo (BYF309Mo)	—	S316 (BS316)
		認定材料	BD316L BD309MoL	BYF316L BYF309MoL	BY316 BY316L BY309Mo BY309MoL	
SUS304N2A	SUS304N2A	指定材料	—	—	—	—
		認定材料	BD308N2	BYF308N2	BYF308N2	BS308N2
SUS304A SCS13AA-CF	SUS316A	指定材料	D308 (BD309)	YF308 (BYF308)	—	S308 (BS308)
		認定材料	BD308L	BYF308	BY308 BY308L	
SUS304A	炭素鋼 400N/mm²級 490N/mm²級	指定材料	D309 (BD309) D309Mo (BD309Mo)	YF309 (BYF309) YF309Mo (BYF309Mo)	—	(S309(BS309))
		認定材料	D309L BD309MoL	BYF309L BYF309MoL	BY309 BY309L BY309Mo BY309MoL	
SUS316A	炭素鋼 400N/mm²級 490N/mm²級	指定材料	D309 (BD309) D309Mo (BD309Mo)	YF309 (BYF309) YF309Mo (BYF309Mo)	—	(S309(BS309))
		認定材料	D309L BD309MoL	BYF309L BYF309MoL	BY309 BY309L BY309Mo BY309MoL	
SUS304N2A	炭素鋼 400N/mm²級 490N/mm²級	指定材料	D309Mo (BD309Mo) D309 (BD309)	YF309Mo (BYF309Mo) YF309 (BYF309)	—	—
		認定材料	BD309MoL BD309L	BYF309MoL BYF309L	BY309Mo BY309MoL BY309 BY309L	

B で始まる溶接材料の種類は，SSBS201「建築構造用ステンレス鋼溶接材料」規格である．

8）高力ボルト接合

1 高力ボルトの材料

　ステンレス鋼高力六角ボルト・六角ナットおよび平座金のセットは建築基準法上は JIS B 1186「摩擦接合用高力六角ボルト・六角ナットおよび平座金のセット」の F10T となる．しかし，JIS B 1186 では，素材の化学成分やその製造方法は特に規定されていない．そのため使用可能なステンレス鋼の高力ボルトセットをステンレス構造建築協会規格 SSBS 301「構造用ステンレス鋼高力六角ボルト・六角ナット・

平座金のセット」に適合した析出硬化系のSUS630とした．このステンレス構造建築協会規格SSBS 301には高力ボルトの熱処理など加工法についても規定されている．また，同規格の10T-SUSは炭素鋼高力ボルトセットのF10Tに相当する強度を確保することとし，0.2％オフセット耐力は900N/mm²以上，引張強さは1000〜1200N/mm²としている．ただし，遅れ破壊に対する配慮から引張強さの上限を1150N/mm²程度に抑える努力がなされている．規定されているボルト径はこれまでの生産実績からM12〜M24となっている．これ以上のボルト径については今後の開発を待つこととなる．

2 摩擦接合

ステンレス鋼は優れた耐食性を有するため通常の環境下では摩擦面が赤さびの状態になることはない．そのため高力ボルト接合を用いる場合はその部位に表面処理を施すことで所定のすべり係数を確保する必要がある．表面処理としては無機ステンレス粉末入塗料塗装やプラズマ溶射等がある．適切に表面処理を行えばすべり係数0.45を十分に確保できる．

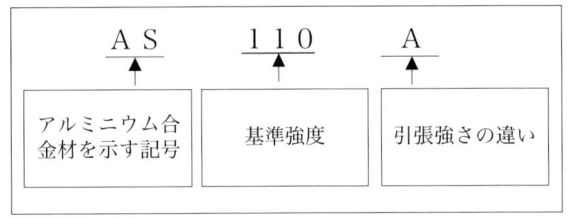

8・2 アルミニウム合金材

アルミニウム合金材は銅，マンガン，ケイ素などと合金とすることで強度などの特性の向上を図った金属である．軽量で加工性や耐食性の面で優れた特性を有する．また溶接も可能であるが熱伝導がよいことや酸化皮膜の影響で比較的高度な技術が要求される．

アルミニウム合金材は建築ではサッシや外装材等に多く用いられてはいるが建築構造材としての使用実績はそれほど多くない．しかし，2002年の国土交通省告示の公布・施行によりアルミニウム合金造の建物は炭素鋼の建物と同様に特別な手続きを行わなくても建築可能になった．今後の発展が期待される材料である．

1) 種類

アルミニウム合金材を建物の構造耐力上主要な部材に用いる場合にはJIS規格に適合している表8・7に示すAS材を用いることになる（アルミニウム建築構造協議会「アルミニウム建築構造設計・同解説」参照）．表中の呼称で記号ASは建築用アルミニウム合金材を示している．またAS後の数値は材料のF値を表し，呼称末尾のA,Bは引張強さの違いを示す．

```
 AS        110        A
 ↑         ↑         ↑
アルミニウム合金    基準強度    引張強さの違い
材を示す記号
```

図8・9　アルミニウム合金材の呼称

表8・7　アルミニウム合金材の呼称・材質

呼称	板材の材質	押出材の材質
AS110	—	A6063-T5
AS110A	A5083-H112 A5083-O	A5083-H112 A5083-O
AS110B	A5052-H112	—
AS130	A3005-H24	—
AS145	A3004-H32	—
AS165	—	A6063-T6
AS175	A5052-H34	A6N01-T5
AS210	A5083-H32	A6061-T6 A6N01-T6 A7003-T5
AS240	—	KA6082-T6

（アルミニウム建築構造協議会『アルミニウム建築構造設計基準・同解説』，2007年）

表8・8に各材質の基準強度と引張強さを示す．ステンレス鋼と比較すると降伏比の高いことが同表から読み取れる．炭素鋼では記号の後の数値は引張強さを表しているが，アルミニウム合金材においては基準強度すなわちF値を示しているという違いがある．

表8・8　基準強度と引張強さ

アルミニウム 合金材の呼称	基準強度F (N/mm²)	引張強さ (N/mm²)
AS110	110	145
AS110A	110	275
AS110B	110	195
AS130	130	165
AS145	145	195
AS165	165	205
AS175	175	225
AS210	210	265
AS240	240	310

（アルミニウム建築構造協議会『アルミニウム建築構造設計基準・同解説』，2007年）

2） 耐食性

アルミニウムは電気化学的に活性が高いものの，ステンレス鋼と同様に，表面に生成する酸化皮膜により良好な耐食性を有する．しかし，厳しい腐食環境に置かれる場合は酸化皮膜が破壊する場合もあり注意が必要である．特に建築構造材の用途においては異種部材と機械的接合する場合の接触腐食に留意する必要がある．異種材料の接合要素間で直接の接触を防止するために溶融亜鉛めっきまたは電気亜鉛めっき等のめっき処理を施した接合材料を用いる必要がある．

3） 溶接性

アルミニウム合金材に溶接接合は通常イナートガスアーク溶接が用いられ，ティグ溶接またはミグ溶接に分類される．ティグ溶接は不活性ガス雰囲気中でタングステン電極と母材との間にアークを発生させ，そのアーク熱により母材および溶接棒を溶融して接合する方法である．ミグ溶接は不活性ガス雰囲気中で電極となる溶接ワイヤを連続的に送り，その先端を母材との間にアークを発生させ母材とワイヤを溶融して接合する方法である．溶接材料は母材と一緒に溶かして加える金属，アークを発生させる電極棒と溶融したアルミニウムの酸化を防ぐためのアルゴンガス等が必要であり，これらの溶接材料はJISに規定されている．

アルミニウム合金材は溶接に伴う加熱により軟化し降伏耐力が低下する．アルミニウム建築構造協議会『アルミニウム建築構造設計基準・同解説』(2007年)では溶接部の軟化域を図8・10に示すように定め，その部分の基準強度を表8・9に示すように別に定めている．表8・8と表8・9の比較から，AS110A以外は基準強度が低減されていることが分かる．これはAS110A以外のアルミニウム合金材は熱処理や加工硬化処理により耐力を高めているためである．これより部材の構造設計においては，例えば引張材の設計を考えた場合に材長に沿った方向に溶接線がある場合と直行する場合とでは耐力が異なることになるので注意が必要である．

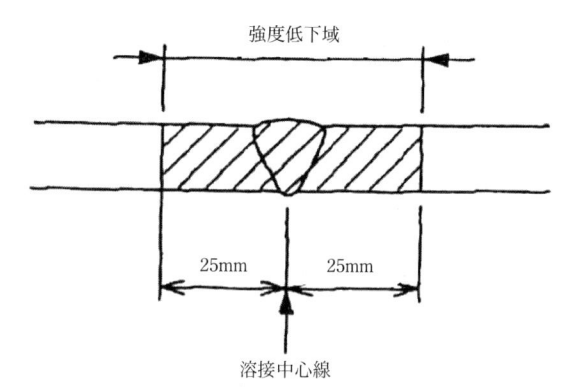

図8・10 溶接による強度低下範囲
（アルミニウム建築構造協議会『アルミニウム建築構造設計基準・同解説』，2007年）

表8・9 溶接部の基準強度

アルミニウム合金材の呼称（括弧内は材質）	基準強度 Fw (N/mm²)	引張強さ (N/mm²)
AS110	50	115
AS110A	110	265
AS110B	65	175
AS130	45	120
AS145	60	155
AS165	50	115
AS175 （A5052-H34）	65	175
（A6N01-T5）	100	145
AS210 （A5083-H32）	110	265
（A6061-T6）	110	145
（A6N01-T6）	100	145
（A7003-T5）	155	245
AS240	110	160

（アルミニウム建築構造協議会『アルミニウム建築構造設計基準・同解説』，2007年）

4） 物理的特性

アルミニウム合金材はその種類により種々の特性を有し，ヤング係数，ポアソン比，線膨張係数および比重等の物理特性値も僅かに異なる．僅かな差や詳しい数値が必要な場合は別であるが，建築の構造設計で用いる材料定数については表8・10に示す値を用いることになっている．

表8・10 アルミニウム合金材の材料定数

	ヤング係数 (N/mm²)	ポアソン比	線膨張係数 (1/℃)	比重
アルミニウム合金材	70×10^3	0.3	24.0×10^{-6}	2.70
SN400	205×10^3	0.3	11.7×10^{-6}	7.85

（アルミニウム建築構造協議会『アルミニウム建築構造設計基準・同解説』，2007年）

炭素鋼と比較すると比重，ヤング係数およびせん

断弾性係数が約 1/3 で線膨張係数が約 2 倍である．これらの材料定数からアルミニウム合金材は炭素鋼に比較して軽量であるが変形しやすい特性を有することが分かる．

5）力学的特性

アルミニウム合金材の応力ひずみ関係は炭素鋼と異なり明瞭な降伏点は表れない．アルミニウム合金材の素材試験結果例を図 8・11 に示している．この図から応力は降伏後になだらかに上昇する性状を示すことがわかる．いわゆる**ラウンドハウス形**と呼ばれるものである．

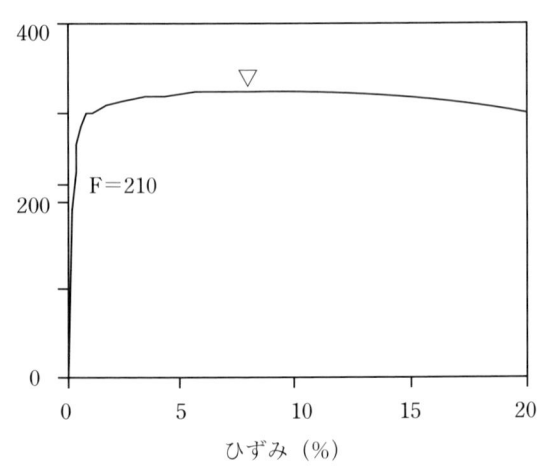

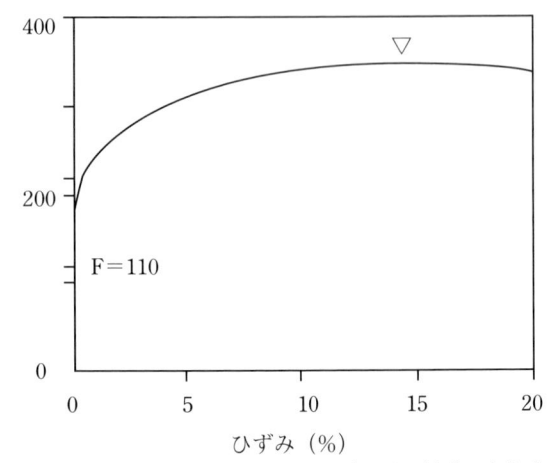

図 8・11　アルミニウム合金材の応力ひずみ関係（出典：文献 4）

通常は明瞭な降伏点の表れない材料の基準強度は 0.2% オフセット耐力を採用して定めている．しかし，アルミニウム合金材は降伏比が高いものが多く，0.2% オフセット耐力を基準強度とすると降伏後の余力がほとんどなく，変形量も過大になる可能性がある．よって，アルミニウム合金材の基準強度は 0.2% オフセット耐力と引張強さの 80% の値を比較し低い値を採用することにしている．

6）機械的接合

アルミニウム合金材の接合要素は鉄骨構造の接合と同様にボルト，高力ボルト，ターンバックルなどが用いられる．またアルミ合金の特性を生かした板厚の薄い材料を組み合せて構成する場合もあり，タッピングネジやブラインドリベット等も用いられる．

アルミニウム合金製リベットを用いた接合は冷間でのリベット締めが可能で，溶接のように部材が熱影響を受けず熱ひずみや強度低下を生じない利点を有する．これらの接合要素は基本的には種類，寸法，形状，材料強度，品質などが JIS に規定されているがブラインドリベット等の品質ついては JIS 化はされていない．リベット材の基準強度と引張強さを表-8・11 に示す．

表 8・11　リベットの基準強度

アルミニウム合金製リベットの種類	基準強度 F (N/mm^2)	引張強さ (N/mm^2)
AR115	115	175
AR145	145	225
AR170	170	265
AR190	190	295

（アルミニウム建築構造協議会『アルミニウム建築構造設計基準・同解説』，2007 年）

ブラインドリベットは片側からの作業で接合可能なことや接合が省スペースで可能など施工上の長所を有する．しかし，上記のように JIS に品質が規定されていないことから構造耐力上主要な部分に使用する場合の許容耐力等は『アルミニウム建築構造設計基準・同解説』に示されるように実験により評価する必要がある．また大臣認定を得る必要がある．

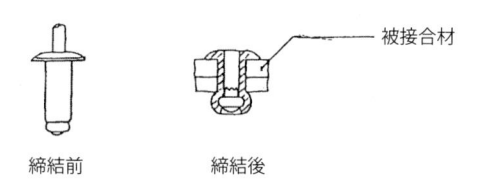

図8・12 ブラインドリベットの形状例
(アルミニウム建築構造協議会『アルミニウム建築構造設計基準・同解説』, 2007年.)

参考文献

1 建設省建築研究所「建設省総合技術開発プロジェクト 建設事業への新素材・新材料利用技術の開発 新ステンレス鋼利用ガイドライン」, 1995年.
2 ステンレス構造建築協会『ステンレス建築構造設計基準・同解説』, 2004年.
3 ステンレス協会『ステンレス条鋼製品の手引き』, 1986年.
4 アルミニウム建築構造協議会『アルミニウム建築構造設計基準・同解説』, 2007年.

練習問題 8.1 次の記述のうち，**最も不適当なも**のはどれか．

1. オーステナイト系ステンレス鋼 SUS304 の比重は炭素鋼 SN400 に比較して僅かに大きい．
2. オーステナイト系ステンレス鋼 SUS304 と炭素鋼 SN400 の異種金属接合で流電腐食が生じた場合は SN400 が腐食する．
3. 炭素鋼 SN400 の引張強さは約 400N/mm² 以上である．同様にオーステナイト系ステンレス鋼 SUS304 の引張強さは 304N/mm² 以上である．
4. オーステナイト系ステンレス鋼 SUS304 の線膨張係数は炭素鋼 SN400 より大きいことから溶接時の熱による変形に留意する必要がある．

練習問題 8.2 次の記述のうち，**最も不適当なも**のはどれか．

1. アルミニウム合金材にて建物を新築する場合，国土交通大臣の認定は不要である．
2. 炭素鋼 SN400 の引張強さは 400N/mm² 以上である．同様にアルミニウム合金材 AS110 の引張強さははぼ 110N/mm² 以上となる．
3. アルミニウム合金材 AS110 の比重は炭素鋼 SN400 に比較して約 1/3 程度の値である．
4. アルミニウム合金材の溶接は可能であるが溶接部の基準強度が低減しなければならない材質がある．

練習問題 8.3 次の記述のうち，**最も不適当なも**のはどれか．

1. ステンレス鋼は錆が生じにくいため高力ボルト摩擦接合に用いるすべり係数は 0.2 以下としなければならない．
2. アルミニウム合金材の構造耐力上主要な部分にブラインドリベットを用いた接合を採用する場合は国土交通大臣の認定が必要になる．
3. AS110A 材以外のアルミ合金材の溶接部は適切な施工管理を実施した場合においてもその基準強度を低減する必要がある．
4. アルミニウム合金材の F 値は 0.2% オフセット耐力と引張強さの 80% の値を比較して低い値を採用する．

練習問題 8.4 次の記述のうち，**最も不適当なも**のはどれか．

1. アルミニウム合金材の比重は炭素鋼に比較して小さい．
2. アルミニウム合金材の呼称は AS から始まる．
3. アルミニウム合金材の呼称の数値は基準強度を示す．
4. クロム系の SUS410 は焼き入れ硬化しない．

第9章　タイル・れんが

9・1　建築用セラミックス

セラミックスとは「非金属・無機材料で、製造工程において高温処理を受けたもの」と定義される。狭い意味では粘土を用いた**陶磁器**のことをいうが、広い意味では、ガラスやセメント、琺瑯、炭素製品なども含まれる。建築に用いられるセラミック製品としては、タイルやれんが、瓦などの"セラミック系張仕上材"と、大小便器や手洗器、浴槽、流しなどの衛生陶器がある。これらの代表的なセラミック製品は「**建築用セラミックス**」と呼ばれることもある。建築用セラミックス材料の共通点は"粘土を材料とした**焼成品**(焼き物)"ということであり、基本的な製造工程は類似している。

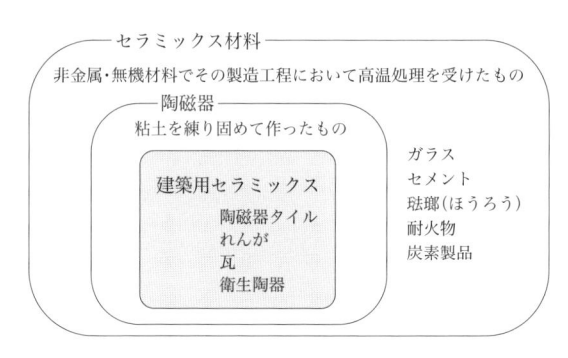

図9・1　セラミックス材料の分類

1) 粘土鉱物

粘土とは地層中から得られる焼き物の素材になる「粘っこい土」のことである。その厳密な定義は陶工や土壌・農学、セラミック工学、地質（堆積）学、鉱物学などの分野により必ずしも一致しないが、建築材料学における粘土の定義としては、「岩石の風化によって生じた微細な含水アルミナケイ酸塩を主成分とする土状混合物で、湿潤状態で可塑性を生じ、乾燥するか焼成すると固くなるもの」というものが一般的である。

粘土を構成している粘土鉱物として代表的なものには、カオリナイト（高陵石）、モンモリナイト、セリサイト（絹雲母）、タルク（滑石）などがあり、これらは地殻を構成する種々の火成岩・堆積岩・変成岩などが、風化作用や堆積作用、続成作用、熱水作用などを受けることによって生じる。

粘土には、風化した場所に堆積した残留粘土と、水や風の作用により他の場所に移動して堆積した沈積粘土とがある。沈積粘土には有機不純物やその他の夾雑物を含むものが多い。粘土の主成分はシリカ（SiO_2）とアルミナ（Al_2O_3）であるが、その他に鉄分、石灰、マグネシア、有機不純物などが含まれている。一般に、シリカ、アルミナ以外の夾雑物が多くなると焼成時の溶融温度が低くなり焼成品の品質が低下する。

2) 施釉

表面保護と美観向上のために、粘土製品には一般的に**施釉**と呼ばれる表面処理が施される。施釉はくすりがけとも呼ばれ、釉薬（うわぐすり）と呼ばれる粘土や灰などを水に懸濁させた液体が用いられる。施釉により、焼成後に製品の表面にガラス質の皮膜が形成され、水漏れを防いだり、汚れが付きにくくなるといった性質が得られる。ただし、れんがには施釉は行われない。

3) 粘土の焼成

焼成とは粘土を窯で加熱して石質にすることをいう。焼成することにより粘土中の鉱物が溶融し、冷却後には強度の大きな焼成品ができあがる。

固体粉末の集合体を融点よりも低い温度で加熱すると固まって焼結体と呼ばれる緻密な物体になるが、焼成とは焼結を目的とした加熱処理工程のことと言

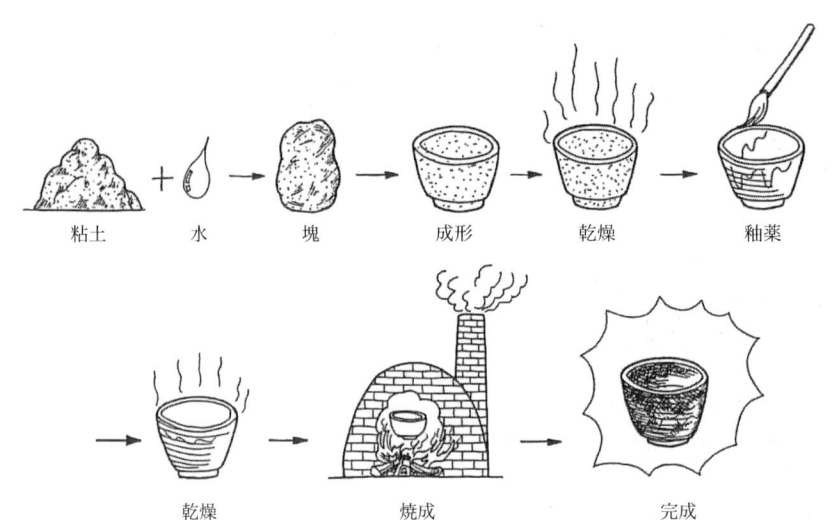

図9・2 焼成品(焼き物)の製造工程 (松本進『図説やさしい建築材料』学芸出版社, 2007年, p.95)

える．焼成品の品質に影響を及ぼす重要な要素を表9・1に示す．一般的な焼成品の製造工程を図9・2に示す．

表9・1 焼成品の品質に影響を及ぼす要素

鉱物	焼結温度は鉱物の化学組成に大きく依存する
粒度分布	微細な粒子ほど焼成は容易である
充填密度	粒子が高密度になるほど焼成品の品質に与える影響が大きくなる
乾燥	原料が乾燥中に受ける収縮が大きいほど焼成強度は上昇する
焼成温度・焼成時間	焼成温度と焼成時間は相反関係にある
冷却速度	焼成素地の結晶応力の状態に影響を与える
焼成中の雰囲気	酸化，中性，還元の3種に分けられ素地の化学組成に影響を与える

9・2 タイル

1) タイルの歴史

タイルの歴史は古く紀元前3500年頃，エジプトで今日の施釉タイルに近いものがつくられており，6世紀頃にはイスラム教の勃興とともに，エルサレムなどのモスクや宮殿建築に色彩鮮やかな施釉タイルやモザイクタイルが用いられている．17世紀にはスペインで熟成した焼き物の技術がルネッサンス期のイタリアにもたらされ，マジョリカ陶器を生み，その技法はタイルにも応用され発達が進んだ．18世紀にはタイルの製造がヨーロッパ全土に広がり，産業革命によって大量生産されるようになった．

日本では，1863年に長崎のグラバー邸の暖炉にイギリスからの輸入タイルが使われたのが初めとされている．1908年には乾式成形法によるタイルが製造されるようになり，1922年には，それまで，敷瓦，腰瓦，壁瓦，張付化粧れんがなどのさまざまな呼び名が使われていたものが，タイルという名称に統一された．

2) 製造法

タイルは粘土に，陶石，ろう石，長石などの原料を微粉砕したものを加えて練り混ぜ，成形したものを焼成することによって製造する．成形の方法には乾式法と湿式法がある．乾式法では，吸水率が小さいため製品寸法にばらつきが少ないという利点があり，外装**磁器タイル**・内装タイル・モザイクタイルなどの製法として用いられている．乾式法の製造工程を図9・3に示す．湿式法は，大型のものが製造可能であり，外装タイルやクリンカータイルなどを製造する場合に用いられる．

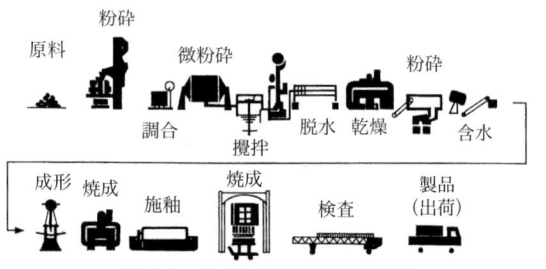

図9・3 タイルの製造工程(乾式法)
(松本進『図説やさしい建築材料』学芸出版社, 2007年, p.115)

表9・2 タイルの分類

素地による分類	焼成温度	素地	叩いた時の音
磁器質タイル	1250℃以上	白色,投光性あり,ほとんど吸水しない	金属性の音
せっ器質タイル	1200℃前後	有色,堅い,やや吸水する	清音
陶器質タイル	1000℃以上	多孔質,吸水性あり,通常は釉薬を使用	濁音
用途による分類	建物での使用部位	厚さ	素地
外装タイル	外壁	8mm～24mm	磁器質・せっ器質
内装タイル	内壁	5mm～15mm	磁器質・せっ器質・陶器質
床タイル	内・外部の床	7mm～18mm	磁器質・せっ器質
モザイクタイル	内・外部の壁・床	7～8mm	磁器質
表面仕上げによる分類	釉薬		
無釉タイル	なし	素焼きともいう	
施釉タイル	あり	陶器質のタイルには必ず施釉する	

3) 分類

建築材料として用いられるタイルは,内装タイル,外装タイル,床タイル,モザイクタイルの4種類からなる.用途による分類,釉薬の有無による分類を表9・2に示す.

4) 品質基準

タイルの品質基準はJIS A 5209（陶磁器質タイル）により,素地の吸水による状態から以下のように分類されている.

・磁器質　吸水率1％以下
・せっ器質　吸水率5％以下
・陶器質　吸水率22％以下

5) 形状・寸法

タイルの目地心から目地心までの寸法をモジュール呼び寸法という.伝統的なタイルのサイズとして,小口タイル108mm×60mm,二丁掛けタイル227mm×60mmが多く使用されている.タイルの種類,形状を図9・4～図9・6に示す.

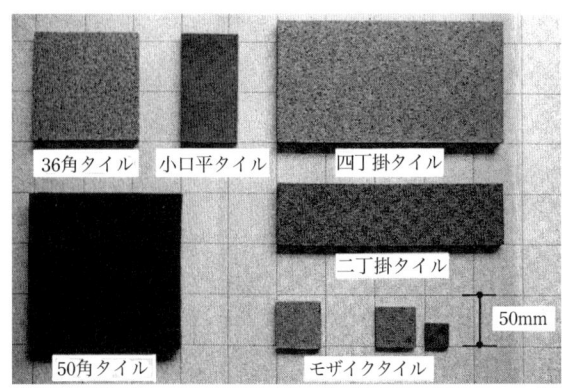

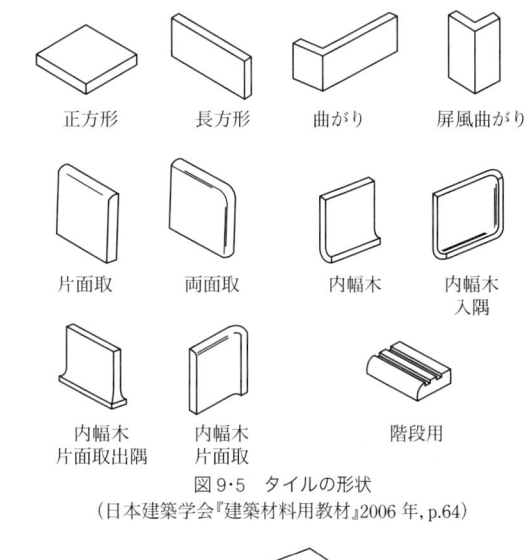

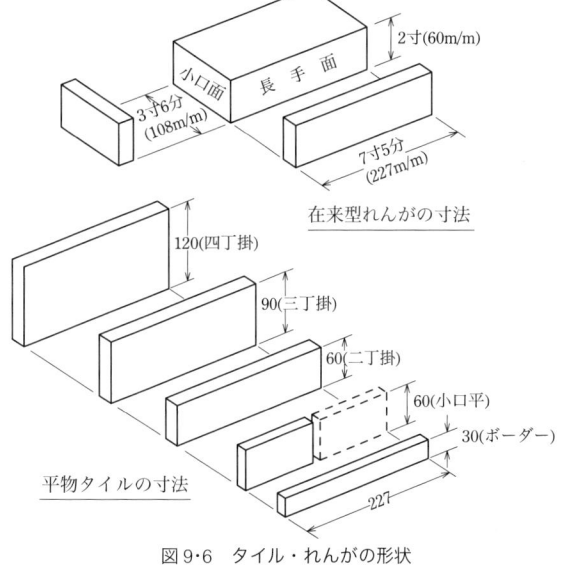

図9・4　タイルの種類

図9・5　タイルの形状
（日本建築学会『建築材料用教材』2006年,p.64）

図9・6　タイル・れんがの形状
（日本建築学会『建築材料用教材』2006年,p.64）

9・3 れんが

1) れんがの歴史

れんがは人類の作り出した最古の建築材料といわれている．古代エジプトでは肥沃な土を練り上げて成形し，太陽の熱で乾燥させて作る日乾しれんがが用いられていた．メソポタミア文明では，硬く強度の大きな窯焼きれんがが作られた．中世ヨーロッパでは，石材と同様に組積造として建築の構造材・仕上げ材として広く利用された．

日本で最初にれんがが使用されたのは，1857年オランダ人のハルデスの設計による長崎製鉄所であり，その後，イギリス人建築家のウォートルスにより銀座れんが街が完成した．しかし，1923年の関東大震災を機に構造材料としてのれんがは使用されなくなり，鉄筋コンクリート造に移行していった．焼き物としての美しさや耐久性の向上を求めて，戦後の近代建築の中では，主に仕上材として使用されている．れんが建築には歴史的にも貴重なものが数多くあり，大切に保存されている（図9・7）．

図9・7 歴史的れんが建築（東京駅）

2) 製造法

れんがの製造工程は，①原料調合，②配合練混ぜ，③成形，④乾燥，⑤焼成，⑥冷却，⑦検査からなる．原料は数種類の岩石鉱物と粘土鉱物を調合したものからなり，配合練混ぜ工程において坯土（陶磁器の素地を作る土）を均質にする必要がある．成形工程において原料は，湿式練成機で20〜25%含水率に調整され，真空成型が行われる．焼成は一般に**トンネルキルン**（予熱・焼成・冷却の3帯から構成される連続式のトンネル型の窯）において，酸化または還元焼成が行われる．

3) れんがの種類

れんがには普通れんが，建築用れんが，耐火れんががある．普通れんがが900〜1000℃の比較的低温で焼成されるのに対して，建築用れんがは1000〜1350℃の温度で焼成される．耐火れんがは1600〜2000℃の高温で焼成される．

4) 品質基準

建築用れんがの品質基準として，JIS A 5213（建築用れんが）において，素地の圧縮強度（68.6，49.0，29.4，19.6N/mm^2），吸水率（8，12，16%未満）により区分がなされている．普通れんが（いわゆる赤れんが）はJIS R 1250（普通れんが）で，圧縮強度（19.6，14.7，9.8N/mm^2）や吸水率により1種〜3種の区分が規定されている．**耐火れんが**は，炉のライニング材などに用いられる耐火度の高いれんがであり，JISではゼーゲルコーン26番（SK26，1580度）以上の耐火度のものに限定されている．JIS R 2001，2101，2302などに耐火れんがの一般通則や形状・寸法，材種，試験方法などが示されている．

5) 形状・寸法

普通れんがはその形状により図9・8に示すような種類に分類される．また，断面形状からS中実，P孔あき，H空洞の3種類に分類される（図9・9）．

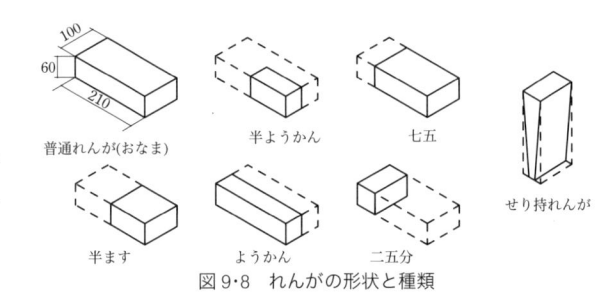

図9・8 れんがの形状と種類

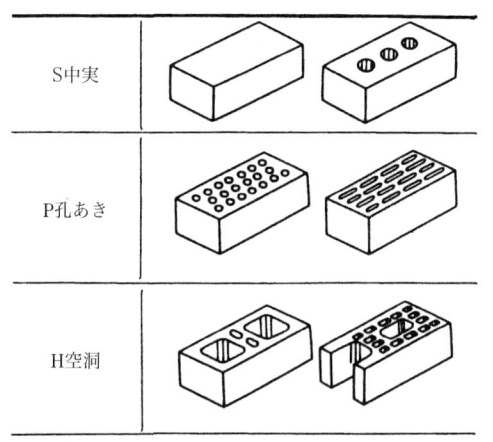

図9・9　れんがの断面形状による分類

図9・10　瓦屋根の民家

9・4　瓦

1) 瓦の歴史

瓦は独特の美しさを持ち，伝統を生かしたディテールとともに現在も重要な建築材料のひとつである．その歴史は，古代オリエント地方にさかのぼる．古代中国の周時代（紀元前800年頃）にも瓦が使われていたことが知られている．6世紀には仏教伝来に伴って瓦が日本にも伝えられ，寺院や城に使われるようになった．江戸になると一般家屋に使用されるようになり，日本の文化や気候風土に合うように改良され，現在にいたる．

2) 瓦の種類

瓦は形状によって日本瓦と洋瓦に大別され，焼成方法によって，いぶし瓦，釉薬瓦，塩焼き瓦，素焼瓦に分類される．図9・11に瓦の形状による分類を示す．

3) 製造方法

瓦の製造工程は，①粘土採掘，②配合土練り，③成形，④乾燥，⑤施釉，⑥焼成，⑦選別，⑧出荷，からなる．最近では，高圧プレス機や自動施釉などによる自動化が進み，1100〜1150℃でトンネルキルンで焼成される．

4) 品質基準

瓦の品質基準は，JIS A 5208（粘土瓦）により，

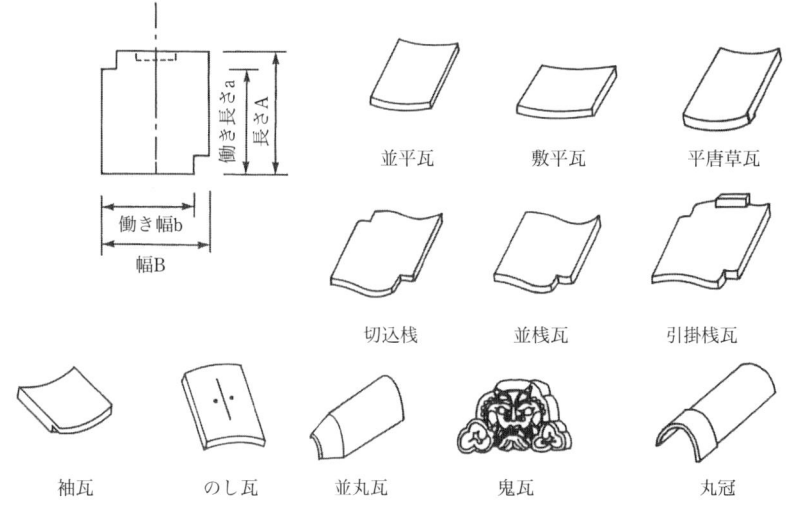

図9・11　瓦の種類（『初めての建築材料』学芸出版社，2007年，p.119）

表9·3に示すようにその等級が規定されている．

表9·3 瓦の品質基準

等級	吸水率（％）		曲げ破壊荷重(kN)		打音	光沢
	いぶし瓦	釉薬瓦	いぶし瓦	釉薬瓦		
1級	20以下	12以下	1.18以上	1.37以上	清音	優良
2級	22以下	14以下	1.18以上	1.18以上	清音	普通
3級	24以下	16以下	0.78以上	0.98以上	濁音	劣

9·5 衛生陶器

衛生陶器とは，陶磁器質の大小便器，洗面器，浴槽，流しなどの衛生設備に使われる器具類のことである．衛生器具は衛生面や美的な点，また耐久性の面からも吸水の少ないものが要求され，金属，石，人造石，琺瑯，プラスチック等が使用されているが，腐食，摩耗，清掃の点から陶器が最も優れ，広く利用されている．

1）製造工程

衛生陶器の製造工程は，①原料の調整，②微粉砕，③流し込み成形，④脱型，⑤乾燥，⑥施釉，⑦焼成，⑧検査，からなる．

2）品質と性能

衛生陶器の品質の検査方法を以下に示す．
- 浸透度　インク試験により浸透度3mm以下
- 耐急冷性　急冷試験によるひびわれの有無
- 耐貫入性　貫入試験

衛生陶器に求められる性能を以下に示す．
- 洗浄性能　洗浄試験によるインクのあと
- 排出性能　排水路試験
- 水封性能　漏水試験，漏気試験

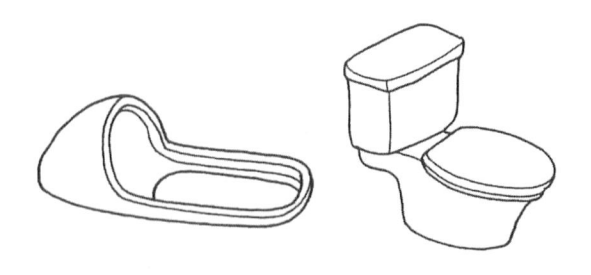

図9·12 衛生陶器（和式・洋式便器）
(松本進『図説やさしい建築材料』学芸出版社，2007年，p.94)

焼き物の色と酸化・還元反応

陶芸の世界では焼き物を"火の芸術"と呼ぶことがある．焼成時の火の強さや温度，時間などにより焼成品の色調が微妙に変化するため，人は"火の神"とに願い窯に粘土を入れ，偶然性によって生み出される素晴らしい色彩の作品を神秘的なものとしてあがめてきたのだろう．ところで，焼き物の色に強く影響を及ぼす因子として，酸化焼成，還元焼成というものがある．酸化焼成とは，空気が存在する状態で焼成した場合を言い，逆に酸素の供給を制限した状態，つまり不完全燃焼の火炎での焼成を還元焼成と呼ぶ．この場合焼成中に一酸化炭素が発生し，釉薬に含まれる酸化鉄は，

$$CO + Fe_2O_3 \rightarrow CO_2 + Fe_2O_3 (= 2FeO)$$

という還元反応を起こし，FeO（酸化鉄Ⅰ）により青っぽい焼き物をつくることができる．他方，酸化焼成では釉薬中の酸化鉄をそのままにすることで，茶色っぽい焼き物ができあがる．

練習問題 9.1 タイルに関する次の記述のうち，**最も不適当な**ものはどれか．

1. 施釉タイルとは，表面に釉薬を塗って焼成したタイルのことで，表面のガラス質の皮膜により漏水の防止効果が期待できる．
2. タイルの原材料は，岩石の風化によって生じた土状混合物であり，その主成分はシリカ，アルミナである．
3. 建築物の外壁に用いられるタイルは，貼付化粧れんがとも呼ばれ，セラミックス材料には分類されない．
4. タイルとれんがはともに粘土を材料とした焼成品であり，基本的な製造工程は，成型→乾燥→焼成と類似している．

練習問題 9.2 れんが・瓦に関する次の記述のうち，**最も不適当な**ものはどれか．

1. 古代エジプトでは肥沃な土を練り上げて成型した日乾しれんがが用いられていた．
2. 耐火れんがは1000℃以下の比較的低温で焼成される．
3. れんがの製造における配合練混ぜ工程では，材料となる坏土を均質にする必要がある．
4. 近年では瓦の製造は，機械化が進み，トンネルキルンと呼ばれる予熱・焼成・冷却の連続式のトンネル型の窯により焼成が行われる．

練習問題 9.3 外壁のタイル工事に関する次の記述のうち，**最も不適当な**ものはどれか．

1. 縦壁スライド工法によるALCパネルのタイル張りにおいて，タイルをパネルの目地にまたがらないように割り付け，タイル面の縦方向の伸縮調整目地を「パネルの伸縮調整目地の位置」及び「パネル8枚以内ごと」に設けた．
2. 下地調整モルタルの施工に当たって，塗り付け場所の気温が3℃以下になることが予想されたので，仮設暖房により施工面の養生を行った．
3. タイル後張り工法において，タイルの剥離防止のために，タイルの目地の深さについては，タイル厚さの1/2以下になるまで目地モルタルを充填した．
4. タイル後張り工法において，タイルの接着強度を確認するための接着力試験の試験体の数については，100m^{2}につき1個以上とし，かつ，全面積で3個以上とした．

第10章　ガラス・石

10・1　ガラス

　ガラスとは，二酸化ケイ素（SiO_2）などを主成分とする高温の液状体を冷却し，結晶を生じることなく，固体状態になった物質である．ガラス製造の歴史は古く，有史以前にさかのぼることができるが，建築に使われ始めたのは紀元後である．わが国におけるガラスの製造およびその建築への利用は，明治以後で，その歴史は浅いが，現在の日本は，世界で有数のガラス生産国である．また，ガラスは鋼，セメントと並んで現代建築になくてはならない材料の一つである．

　ガラスには多くの種類があるが，表面は平滑で美しく，ガラスの多くは透明で，硬くて薬品にも侵されにくい．このような特性を利用して窓ガラスなどに幅広く利用されている．

1) ガラスの種類と製法
1 ガラスの種類

　ガラスの種類は，非常に多く，化学成分，製造方法，製品形態などで分類される．

図10・1　建築用ガラスの種類

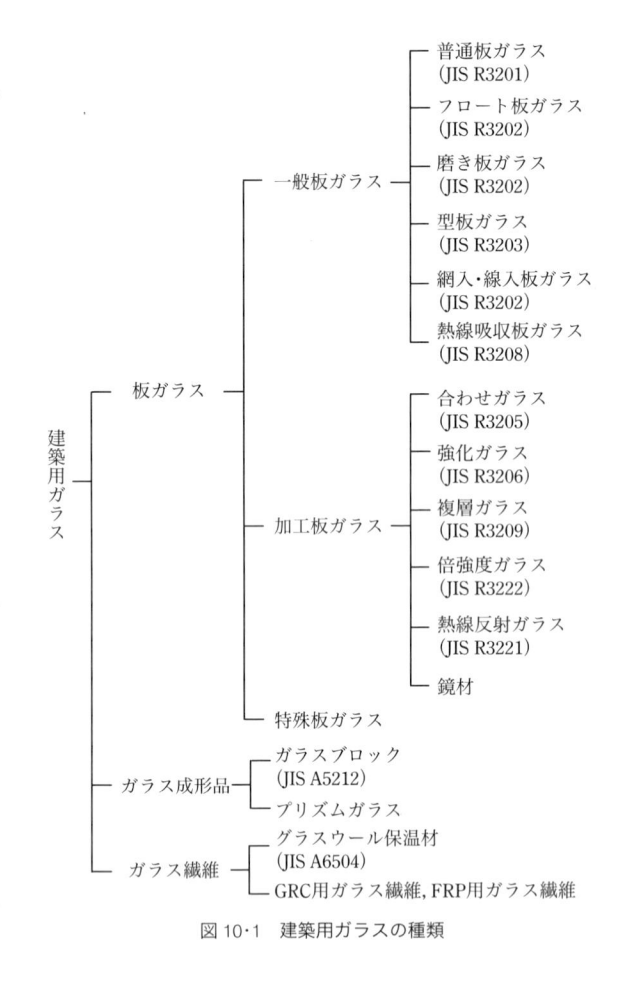

建築用ガラス
- 板ガラス
  - 一般板ガラス
    - 普通板ガラス（JIS R3201）
    - フロート板ガラス（JIS R3202）
    - 磨き板ガラス（JIS R3202）
    - 型板ガラス（JIS R3203）
    - 網入・線入板ガラス（JIS R3202）
    - 熱線吸収板ガラス（JIS R3208）
  - 加工板ガラス
    - 合わせガラス（JIS R3205）
    - 強化ガラス（JIS R3206）
    - 複層ガラス（JIS R3209）
    - 倍強度ガラス（JIS R3222）
    - 熱線反射ガラス（JIS R3221）
    - 鏡材
  - 特殊板ガラス
- ガラス成形品
  - ガラスブロック（JIS A5212）
  - プリズムガラス
- ガラス繊維
  - グラスウール保温材（JIS A6504）
  - GRC用ガラス繊維, FRP用ガラス繊維

表10・1　化学成分によるガラスの分類（日本建築学会『建築材料用教材』2006年，p.110）

種類（別称）	成分例（%）		特徴	用途
ソーダ石灰ガラス 板ガラス びんガラス	SiO_2: 70.4 CaO: 13.3 Fe_2O_3: 0.2	Na_2O: 15.8 Al_2O_3: 0.3 MgO: 0.1	最も広く使われている．一般に酸よりもアルカリに弱い．CaOやAl_2O_2は耐酸・耐水性を向上し，MgOは熱膨張を小さくする働きがある．	各種建築用ガラス 一般器具びんガラス
カリ石灰ガラス カリガラス ボヘミヤガラス	SiO_2: 71.6 CaO: 10.0 MgO: 1.2	K_2O: 15.0 Al_2O_3: 2.2	K_2Oは透明度を増し，光沢を出し，色調を美しくする働きがある．	ステンドグラス プリズム 化学器具
カリ鉛ガラス フリントガラス クリスタルガラス	SiO_2: 53.2 K_2O: 13.9	PbO: 33.0	PbOは屈折率を大にする働きがあり，比重も大となる．	化学レンズ 高級食器 人造宝石
ホウケイ酸ガラス クラウン系, フリント系など多種類がある．	SiO_2: 67.5 MgO: 7.0 Al_2O_3: 2.5	Na_2O: 14.0 ZnO: 7.0 B_2O_3: 2.0	ZnOは膨張係数にあまり影響を与えずに化学的耐久性を向上させ，B_2O_3は低膨張・耐久・耐熱性に著しい効果を持つ．	温度計 耐熱食器 化学器具
高ケイ酸ガラス シリカガラス 石英ガラス	SiO_2: 96.3 Al_2O_3: 0.4	B_2O_3: 2.9	B_2O_3の働きにより比較的低温で成形加工でき，製品は高温耐熱性・低膨張性に富む．	化学器具

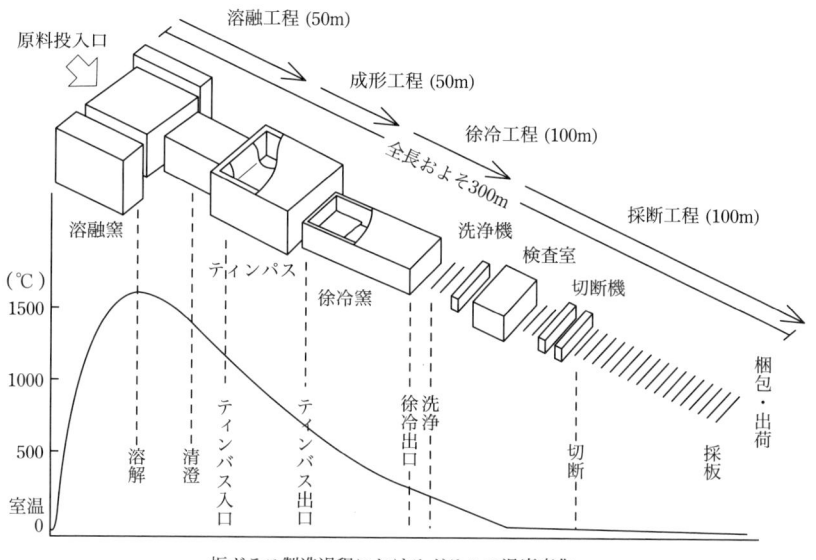

図10・2 板ガラス製造工程の例（日本建築学会『建築材料用教材』2006年，p.111）

化学成分によるガラスの分類を表10・1に示す．ガラスは二酸化ケイ素（SiO_2）を主成分とし，副成分として酸化ナトリウム（Na_2O）成分の多いものを**ソーダ石灰ガラス**，三酸化二ホウ素（B_2O_3）成分を加えたものをホウケイ酸ガラスと呼ぶ．また，酸化カリウム（K_2O）成分の多いものをカリ石灰ガラス，一酸化鉛（PbO）成分を含むものをカリ鉛ガラス，SiO_2成分の多いものを高ケイ酸ガラスと呼ぶ．これらの中で，建築用ガラスとして多く用いられているのは，ソーダ石灰ガラスである．

建築用ガラスをその製造方法と製品形態から分類すると図10・1となる．建築に用いられるガラスのほとんどは板ガラスであるが，ガラス成形品（ガラスブロックなど），ガラス繊維の形でも使用されている．

② 板ガラスの製法

板ガラス製造工程の例を図10・2に示す．ガラスの原料として，ケイ砂・ケイ石・ソーダ灰・石灰石などの主原料に，融剤・清澄剤・酸化剤・還元剤などの副原料を粉砕・調合したものを溶融窯に入れて熱すると澄み切った均質のガラス素地が出来上がる．次に板ガラスの種類に応じて，成形し，徐冷する．また，必要に応じ，二次加工を施し，各種ガラス製品を製造する．

現在使われている板ガラスの成形法には**フロート法**と**ロールアウト法**がある．フロート法とは，溶かしたガラス素地をすずなどの溶融金属の上に浮かべ，厳密な温度操作で厚さ・板幅の均一な板ガラスに成形する．溶融金属の表面は水平なので，完成するガラスも自然に平行平面に優れた板ガラスに仕上がる．フロート板ガラス，熱線吸収板ガラスなどは，この方法で成形される．なお，**熱線吸収板ガラス**では，ガラス素地中に熱線吸収効果のある鉄などを溶かし込んだ後，成形機に通される．

ロールアウト法とは水平な鉄板上に溶けたガラス素地を流して，ローラーで圧延して成形する方法である．例えば，このローラーに型模様を付けると，型板ガラスができあがる．また，同じくローラーに金属の網または線をはさむことによって，**網入板ガラスまたは線入板ガラス**ができあがる（図10・3参照）．

図 10・3 網入り板ガラス
(建築のテキスト編集委員会編『初めての建築材料』学芸出版社, 2000 年, p.125)

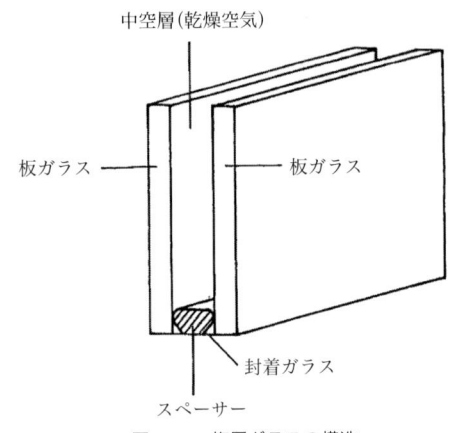

図 10・4 複層ガラスの構造
(建築のテキスト編集委員会編『初めての建築材料』学芸出版社, 2000 年, p.125)

ガラスブロックの成形は，金属製型枠を用いてプレス成形する．ガラス繊維は溶けたガラスを圧縮空気で吹き飛ばすなどして細い繊維状につくる．

3 板ガラスの二次加工

板ガラスには二次加工を施すことによってさまざまな製品が出来上がる．主な加工法を以下に示す．

① 磨き：表面をケイ砂や金剛砂などで研磨した後，ベンガラ，フェルトなどでつや出しする加工法である．磨き板ガラスの製造に適用される．

② すり：金剛砂と金属ブラシで荒らすことにより，不透視にする加工法である．すり板ガラスの製造に用いられる．

③ 強化：外力および温度変化に対する強度を増大させるために，板ガラスを強化熱炉に入れてガラスの軟化温度近くまで再加熱した後，表面を空気で急冷する加工法である．**強化ガラス**の製造に適用される．

④ 合わせ：破損時における破片の飛散防止のために，2 枚以上の板ガラスの間に，透明で接着力の強い中間膜をはさんで加熱圧着する加工法である．**合わせガラス**の製造に用いられる．

⑤ 複層：2 枚以上の板ガラスを周辺スペーサーを介して一定の間隔に配置し，ガラス周辺部を封着材を用いて密封した後，その間隙に乾燥空気を封入する加工である．**複層ガラス**の製造に適用される（図 10・4 参照）．

⑥ 銀引き：板ガラスの片面に銀めっきやアルミニウムの蒸着を行った後，銅めっきなどで裏止めする加工である．鏡材の製造に適用される．

2) 板ガラスの性質

建築用板ガラスの一般的性質を表 10・2 に示す．また，主な板ガラスの種類と特性を表 10・3 に，特殊板ガラスの特徴を表 10・4 に示す．

表 10・2 建築用板ガラスの一般的性質

項目	数値
屈折率	約 1.52
反射率（垂直入射）	片面で約 4%
比熱	837J/kg・K（0.2cal/g℃（0～50℃））
軟化温度[*1]	720～730℃
熱伝導率	1W/m・K（0.86kcal/mh℃）
線膨張率	$8.5～9 \times 10^{-6}$/℃（常温～350℃）=1/K
比重	約 2.5
硬さ	約 6 度（モース硬さ）
ヤング率	7.16×10^4MPa（730,000kgf/cm^2）
ポアソン比	0.23
平均破壊応力[*2]	約 49MPa（約 500kgf/cm^2）
耐候性	変化なし

[*1] ASTM C 338-57 による測定値．ガラスには，明確な融点はなく，温度の上昇と共に連続的に粘度が低下する．この数値は 4.5×10^7Poise の粘度を示す温度である．
[*2] ガラスは常に表面の引張応力によって破壊される．

(日本建築学会『建築材料用教材』2006 年, p.110)

ガラスを建築材料として利用する場合，その優れた透明度（光線透過性）による透視性と採光性，その他，装飾性，不燃性，耐久性などが利点となる．

一方，ガラスは理想的な弾性体であるが，極端な

表10・3 主な特殊板ガラスの種類と特性（日本建築学会『建築材料用教材』2006年，p.110）

品種	概要	透視性	拡散性	防眩性	熱線遮断性	断熱・防露性	防火性	割れにくい	耐貫通性	割れても安全	防盗性	現場切断性
フロート板ガラス（JIS R 3202）〈線入・網入〉	フロート板ガラスは溶融金属の上に流して製板する．良好な平滑平面を有し，ゆがみがなく透明性・採光性にすぐれ，大断面の使用が可能である．	◎ ○						○	○	○	○	○ ○
型板ガラス（JIS R 3203）〈片面みがき〉〈線入・網入〉	片面に各種型模様をつけたもの．薄手（2.0mm）・厚手（4.0mm, 6.0mm）がある．		○ ○ ○					○	○			○ ○
熱線吸収板ガラス（JIS R 3208）〈線入・網入〉（型板）〈網入〉	一般ガラス組成に鉄・ニッケル・コバルト・セレンなどを微量添加したもの．色調はブルー・グレー・ブロンズがある．	○	○	○	○ ○ ○			○	○			○ ○
熱線反射板ガラス（JIS R 3221）	無色や熱線吸収ガラスの表面に金属皮膜を形成させたもの．可視光反射率も30～40%でミラー効果もある．	○		○	○							○
合わせガラス（JIS R 3205）〈熱線吸収〉〈線入・網入〉	2枚～数枚のガラスを透明なプラスチックフィルム（ポリビニルブチラールなど）で張り合わせたもの．破損による脱落や飛散を防ぎ，貫通も防止できる．	◎ ○ ○			○		○		◎ ◎ ◎	◎ ◎ ○	◎ ○ ○	
複層ガラス（JIS R 3209）〈熱線吸収〉〈線入・網入〉	2枚以上の板ガラス周囲にスペーサーを使い，一定間隔（6mm, 12mm）をもたせ，中空部に完全乾燥空気を封入したもの．熱貫流率が単板の1/2．	◎ ○ ○			○	◎ ◎ ○						
強化ガラス（JIS R 3206）〈熱線吸収〉	一般板ガラスに特殊な熱処理を施し，表面に圧縮応力を生じさせたもの．曲げ・衝撃・熱に強い．	◎ ○			○			◎ ◎		○		
倍強度ガラス（JIS R 3222）〈熱線吸収〉	熱処理工程により，フロート板ガラスの約2倍に耐風圧強度を高めたもの．	◎ ○			○			○				

○：特性のあるもの　◎：特性の優れたもの

表10・4　特殊板ガラスの特徴
（日本建築学会『建築材料用教材』2006年，p.111）

電磁波遮蔽ガラス	特殊金属膜を貼付し，ガラス単体で35dB以上の電磁波（～1GHz）を遮蔽．合わせガラス形式もある．可視光線透過率は約60%以上．
調光ガラス	合わせガラスに液晶シートを挿入，通電により瞬時に透明から不透明までの透視度が変化．
X線防護用鉛ガラス	X線，γ線などの放射エネルギーを遮蔽する．レントゲン室の監視窓などに使われる．遮蔽能力は相当する鉛の厚さ（鉛当量）で表される．
防犯ガラス	合わせガラスの間に特殊フィルムやポリカーボネート板などを挿入し，窓をこじ開けるまでの時間を伸ばそうとしたもの．
Low・Eガラス	板ガラスの片面に特殊金属膜（Low・E膜）を貼付したもので，日射取得型と遮蔽型を使いわけることにより，省エネに貢献できる．一般に複合ガラスとして用い，高断熱複合ガラスともいう．Low Emissive Glass とは低放射ガラスの意である．
有機ガラス	プラスチック系素材から製造される透明材料をいう．ポリカーボネート板は安全性を配慮して学校などの出入り口に，メタクリル樹脂板はアーケードなどの採光用として用いられる．

脆性破壊材料であること，すなわち，もろくて，割れやすいことが大きな欠陥といえる．ガラスは，実用上は半永久的な耐久性のある材料であるが，強酸，強アリカリには徐々に浸食される．特にフッ素には弱く，フッ化水素を板ガラスにかけると腐食する．また，ガラスは，大気中の湿分と二酸化炭素の作用によって風化する．これは，ガラス表面での加水分解が起こるためで，これがさらに進行すると光沢が失われるが，この現象を「焼け」と呼ぶ．

3） ガラスの用途

ガラスは，その種類と性質に応じて，建築分野で各種の用途に使われる．建築用ガラスの主な用途を表10・5に示す．

フロート板ガラスは，良好な平滑面を有し，透明性，採光性に優れるので，住宅・店舗などの内外装

表10・5　建築用ガラスの主な用途

建築用ガラスの種類		建築材料としての用途
一般板ガラス	フロート板ガラス	住宅，店舗などの内外装用，ショーケース，ディスプレー，水槽や温室，家具など
	型板ガラス	浴室や洗面所の窓や間仕切り，装飾性が要求される玄関ドアなど
	網入・線入板ガラス	防火性，防盗性の要求される窓やドアなど
	熱線吸収板ガラス	太陽の輻射熱遮断，色彩調節が要求される窓やドアなど
加工板ガラス	強化ガラス	高層建築物の窓，フレームレスドア，カーテンウォールのスパンドレル部など
	合わせガラス	住宅，公共施設をはじめとした建物の開口部，トップライト，ガラス手摺など，ガラス間仕切りなどの内装材
	複層ガラス	断熱や遮音の必要な建物の窓，冷凍・冷蔵ショーケースなど
ガラス成形品	ガラスブロック	断熱性，遮音性が要求される建築物の採光用壁，屋根・天井など
	プリズムガラス	天井やベランダ，地下室など下層部への自然採光箇所など
ガラス繊維	グラスウール保温材	各種建築設備の保温材
	GRC用，FRP用ガラス繊維	モルタルあるいはFRPの補強材

用として用いられるほか，ショーケース，ディスプレー，水槽や温室，家具などに幅広く用いられている．また，すり・強化・合わせ・複層などの二次加工用の素板としても多く使われる．

型板ガラスは視線を適度に遮りながら，柔らかい光を室内に採り入れることができる特徴を活かし，浴室や洗面所の窓や間仕切り，装飾性が求められる玄関ドアなどに用いられる．

網入・線入板ガラスは，金網または金属線をガラス素地に封入して製造される．ガラスが破損しても，それらがガラス破片を保持して脱落を防ぐことができるので防火性，防盗性の要求される窓やドアなどに利用される．

熱線吸収板ガラスは，透明な板ガラスに比べて日射の透過率が低くなるため，太陽の輻射熱遮断，色彩調節が要求される窓やドアなどに利用される．

強化ガラスは，フロート板ガラスと比較して3～5倍の強度を有するので，高層建築物の窓，フレームレスドア，カーテンウォールのスパンドレル部などに用いられる．なお，強化ガラスは一般板ガラスに特殊な熱処理を施し，表面に圧縮応力層を形成させているため，切断・加工が一切できない．

合わせガラスは，耐貫通性に優れ，破損時にも破片の飛散を防止させる性能から安全ガラスとして，住宅，公共施設をはじめとしたビルの開口部，トップライト，ガラス手摺など安全性を求められる部位，ガラス間仕切りなどの内装材として幅広く使用されている．

複層ガラスは，中空層が熱抵抗となり，断熱性が向上する．断熱の必要な窓，冷凍・冷蔵ショーケースに用いられる．また，遮音性能が向上することから遮音の必要な窓にも利用される．

ガラスブロックは，採光・断熱・遮音に優れており，採光を兼ねた屋根・天井，壁などに用いられる（図10・5参照）．プリズムガラスは投射光線の方向を変えたり集中または拡散させる目的で作られたガラス製品であり，天井やベランダ，地下室など下層部への自然採光用として用いられる．ガラス繊維は，屋根・外壁などの内部に入れる断熱材，モルタルあるいはFRP（繊維強化プラスチック）の補強材として用いられる．

図10・5　ガラスブロックの使用例
(建築のテキスト編集委員会編『初めての建築材料』学芸出版社，2000年，p.125)

10・2 石材

　切り出した岩石に種々の加工を施して建築材料などに使用するようにしたものを石材という．本節では建築用石材の種類と特徴などについて記述する．

　海外では古くから石材が構造材として用いられてきた．日本では洋風建築が明治時代に移入されたのに伴い，石材を構造材として用いた石造建築が作られたが，地震の多いわが国では石造建築は構造的に不利であり，その後の鉄筋コンクリート構造の発達にもより，石造の建築物はほとんど見られなくなった．現在では石材はその特徴を活かし，装飾用の材料として多く用いられている．

　石材は石種によってそれぞれ異なる特徴を有するが，一般的な長所および短所は次の通りである．

（長所）
・圧縮強度が大きく，耐久性，耐水性に富む．
・花崗岩，大理石などの一部の石材を除いては，耐火性，耐熱性に優れる．
・耐摩耗性が大きく，研磨することにより光沢を発するものもある．
・化粧性に富み，仕上げ材として用いた場合，荘重な外観を呈する．
・種類が多く，産地や組織によって異なった趣の外観・色調のものがある．

（短所）
・圧縮強度に比べ，引張強度，曲げ強度が小さく，脆性材料である．
・比重が大きく，運搬に不便である．
・硬質であるため，加工が困難である．

1）石材の分類と性質

①石材の成因による分類

　石材は，その成因により火成岩，堆積岩，変成岩に分類される．火成岩はさらに火山岩と深成岩に分けられる（表10・6参照）．

　火山岩は，マグマが地表付近に噴出して急速に冷却され凝固したものであり，噴出岩とも呼ばれる（図10・6参照）．結晶は微細であり，強度や耐久性

表10・6　石材の成因による分類

火成岩	火山岩	安山岩，玄武岩，流紋岩など
	深成岩	花崗岩，閃緑岩，斑緑岩など
堆積岩		砂岩，粘板岩，凝灰岩，石灰岩など
変成岩		大理石，蛇紋岩など

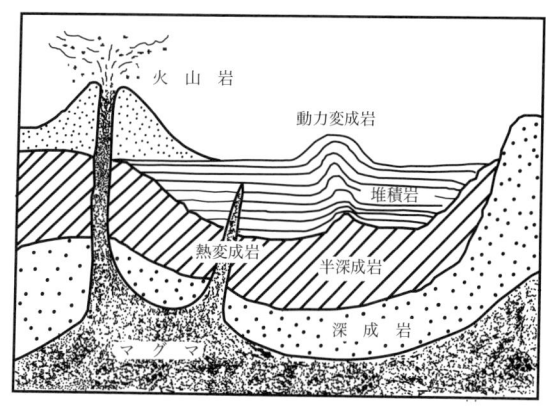

図10・6　岩石の生成模式図
（日本建築学会『建築材料用教材』2006年，p.58）

が大きい．

　深成岩はマグマが地下の深いところで徐々に冷却され凝固したものである．花崗岩に代表されるように比較的大きな結晶からなり，美しく，強度や耐久性が大きい．

　堆積岩は岩石の風化により生じた砂粒や泥分，火山灰などが堆積し，固結したもので層状をなしている．軟質なものが多いが，加工しやすく耐火性に優れる．

　変成岩は岩石が地中深くで熱や圧力により変成作用を受けてできた岩石で大理石に代表されるように特有の美しさをもち，高級なものが多い．

②主要石材の種類と用途

　石材として使用されている主な岩石の種類と使用箇所を表10・7に示す．各石材の特徴は以下の通り

表10・7　主な石材の種類と使用箇所

使用箇所 \ 石種	安山岩	花崗岩	砂岩	粘板岩	凝灰岩	石灰岩	大理石	蛇紋岩
床(屋内)		○						
床(屋外)	○	○						
内壁		○	○		○	○	○	○
外壁	○	○	○		○	○		
階段		○						
屋根				○				

である．

① 安山岩

　安山岩は噴出した火山岩であり，地表近くに塊状，柱状で露出している．細かい結晶質の石材である．産出分布は広く，近距離の場所から入手できる．花崗岩に比べ，意匠性，強度の点でやや劣ることから使用例は少ないが，外装（床，壁，外構）に用いられている．また，加工が容易であることから割石砕石などに用いられている．

② 花崗岩

　花崗岩は地下深部のマグマが冷却固結した結晶質の硬い石材であり，御影石とも呼ばれている．また，結晶粒の大きさによって，鬼みかげ，大みかげ，中みかげ，小みかげなどと呼ばれる．花崗岩は長石，石英，雲母で構成され，耐久性・耐磨耗性に優れる．加工はやや困難であるが，大材が得やすく，磨くと光沢が出るようになり，多くは建築物の外部に使用されている．また，内装，床，階段などにも幅広く使用されている．

　耐火性については他の石材に比べると劣る．600℃近くで顕著な膨張現象が見られ，強度が低下する．これは長石，石英，雲母の熱膨張率がそれぞれ異なることによる．

③ 砂岩

　砂岩は石英・長石などの砂粒が水中に沈澱，固化した堆積岩であり，一般には軟質で加工がしやすい．また耐火性に優れ，酸にも強い反面，吸水率が高いため，汚れが付着しやすく，凍害を受けることがある．石垣，装飾用材などに用いられる．

④ 粘板岩

　粘板岩は，粘土が沈澱，固化し，圧力を受けて変質したものである．材質が緻密で堅く，吸水性が少なく，耐久性は大きい．平坦な薄板に加工しやすいことから大半は屋根葺材に用いられている．

⑤ 凝灰岩

　凝灰岩は，火山岩や火山砂が水中あるいは陸上に堆積し凝固したもので，層状または塊状で存在する．材質が柔らかく強度が低いため，加工が容易である．耐火性はあるが，反面，吸水性が大きく，風化しやすい．産地は国内に広く分布している．栃木産の大谷石が有名であり，主に壁，塀などに用いられている．

⑥ 石灰岩

　石灰岩は，生物の遺骸や海水中の成分が沈殿し，堆積したもので炭酸カルシウムが主成分である．石灰岩は大理石に比べて粗粒であるが，他の石材にない独特の風合いを持っている．性質は，凝灰岩に近似したものから大理石に匹敵するものまであるが，一般には柔らかく，加工しやすい．反面，耐水性には劣り，酸には弱い．外壁に使用されるケースもあるが，主な用途はセメントなどの原料，砕石である．

⑦ 大理石

　大理石は，石灰岩が熱変成作用を受けて再結晶したものである．主な構成鉱物は方解石である．花崗岩に比べ装飾性に富み，柔らかく加工しやすいが，風化が早いので一般には内装用として利用される．大理石を外装に用いることがあるが，酸に弱いので石厚を大きくしたり，水磨き仕上げにすることなどが必要である．

⑧ 蛇紋岩

　蛇紋岩は，かんらん岩が加水作用を受けて変化したもので，方解石などの鉱物が細かい網状の脈をなすことが多く，蛇の皮に似た模様を示すので蛇紋岩と呼ばれる．蛇紋岩は柔らかくて細工しやすいので大理石と同様に内装の装飾用として用いられている．

3 石材の性質

　主な石材の物理的性質を表10・8に示す．石材の圧縮強度は，その組成鉱物が同じであれば，比重にほぼ比例する．圧縮強度に比べると引張強度は小さく，概ねその1/10〜1/20である．花崗岩，安山岩などの圧縮強度は高いが，凝灰岩，砂岩などは比較的小さい．また，粘板岩，砂岩などの水成岩では，堆積した方向の圧縮強度に比べ，直角方向の強度は小さい．

　石材そのものは不燃材料であるが，加熱されると組成鉱物の熱膨張率の違いから亀裂が生じ，強度低下する傾向にある．とくに花崗岩においては600℃近くで顕著な膨張現象が見られ，著しく強度が低下する．また，大理石および石灰岩も600〜800℃程

表 10·8 石材の物理的性質（建築のテキスト編集委員会『初めての建築材料』学芸出版社，2000 年，p.129）

岩石名	比重	吸水率(%)	圧縮強度 (N/cm²)	曲げ強度 (N/cm²)	耐熱度(℃)	熱伝導率 (W/(m·K))	熱膨張率 (10^{-6}/℃)
花崗岩	2.65	0.35	1 万 4710	1373	570	2.09	7.0
安山岩	2.50	2.5	9810	834	1000	1.70	8.0
粘板岩	2.70	—	6865	6865	1000	—	—
凝灰岩	2.50	17.2	883	343	1000	0.81	8.0
石灰岩	2.70	0.5〜5.0	4900	—	600	2.09	5.0

度の温度でひび割れを生じたり，崩壊する．これに対して砂岩，安山岩などでは温度上昇に伴い，若干強度が増加する．

　石材は空気中の二酸化炭素，雨水などにより，徐々に侵食される性質がある．特に炭酸カルシウムを主成分とする石灰石，大理石などは雨水によって浸食を受ける．また，鉄分を含む大理石などの石材は鉄分の酸化に伴い，膨張性ひび割れを生じ，耐久性が損なわれる．一般に花崗岩は最も耐久性に優れ，安山岩＞砂岩＞凝灰岩の順に耐久性が劣る．

　粘板岩，大理石の吸水率は小さいが，凝灰岩，砂岩などの吸水量の大きいものでは凍害を受けやすい．

2）石材の加工
1 採石

　石材は，石丁場（いしちょうば）と呼ばれる石材採取場で採石される．採石の方法は，石質の硬軟または節理・石目の状態によって異なる．花崗岩や安山岩のような硬石類は，節理・石目に従って穴をあけ，爆薬をしかけて大きく破砕したのちに所要の形とするが，凝灰岩や砂岩のような軟石類は，つるはし・矢（くさび）などを用いて垂直方向または水平方向に所要材形を切り取る．大谷石などで垂直方向に切り取ることをかきね切りといい，水平方向に切り取ることをたな切りという．

表 10·9 仕上げの種類と特徴（日本建築学会『建築材料用教材』2006 年，p.60）

	種類	特徴	使用状況 花崗岩	砂岩	大理石	図10·7 の番号
粗面仕上げ	割肌	矢（くさび）またはシャーリングを用い，石目に沿って厚石を割裂し，大きな凹凸面を自然のままに作るもの．	○	◎	—	(a)
	のみ切り	元来は，のみを用いて石の面を粗く，平坦に加工する方法であるが，板石面を粗く仕上げる場合に用いる．加工は手加工によらなければならないが，熟練工の減少に伴い採用されることが少なくなった．	○	—	△	(b)
	びしゃん	びしゃんという多数の格子状突起をもつハンマーでたたいた仕上げ．最近は職人不足等から一般に機械による機械びしゃんが行われている．	○	—	△	
	小たたき	びしゃんでたたいた後，さらに先端がくさび状のハンマーで約2mmの平行線状に平坦な粗面を作るもの．	○	—	△	(c)
	ジェットバーナー	石表面をバーナーで加熱し，それを水で急冷することにより，石材を構成する鉱物の熱膨張率の違いを利用して，表面の一部をはく離させて均一な仕上げにしたもの．このような熱処理のあとに表面を研磨して滑らかにしたものは，「ジェットポリッシュ (J&P)」という．	◎	—	—	(e)
	ブラスト	細かい砂や鋼鉄の粉粒を圧縮空気でたたきつけ，表面をはじくようにして粗面にしたもの．この場合，石材本来の色よりも白みを帯びた，ややざらついた感じになる．加工後の清掃が十分でなく，表面に鉄粉が残っていると，錆色が出る場合がある．	○	○	○	
	ウォータージェット	複数のノズルより高圧水を石表面に噴射し，石表面の微細な石片を除去して，滑らかな粗面仕上げを行う方法．粗磨きに近似した色調となる．	○	—	—	
磨き仕上げ	粗磨き	ざらついた感じで，光沢はまったくない．濃色の石材では白っぽい色合いになり，柄がわかりにくい．	○	○	○	—
	水磨き	表面の光沢は少なく，つやがない．床に使用した場合では，仕上げがやや粗いので滑りにくい．	○	—	○	(e)
	本磨き	平滑でつやがあり，石材本来の色や柄がでる．壁，飾り棚やカウンタートップ等の化粧用に向く．美しいので床に用いられることもあるが，滑りやすい．	◎	—	◎	(f)

◎：最も一般的に用いられる　○：用いられる　△：場合により用いられる

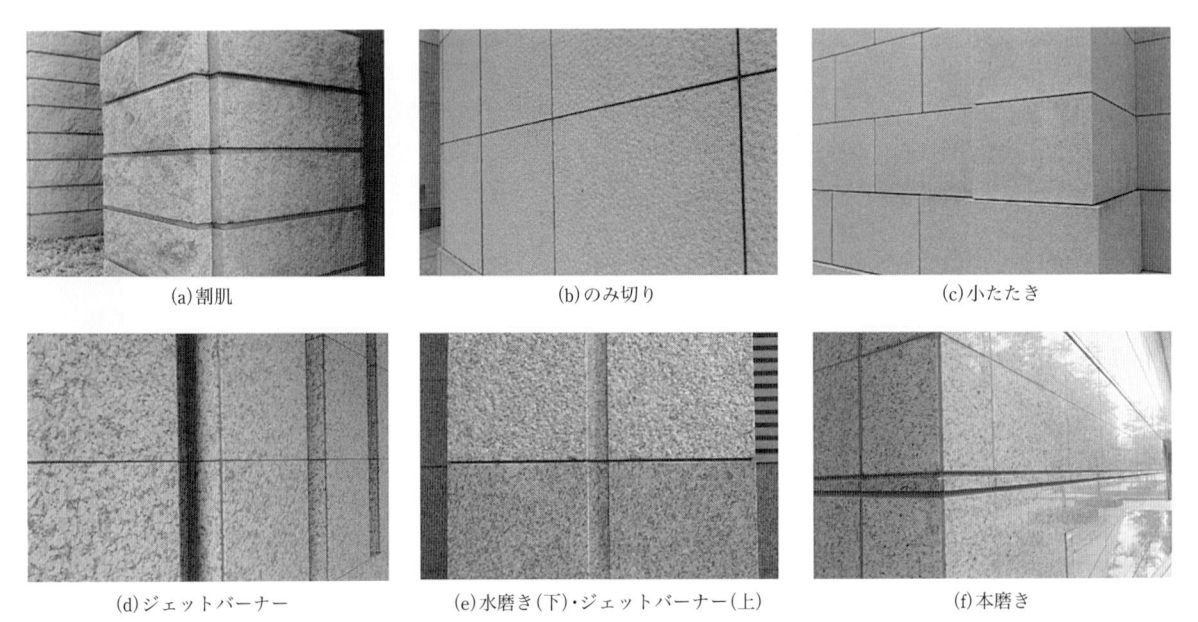

(a) 割肌　　(b) のみ切り　　(c) 小たたき
(d) ジェットバーナー　　(e) 水磨き(下)・ジェットバーナー(上)　　(f) 本磨き

図10・7　石材の各種仕上げ（日本建築学会『建築材料用教材』2006年, p.60）

2 加工・仕上げ

切り出された原石は，工場に運ばれ，裁断機（ガングソー，ワイヤーソー，ダイヤモンドソー）を用いて板石，角石，間知石，割石など，目的に応じて裁断する．裁断された石材は仕上げ工程に移され，表面仕上げが行われる．表面仕上げには表10・9に示す方法がある．

① 磨き仕上げ

数種のカーボランダムその他の砥石によって磨き，仕上げる．段階的に磨く（粗磨き，水磨き，本磨き）なかでどの段階で仕上げるかにより，光沢が異なる．

② 粗面仕上げ

石材をのみやハンマーでたたいて仕上げるものとバーナー，高圧水などを用いて仕上げる方法がある．のみやハンマーで仕上げる方法にはその粗さによって，のみ切り，びしゃん，小たたきなどの仕上方法がある（図10・7）．

3）石材の規格

1 形状・寸法

石材はその材形によって，板石，角石，間知石，割石の4種類があり，寸法は表10・10に示すとおりである．

① 板石

厚さが15cm未満でかつ幅が厚さの3倍以上のものである．幅は30～65cm，長さは30～90cmのものがあり，花崗岩・安山岩などが用いられる．

② 角石

幅が厚さの3倍未満で断面の大きさによって6種類あり，長さは91～150cmの立方体である．凝灰岩・砂岩などが用いられる．

③ 間知石

四辺形の底面を有する角錘形の石である．底面が原則としてほぼ方形に近いもので控えは四方落としとしている．底面に直角に測った控えの長さは底面の最小辺の1.5倍以上必要で4種類がある．主な用途は石垣用で花崗岩・安山岩などが用いられる．

④ 割石

間知石と寸法的には同様であるが，控えは二方落としとしている．控えの長さは底面の最小辺の1.2倍以上必要で3種類ある．間知石と同様に主な用途は石垣用で，花崗岩・安山岩などが用いられる．

2 物理的性質による分類

石材はその圧縮強さにより，硬石，準硬石，軟石に区分される（表10・11参照）．

3 等級

石材においては，寸法の不正確，反り，亀裂，む

表 10・10 石材の材形・寸法（JIS A 5003）

	板石		角石		間知石		割石	
	幅×長さ	厚さ	厚さ×幅	長さ	控長	表面積	控長	表面積
寸法	30×30 40×40 40×90 45×90 50×90 55×90 60×90 65×90	8〜12 10〜15	12×15 15×18 15×21 15×24 15×30 18×30	91 100 150	35以上 45以上 50以上 60以上	620以上 900以上 1220以上 1600以上	30以上 35以上 40以上	620以上 900以上 1220以上
形状	幅・厚さ・長さ		幅・厚さ・長さ		表面積・控長		表面積・控長	

※寸法の単位はcm, 表面積のみcm²

表 10・11 石材の圧縮強さによる分類

種類	圧縮強さ (N/cm²)	参考値	
		吸水率(%)	見掛比重 (g/cm³)
硬石	4903 以上	5 未満	約2.7〜2.5
準硬石	981 以上 4903 未満	5 以上 15 未満	約2.5〜2
軟石	981 未満	15 以上	約 2 未満

ら，くされ，欠け，へこみ，軟石ではこのほかに斑点，穴，化粧用ではさらに色調や組織の不揃いおよびしみなどの欠点をいう．石材の等級は，この欠点の状況によって1等，2等，3等品の3種類に分けられる．

　1等品は，これらの欠点のほとんどないもので荷口の揃ったものとされている．2等品は，欠点がはなはだしくないものとされている．3等品は欠点はあるが，実用上支障のないものとされている．なお，荷口とは発注した石材が産地から製作工場に1回に届く分をいい，発注したとおりの石材で輸送などによる割れなどの欠点がないものを意味する．

参考文献

1　日本建築学会『建築材料用教材』，2006 年
2　建築のテキスト編集委員会『初めての建築材料』学芸出版社，2000 年
3　日本建築学会『ガラスの建築学』，学芸出版社，2004 年
4　高橋章夫『デザイナーのための内外装チェックリスト』，彰国社，1976 年
5　造園計画研究所『日本の石』，大和屋出版，1978 年
6　建築材料教科書研究会『建築材料教科書 第五版』，彰国社，2006 年

練習問題 10.1 次の記述のうち，**最も不適当なも**のはどれか．
1. 倍強度ガラスは，フロート板ガラスを熱処理した加工ガラスであり，同厚のフロート板ガラスに比べて，約2倍の耐風圧強度がある．
2. 合わせガラスは，2枚以上の板ガラスを強靱な中間膜によってはり合わせたガラスであり，破損時の破片の飛散が防止されるので，安全性が高い．
3. 熱線反射ガラスの清掃は，ガラス表面の反射膜に傷を付けないように，軟らかいゴム，スポンジ等を用いて水洗いとする．
4. 強化ガラスは，現場において，所定の大きさに切断することとした．

練習問題 10.2 次の記述のうち，**最も不適当なも**のはどれか．
1. 網入・線入板ガラスは，金網または金属線をガラス素地に封入して製造されるので，ガラスが破損してもガラス破片を保持して脱落を防ぐことができる．
2. 磨き板ガラスは，ガラス表面を金剛砂と金属ブラシで荒らすことにより，不透視に加工した板ガラスである．
3. 熱線吸収板ガラスは，透明な板ガラスに比べて日射の透過率が低いため，日射熱の室内への侵入を抑えることができる．
4. 型板ガラスは，型模様をガラス面に転写し，ガラス片側表面を凹凸にして拡散面を形成した板ガラスである．

練習問題 10.3 次の記述のうち，**最も適当なもの**はどれか．
1. 花崗岩は外観が美しく，耐久性，耐火性が大きく，建物の外壁仕上げに適している．
2. 蛇紋岩は大理石と同じく酸に対して弱いので装飾用石材として用いられる．
3. 大理石は外観がよく，かつほとんど吸収しないため，どんな水質の温泉にでも用いられる．
4. 大谷石のような凝灰岩は，軽量，軟質で耐火性，加工性が大きく，弾性にも富み摩滅も少ないことから，床材に適している．

練習問題 10.4 次の記述のうち，**最も不適当なも**のはどれか．
1. 粘板岩は吸水率が小さく，屋根葺材として用いられる．
2. 大理石は耐火性，耐熱性に優れている．
3. 安山岩は花崗岩に比べて強度の点で劣るが，加工が容易であることから割石砕石などに用いられる．
4. 石灰岩は耐水性に劣り，酸にも弱い．

第11章　左官材料・ボード材料・シート材料

11・1　左官材料

1) 左官の歴史

左官工事の起源は，人々が竪穴式住居で暮らしていた縄文時代にまでさかのぼる．当時，壁の材料である土は最も手に入りやすい素材で，その土を生のまま団子状に丸めて積み上げていき土塀を作ったのが左官工事の始まりである．左官技術の歴史は大変古く，日本書紀によると飛鳥時代（7世紀初期）に仏教の伝来とともに朝鮮半島の百済の国から日本へ左官技術が伝わったとされている．法隆寺（奈良県）の土塀は百済の人々が主導して築いたと言われている．奈良時代になると左官工事の材料と施工を管理する土工司（つちのたくみのつかさ）という役所が設置され，これに属する土工（つちのたくみ）が壁の中塗りまでを担当，上塗り（白土塗り）は絵師が行うことが多かった．当時の左官材料は「つなぎ」として「米」を用いていた．「米」は食料であると同時に国力を表す単位でもあり，その左官材料の管理を国が行ったことから施工もまた，寺院や宮廷など国の建築に限られていた．これらの左官工事を行う土工は宮廷工事等の儀式の際などに無位無冠では宮廷内に入れないので，公家の慣習に合わせて仮の官位を与えた．この「木工寮の属（もくりょうのさかん）（四等官の最下位）」という官位が「左官」の語源と言われている．「木工寮の属」とは「木工事をつかさどる者に仕える」と言う意味で，木工事の後に左官工事が続いたことからそう呼ばれた様である．そして，「左官」と言う現在の読みに統一されたのは江戸時代初期の頃である．

> **木工寮ってなに？**
> 木工寮は，奈良時代に律令制の二官八省のうち宮内省の内部にあった機関であり，役所である．この木工寮は宮廷の建物・土木・修理を一手に引き受けていた．

2) 左官材料の発展

飛鳥時代に伝わった技術は，石灰を使って壁を白く塗る仕上げ技術や細く割った木の壁の芯を作る技術などで，左官工事はますます発展した．安土桃山時代には，左官の表現は，ルネッサンスとも言える時代を迎え，色土による仕上げや，後の江戸時代に完成された城郭建築における漆喰（しっくい）の總塗り籠め（そうぬりごめ）工法が出現した．この漆喰工法から，漆喰彫刻の技術が生まれ，それは，文明開化後の洋風建築の装飾にも柔軟に対応した（図11・1）．

図11・1　文部省発行教育錦絵（明治6年）「衣喰住之内家職幼絵解之図」より「住　家内造作第14左官（下塗り）」
（筑波大学附属図書館ホームページ http://www.tulips.tsukuba.ac.jp/pub/kichosho/kyoiku-nishikie.html より）

左官工事には，可塑性（かそせい）・展進性という，現在の新建材をもってしても代替のできない優れた特徴がある．その他にも，耐火・耐水・断熱・遮音・吸湿といった，建築材料に要求される諸性能も一通り兼備している．これらの特徴性能が，数千年来一貫して左官工事が行われてきた理由である．現在でも「左官」とは建築物の壁塗りを仕事とする職人のことを言い，土やセメントなどの素材を塗ったり，砂壁や漆喰仕上げなどの最終的な表面仕上げを仕事としている．

図11・2 左官作業に使用される鏝

図11・4 しっくい　　図11・5 土壁

3) 左官材料の概要

左官材料は主に左官工事に用いる材料である．古来より用いられてきた「土」や「漆喰」などは特殊な建築物以外では用いられなくなり，セメントなどの化学化合物に取って代わっている．図11・2に示すように，左官材料は硬化の仕方によって大きく分類され，**水硬性**と**気硬性**がある．水硬性とは材料の混練りと水が化学反応し硬化するものである．気硬性は空気中の炭酸ガスと反応して硬化するものであり，気硬性の中には自硬性と非自硬性がある．自硬性は練り上げて湿潤状態であっても，徐々に硬化反応をするもので，練り置きはできない．一方，非自硬性は湿潤状態である限り，硬化しないもので，練り置きができる．

左官材料は，水で練って使用するので，保管中に水に接触しないように注意する必要がある．とくに，水硬性材料は，保管中の湿度に対しても十分に注意する必要がある．

4) 左官材料の種類と特性

左官材料には主に材質別で表11・1のように分類されている．

表11・1　左官材料の材質的分類

	分類
(1)	セメント系
(2)	粘土・土壁系
(3)	ドロマイトプラスター
(4)	せっこうプラスター
(5)	消石灰
(6)	左官用混和材
(7)	建築用仕上げ塗

1 セメント系

左官用セメントは，普通ポルトランドセメントのほか，早強ポルトランドセメント，白色ポルトランドセメント等である．日本では本格的にセメントを使用したのは明治になってからで，江戸時代に貝灰の製造所が多くあった東京の深川に官営のセメント製造所が作られた．明治初期のセメントの使用方法は，コンクリート建築物を造るのではなく，煉瓦建築の目的用等に使われていた．硬化後は強度が大き

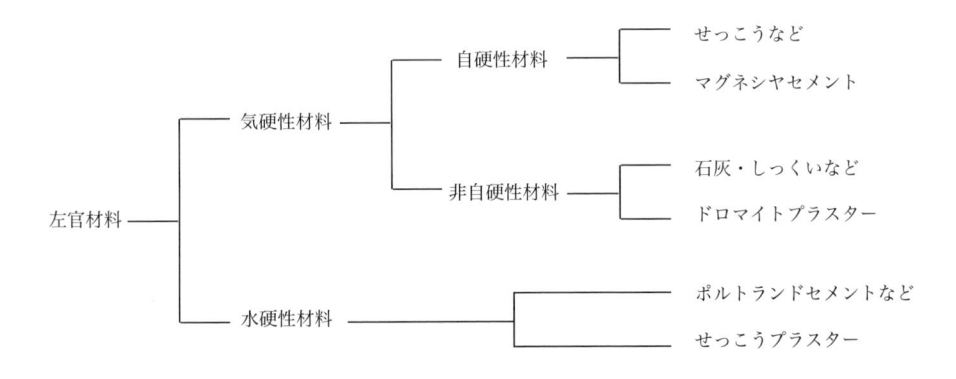

図11・3　左官作業の分類（兼歳昌直『建築施工テキスト』井上書院，2005年，p.277）

く，下地や仕上げと応用範囲が広く，耐熱・耐水・耐久性が高い特徴がある．

2 粘土・土壁系

左官工事に使用する壁土は粘土である．粘土は"ねばつち"とも読まれ，粘りけのある土を意味する．これを左官は，関西では「土」，関東では「泥」と一般に呼ぶ．粘土は湿潤状態だと粘着力が働き，手で引き伸ばすことができる．乾くと適度なかたまりになり，高温で加熱すると焼き締まる性質がある．粘土は乾燥するにしたがって，粘土粒子を飽和している自由水，水膜の膨潤水，粒子表面の吸着水の順序で蒸発していき，収縮しながら硬化する．粘土の収縮は，塗って乾燥するまでに進行し，他の左官材料より大きくなる．また，混水量が多くなればなるほど収縮も大きくなる．しかし，適度に砂を配合すれば収縮は小さくすることができる．

3 ドロマイトプラスター

ドロマイトプラスターとは苦灰石（別称：白雲石，英名：ドロマイト）と呼ばれる酸化マグネシウムを含むアルカリ性の強い気硬性の左官材料である．ドロマイトはフランスの鉱物学者 Dedat de'Dolmieu を記念して「dlmieu」と命名され，後に鉱物を表す -ite をつけて「dlmieuite」と呼ばれるようになった．

ドロマイトプラスターの大きな特徴は適度な初期粘性があるため，鏝伸びがよく，塗りつけることができることである．しかし，初期強度が大きいために，収縮が大きくなり，ひび割れ幅が広く，目立つことがある．

図 11・6 ドロマイトプラスターの原石

4 せっこうプラスター

せっこうプラスターとは焼せっこうを主成分とし，必要に応じて消石灰，ドロマイトプラスター，粘土および粘着材を混入した左官材料である．せっこうは石灰と同様に，地下資源としての天然の石の形で採掘される．原石はやわらかく採掘しやすく，世界中に広く分布している．特に文明発祥地の中近東から地中海沿岸地域にかけて豊富に産出する．

Gypsum の由来

ヨーロッパでせっこうを「Gypsum」（ジプサム）と呼んでいる．語源は「Cyprus」である．これは地中海のキプロス島を表している．これは，キプロス島では古くからせっこうが産出していたからである．

---

① せっこうプラスターの歴史

紀元前 2000 年頃，焼きせっこうは，焼成と水和硬化性が知られていた．当時，枯れ草や小枝を燃料として原石を粗割にして，その上に積み，丘の中腹に小さな横穴を掘って 130℃～170℃ で 3 時間ほど下から燃焼させた．これを石臼で粉砕し，粉末になったものに水を加えると数十分で硬化する特徴があった．

中近東からエジプト・ヨーロッパへと文明が西に進み中世社会がまとまった 12 世紀のヨーロッパでは，教会建築や王侯貴族の館などに豪華なせっこうの装飾が施されるようになった．特にフランスのパリ近郊のモンマルトルにはせっこうの大鉱床があったのでせっこうプラスターが多く用いられるようになった．また，ここで産出するせっこうは高品質でヨーロッパ各国に輸出されていた．

日本では，天然せっこうの産出量は少量である．明治以後，擬洋風建築が建造されるとともに，輸入が始まった．その後，国内で焼きせっこうの製造が始まった．しかし，当時は古くからの漆喰塗りが主流であり，民間での使用は少なかった．本格的に使用されるのは戦後で，アメリカの進駐とともに，施設，設営にせっこうプラスターが調達され，その後，製造が始まった．

> **焼きせっこうの別名**
> イギリス国王ヘンリー3世は13世紀中ごろにイギリスのロンドンにあるウェストミンスター寺院（世界遺産）の造営のために，フランスから建築家と建築資材を取り寄せた．その中に焼きせっこうがあり，そのせっこうの美しい仕上げに感嘆し，これに「プラスター・オブ・パリス」という称号を贈った．このときより焼きせっこうの一般名として「プラスター・オブ・パリス」と世界に通じる名称となっている．

②せっこうプラスターの特徴

　左官材料のせっこうプラスターの大きな特徴は硬化に伴って膨張することである．実際は水和反応の際にセメントと同様に収縮するが，せっこう特有の針状結晶の状態で硬化するため，硬化過程で生成する結晶は見かけ上膨張する．そして，混練り時間が長いと凝結時間が短くなる性質がある．また，混水量が多いと凝結時間が遅れ，膨張も小さく，圧縮強度が低下する．水や細骨材の不純物によっても凝結時間，強度などに影響を及ぼすことがあるので注意を要する．

　現場調合ボード用せっこうプラスターは，焼きせっこうを主成分として配合材を混入することによって，凝結時間が調整されている．これらせっこうプラスターの性質を知ることで，塗り付け時の凝結硬化の適正化がはかられ，塗り層の硬化後の故障を防ぐことができる．

　元来，左官材料は土でも，漆喰でも防火的効果を備えているが，特にせっこうプラスターはその効果に優れている．内装仕上げで防火構造とする場合は，せっこうボード下地とせっこうプラスターの組み合わせが設計仕様で最良である．しかし，せっこうの使用で重要なことは外部や絶えず湿潤な場所では使用できないことである．せっこうは，火には強いが，水に弱い性質がある．

> **せっこうの表現**
> せっこうには「石膏」「石こう」「せっこう」「セッコウ」と4種類の表現方法がある．これは「膏」の文字が非当用漢字であるためである．建築関連では「せっこう」と記述されていることが多いようである．

5 消石灰

図11·7　消石灰の粉石

　消石灰は有史以前から用いられてきた建築材料の一つである．古代ギリシャ，ローマ時代には消石灰を床や塗り壁に用い，消石灰に焼きせっこうを混入するなどして工夫されてきた．この時代，大理石粉を消石灰に加え，叩き締めるいわゆる「スタッコ」仕上げが，建築の内外壁に多用された．ローマ時代後期に火山灰を消石灰に混入して硬化させると，水中でも崩壊しないことを見出し，これが，ローマ人の欧州征服とともに各地に用いられるようになった．ルネッサンス期に消石灰を使用した壁の装飾仕上げが発生し，イギリス，フランス，ドイツに伝えられる．

　日本の消石灰の歴史は，中国の秦の時代に，帰化人によって，貝灰の製造が伝えられたことに始まると言われている．石灰岩による石灰の製造は，空海によって唐より伝えられ，広まったと言われている．

　現存する消石灰としての遺物は，奈良県高市郡明日香村にある終末期古墳時代（700年前後）の高松塚古墳が有名である．石槨（せっかく）の内部の前面に漆喰を塗りこみ壁画が施されている．

　消石灰を主材料とする漆喰の硬化メカニズムは，乾燥と炭酸化によって行われる．まず水和分の水の蒸発が必要で，完了しないと空気中の炭酸ガスとの反応は塗り表面から順次内部に進行していき，強度の発現まで時間がかかる．

6 左官用混和材

①左官用混和材の概要

　混和材料は，モルタルなどに混和して作業性の改

善，性質の改良によってひび割れ・はく離などの故障防止を目的として用いるものである．消石灰・ドロマイトプラスターその他無機質混和材などのように，量的に多く用いるものを混和材という．合成樹脂系混和剤・減水剤などのように量的に少なく用いられているものを混和剤と呼ぶ．

②糊材

欧米や中国では煉瓦や石の下地で，塗り付け時の保水効果は水打ちが行われる．しかし，日本の下地は，元来，土壁であったため，十分な水打ちを施せない．そこで，塗り材の方に工夫することとなる．古来より日本壁の特徴として漆喰・土物壁に粘性・保水性を与えることと，乾燥後の結合と固結を計るために糊材を混入してきた．最近は合成樹脂による糊材の効果によって，左官材料の性能・機能が高められてきている．

11・2 ボード材料

ボード状材料は板状の製品である．表11・2のように分類される．

表11・2 ボード材料の分類

分類	概要
木質系	合板・フローリングなど
セメント系	スレートなど
せっこう系	せっこうボード・ラスボードなど
繊維系	パーティクルボードなど
プラスチック系	硬質塩ビ板など
金属系	アルミニウム合金板など
石材系	張り石・プラスチック人造石など
その他	結晶化ガラス・ロックウール吸音板など

表11・3 形状と表面仕上げの分類

形状・表面仕上げ
板状
波状
孔あき（貫通・半貫通）
みぞ，リブ付き
虫くい
塗装

表11・4 取付け工法

取付け工法
釘（普通釘，ボード釘ほか）
ねじ，ボルト（直，フックボルトほか）
接着剤（専用，耐火接着剤ほか）
モルタル（普通，専用モルタル）
はぜ（サイディングなど）＋釘

1）木質系ボード

木質系ボードは合板とフローリングに大別される．

1 合板

①合板の歴史

合板（通称：ベニア板，英名：プレイウッド）とは，薄く切った単板を繊維方向に90°互い違いに奇数枚重ねて熱圧接着した木質ボードのことである（図11・8）．合板の製造技術の基になる，薄く剥いだ板を木材などの表面に接着するという手法は，数千年前から使われており，紀元前3500年の古代エジプトに単板を互い違いに重ね合わせた合板から作られた製品が出土している．元々は良質な木材の不足のために合板は作られた．品質の劣る木の表面に薄くスライスした木材を接着剤で貼り付けた．構造的な利点は偶然のものだった．

その手法はローマ時代，ルネッサンス時代に受け継がれ，手工業的工法で家具やドアなどを作るのに利用された．産業革命時の1870年代頃，ヨーロッパで端板（薄く剥いだ板）切削用にベニヤレース（単板を製造する機械）が使われるようになり，1880年代頃には工業化されている．その後，合板は世界各地に広まり，近代的工業に成長し続けた．

日本における合板の製造は1907（明治40）年，名古屋の浅野吉次郎が独自に開発したベニヤレースの実用化によって始まったとされている．日本の創世期の合板は，大豆グルー・ミルクカゼイン・膠などの接着剤を用い，ベニヤチェスト（茶箱）用や楽器用，家具用のようなものを製造していたが，耐水性が向上するに従い，その用途が拡大された．1950（昭和25）年頃，尿素系の接着剤が開発され，飛躍的に接着性能が向上し，合板＝剥がれる板というイメージを払拭した．そして，消費材→耐久消費材→建築用材と用途を広げ，現在は中国・アメリカ・イ

ンドネシア・マレーシア・ブラジルに次ぐ合板生産国である（2006年）と同時に，アメリカ・中国に次ぐ大きな合板消費国でもある．

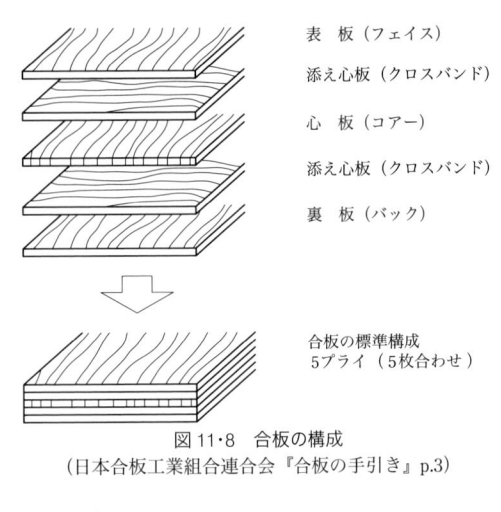

図11・8 合板の構成
（日本合板工業組合連合会『合板の手引き』p.3）

表板（フェイス）
添え心板（クロスバンド）
心板（コアー）
添え心板（クロスバンド）
裏板（バック）

合板の標準構成
5プライ（5枚合わせ）

②合板の種類

合板は表11・6のように，用途別・接着性能別・樹種別・構成別に分類される．合板はその使用箇所や用途によって定義が異なり，品等もある．適材適所にて使用することが重要である．

③合板の特徴

木材は昔から日本の生活環境と密接にかかわり利用されている．また，高温多湿の環境では欠かせない材料で，人々には生活に穏やかな住環境を与える．その木材の欠点を技術によって優れた材料に作り上げたのが合板である．そして次のような特徴がある．

表11・6 合板の特徴

特徴	内容
強度性	重さの割りに強さが大きい
安定性	伸び縮みが少ない
加工性	切断・釘打ちが容易である
耐震性	面としての強さが得られる
断熱性	熱伝導性が小さく，比熱が大
健康性	(1) 乾燥木材は電気伝導性が少ない (2) 音・機械的振動の吸収性がある (3) 視覚・触覚にやさしい (4) やわらかな感覚を与える
経済性	小さい木からも広い面積を得られる

表11・5 合板の分類

	種類	概要
用途別	普通合板	一般的な用途に広く使われる合板
	コンクリート型枠用合板	コンクリート打ち込み時にそのせき板として使用される合板
	表面加工コンクリート型枠用合板	コンクリート用型枠合板の表面に塗装・オーバーレイなどの加工をした合板
	構造用合板1級	建築物の耐力構造上必要な部位に使用される合板
	構造用合板2級	1級と同様に使用されるが針葉樹合板が主である
	天然木化粧合板	普通合板の表面に，美観を目的として天然銘木の薄い単板（スライスド単板）を貼り，住宅の内装用や家具用に用いられる合板
	特殊加工化粧合板	普通合板の表面に，美観と耐久性を目的としての天然銘木以外のものを貼ったり，木目模様などの印刷加工をしたりした表面加工合板で，オーバーレイ合板，プリント合板，塗装合板などがある
	防虫処理合板	普通合板，構造用合板，天然木化粧合板，特殊加工化粧合板にラワン材を食害する「ヒラタキクイムシ」を防除するために製造時に防虫薬剤で処理した合板
	難燃処理合板	普通合板，天然木化粧合板，特殊加工化粧合板に難燃薬剤で処理し燃え難くした合板で，建築基準法による内装制限の指定箇所に使用することのできる合板．厚さは5.5mm以上
	防炎処理合板	普通合板，天然木化粧合板，特殊加工化粧合板に防炎用薬剤で処理した合板で，消防法により指定される展示会場・舞台などに仮設材料として使用される．厚さは4mm未満が主
接着性能別	特類合板（フェノール樹脂接着剤等）	屋外または常時湿潤状態となる場所（環境）において使用することを主な目的とした合板
	1類合板（メラミン樹脂接着剤等）	コンクリート型枠用合板および断続的に湿潤状態となる場所（環境）において使用することを主な目的とした合板
	2類合板（ユリア樹脂接着剤等）	時々湿潤状態となる場所（環境）において使用することを目的とした合板
樹種別	広葉樹合板	合板のすべての層に広葉樹を用いたもの
	針葉樹合板	合板のすべての層に針葉樹を用いたもの
	複合合板	広葉樹・針葉樹を混合したもの
構成別	ベニアコアー合板	心板に単板を用いて製造した合板
	特殊コアー合板	心板に単板以外の材料を用いて製造した合板
	ランバーコアー合板	心板にランバー（挽板）を使用した合板．ブロックボードとも言う
	ボードコアー合板	心板にパーティクルボードや中密度繊維板（MDF）などを使用した合板
	軽量合板	心板に紙を蜂の巣状樹脂加工したものを用いたもの．このほかにインシュレーションボードを用いたものもある

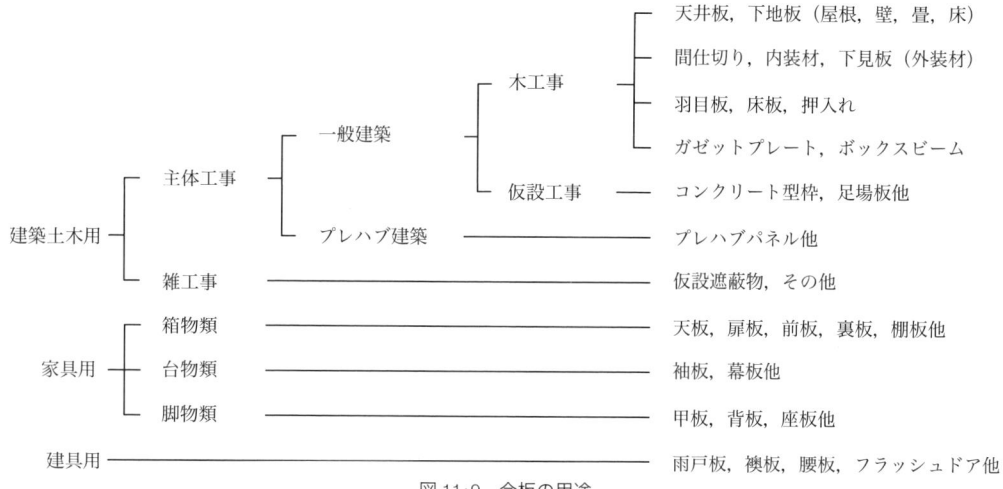

```
                                          ┌─ 天井板, 下地板 (屋根, 壁, 畳, 床)
                            ┌─ 一般建築 ─┬─ 木工事 ─┼─ 間仕切り, 内装材, 下見板 (外装材)
                            │            │          ├─ 羽目板, 床板, 押入れ
              ┌─ 主体工事 ─┤            │          └─ ガゼットプレート, ボックスビーム
              │            │            └─ 仮設工事 ── コンクリート型枠, 足場板他
  建築土木用 ─┤            └─ プレハブ建築 ──────── プレハブパネル他
              └─ 雑工事 ──────────────────────────── 仮設遮蔽物, その他
              ┌─ 箱物類 ──────────────────────────── 天板, 扉板, 前板, 裏板, 棚板他
  家具用 ────┼─ 台物類 ──────────────────────────── 袖板, 幕板他
              └─ 脚物類 ──────────────────────────── 甲板, 背板, 座板他
  建具用 ──────────────────────────────────────────── 雨戸板, 襖板, 腰板, フラッシュドア他
```

図11·9 合板の用途

> **コンクリート型枠用合板**
> 建築および土木において, コンクリートを打ち込む際の型枠として使用する合板である. 表面には塗装またはオーバーレイを施してあり, 仕上がりをきれいにするだけでなく, 合板の転用を可能にしている. よく現場では「コンパネ」と言われている.

2 フローリング

①フローリングの歴史

日本でのフローリングの歴史は大正初期の 1913 年にまで遡る. 技術や機械を海外から導入し, 北海道のナラ材を加工してヨーロッパに輸出していた頃に, 木材の端材を処理するために製造されたのが創業期といえる. 日本の紡績工場の発展とともにフローリング需給が伸張し, 品質向上と量産化へ向かった.

②フローリングの特徴

フローリングは一般的に, 温かみがあり, 肌触りがよく, 断熱性や調湿性にすぐれている長所がある.

掃除も容易に出来, 汚れにくいので, 結果的にカビやダニが発生しづらく, 衛生的という側面もある. 代表的な用途としては, 文教施設・住宅用・商業施設用・事務所用・工事用・スポーツ施設用などがある.

③フローリングの種類

・**単層フローリング**

床材のすべてが 1 枚の木から構成されたもの. 無垢材とも呼ばれる. 無垢ならではの風合いがあり, 経年変化によってより深い趣を演出でき, 歩行時の弾力性や重厚感, 温かみがある. しかし, 乾・湿による狂い (変形) が大きく, 施工時に注意が必要. また, 施工後の取り扱い・メンテナンスが状態に大きな影響を与えることがある.

・**複合フローリング**

数層の下地合板 (基材) の上に, 0.2〜2mm 程度の厚さの木 (表層) で構成されているものである. その基材の種類でさらに 3 つの区分がある. 一般的に複合フローリングは, 品質のばらつきが少ない. そのため, 単層フローリングよりも, 施工・メンテナンス・取り扱いが容易である.

2) セメント系ボード

セメント系ボードには表 11·7 のように分類される. 詳細は第 2 章および第 14 章を参照.

図11·10 フローリング

表11·7 セメント系ボードの分類

スレート	窯業系サイディング
ケイ酸カルシウム板	スレート・木毛セメント積層板
スラグせっこう板	吸音材料
パルプセメント板	住宅屋根用化粧スレート
木質系セメント板	テラゾ

3) せっこう系ボード

1 せっこう系ボードの歴史

　せっこうの建築資材としての利用の歴史は紀元前2500年頃の古代エジプト王朝までさかのぼる．エジプトのギザにあるクフ王のピラミッドからは石棺にアラバスター（結晶せっこう）が使われており，さらに紀元前40年頃にクレオパトラがワインを飲むのに使った杯は天然せっこうから削り出されたものと言われている．古くからせっこうは美しく，しかも丈夫なため，石材として用いられたばかりではなく，道路舗装，彫刻用材としても活用されていた．その加工技術はペルシャ時代からギリシャ，ローマ時代へと受け継がれ，その過程で建築物への施工技術が確立し，欧州の広域に広まった．せっこうの利用が本格化したのは13世紀のヨーロッパで，焼きせっこうに水を加えた「プラスター」が，石造りの王宮の内装を装飾するのに使われていた．17世紀に大量の移民が渡ったアメリカではログハウススタイルの木造住宅が主流で，防火性のあるせっこうプラスターを内装に厚く塗っていた．この「火で燃える木を燃えないもの（＝せっこう）で覆う」という発想から，アメリカのオーガスティン・サケットが1895年，せっこうをボード状にした「**せっこうボード（ジプサムボード）**」のもととなるものを発明した．これが工業的に生産されるようになったのが1902年のことである．

　日本でのせっこうボードの製造は1922（大正11）年に始まった．当初はすべて手作業で，水平なアルミ板の上にせっこうのスラリー（泥状のもの）を流し込み，原紙と貼り付け，さらに原紙で覆いローラーで平らに延ばして板状にしたのち，天日干ししていた．

2 せっこうボードの製造

　せっこうボードはせっこうを芯材として，両面をボード用原紙で被覆して成型したものである（図11·11）．

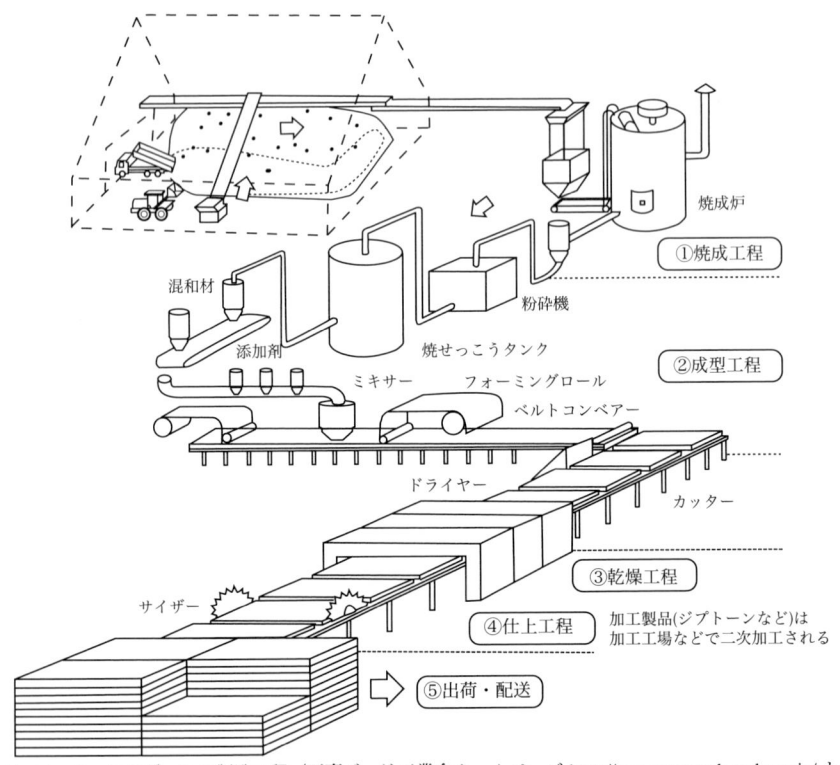

図11·11　せっこうボードの製造工程（石膏ボード工業会ホームページ http://www.gypsumboard-a.or.jp/ より）

表 11・8　せっこうボードの種類

種類	概要	主な用途
せっこうボード	せっこうを心材として両面および長手小口のボード用原紙で被覆したもので，普通ボードとも呼ぶ	内壁および天井下地 防火・準耐火・耐火・遮音構造
シージングせっこうボード	両面のボード用原紙とせっこうの心材に防水処理を施したもので，せっこうボードに比べて吸水時の強度低下・変形が少ない	外壁・屋根・浴室下地・軽天井
強化せっこうボード	心材のせっこうに無機質繊維等を混入したもので，防火性が高い	防火・準耐火・耐火・遮音構造
化粧せっこうボード	表面厚紙にあらかじめプリントした普通品と，普通ボードに化粧加工した紙やプラスチックシートを貼り合わせた特殊品がある	内壁・間仕切り・天井仕上げ
せっこうラスボード	へこみをつけた押し込みボード	せっこうプラスター塗下地
普通硬質せっこうボード	耐衝撃性が強化せっこうボードの約1.2倍以上，曲げ破壊荷重がせっこうボードの約1.3倍以上硬質なもの	間仕切壁，通路，廊下などの壁，腰壁および，防・耐火・遮音各構造体の下地材
シージング硬質せっこうボード	普通硬質せっこうボードの性質を保持したまま，防水処理をしたもの	屋外の多湿箇所の壁，天井および外壁の下地材
化粧硬質せっこうボード	普通硬質せっこうボードの性質を保持したまま，表面化粧を施したもの	壁および天井仕上材
吸放湿せっこうボード	各種せっこうボードの性能を保持したまま，吸放湿性能を約3倍に高めたもの	吸放湿性能によって室内湿度を一定範囲内保つのに適した壁，天井の下地材および仕上げ材
吸音用穴あきせっこうボード	せっこうボードに吸音用の孔をほぼ均等に裏面まで貫通して開けたもので，不燃性シート等で裏張りしたものとしないものがある	天井仕上げ
不燃積層せっこうボード	ボードの表紙に不燃性のボード用原紙を用いたもので，表面を化粧加工したものとしないものとがある	内壁・間仕切壁・天井仕上げ

(石膏ボート工業会ホームページ http://www.gypsumboard-a.or.jp/ より)

① 焼成工程：せっこうを炉で焼成し，水と反応して固化する性質の焼きせっこうを精製する．
② 成型工程：焼きせっこうを水と混合しスラリー（泥状）にして原紙が流れるラインに流し込みサンドイッチする．
③ 乾燥工程：乾燥機に送り，余分な水分を除去する．
④ 仕上げ工程：ボードを製品として寸法のカットをする．
⑤ 出荷・配送：消費者へ出荷．

3 せっこうボードの種類と特徴

せっこうボードの種類は表11・8のように分類される．用途や使用場所によって多くのせっこうボードがある．せっこうボードの特徴は，①火に強い（不燃性・防火性・耐火性），②音を通しにくい（遮音性），③気密性がよい，④断熱性がよい，⑤施工性がよい，⑥寸法安定性がよい．これは温度や湿度による変化・影響がなく，伸び，縮み，ひずみがほとんどないことによる．しかし，水には弱く，水を含むと強度が落ちる短所がある．

図11・12　せっこうボードの取り付け状況

4）その他のボード材料

その他のボード材料を表11・9に示す．詳細については第14章（その他材料）を参照．

表11・9　その他のボード材料の種類

繊維系ボード	プラスチック系ボード
金属系ボード	石材系ボード

11・3 シート材料

1) 畳（たたみ）

図 11・13 日本の畳

畳は日本で発展してきた伝統的な敷物（床材）で，部屋に何枚の畳が敷き詰められるかで部屋の大きさを表す単位ともなっている．一般的な規格としては本間（京間），三六間（中京間），五八間（江戸間），団地間の四種類が有名で，その他，地域ごとにも様々に存在している（表 11・10）．

表 11・10 畳の分類

名称	寸法(mm)	主な使用地域
本間（京間）	1910 × 955	近畿・中国・九州・東北
三六間（中京間）	1820 × 910	東海・近畿・四国・東北
五八間（江戸間）	1760 × 880	関東・甲信越・北陸・東北・北海道
団地間	1700 × 850	高層共同住宅

（建築材料活用事典編集委員会編『建築材料活用事典』産業調査会，2007 年，p.553）

畳の構造は，畳床（たたみどこ），畳表（たたみおもて），畳縁（たたみぶち）に分類される．

畳表（図 11・14）は麻糸や綿糸を経糸にもしくは七島いの茎を乾燥させて織ったもので，織り方は様々な方法がある．畳表は畳床とは異なり，現在でも天然素材が主流であるが，合成繊維を織ったものや合成樹脂を表面に施したシート状の畳表もある．

図 11・14 畳表
（全国畳床工業会ホームページ http://www3.ocn.ne.jp/~zentoko/ より）

畳床（図 11・15）は，伝統的に稲作文化であったため，その副産物として，乾燥させた稲藁（いなわら）を強く圧縮して縫いとめ，板状に加工したものである．適度な弾力性，耐久性，高い保水性，室内の調湿作用，空気浄化作用，難燃性などがあり，古くからの自然を生活に取り込む日本人の文化が息づいている．現在では，建材畳床，化学床と呼ばれる，インシュレーションボードや発泡ポリスチレンが利用されてきている．

図 11・15 畳床
（全国畳床工業会ホームページ http://www3.ocn.ne.jp/~zentoko/ より）

畳縁は畳床を畳表で包み，畳表の切り落とし部分を保護補強するために長手方向に巻きつけて縫い付ける布製の素材である．素材も，絹，麻，綿があり，現在ではポリエステル等も加わっている．畳縁は目立つので，色や柄で雰囲気が大きく変わる．また，歴史的には権威の象徴で，身分を表すこともあり，柄や色の利用が制限される畳縁があった．最近は畳縁のない坊主畳も多くなっている．

畳の文化

日本には四季折々の気候や風土がある．畳は1000年以上も前に平安時代に日本人の知恵から生み出された日本固有の文化である．畳を敷いた和室は茶の間，客間，寝室と幅広く使えて機能性豊かであり，日本の文化を作り上げているものの一つである．

2) カーペット

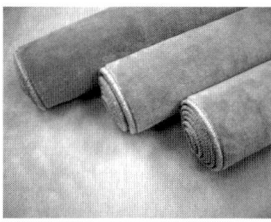

図 11·16　カーペット

カーペットとは，繊維性敷物の総称である．**パイルのあるものとパイルのないものに大別される**（表11·11）．じゅうたんともいう．パイルとは，カーペットの表面に出ている繊維の束（毛房）のことであり，ループパイルとカットパイルがある（図11·17）．カーペットに多く用いられる繊維は，天然繊維のウール，合成繊維のアクリル，ナイロン，ポリエステル，ポリプロピレンなどがある．カーペットの素材に要求される性能は，崇高性，耐摩耗性，防汚性，染色性，染色堅牢性，難燃性，制電性などが挙げられる．美的快適性や高級感が要求されるものには羊毛が用いられる．

表 11·11　カーペットの種類

パイルのあるカーペット	織	鍛通 ウィルトンカーペット，アキスミンスターカーペット	手織 機械織
	刺繍	タフテッドカーペット，フックドラグカーペット	
	接着	ボンデッドカーペット，電着カーペット，コードカーペット	
	編	ニットカーペット，ラッセルカーペット	
	圧縮	ニードルパンチカーペット	
パイルのないカーペット	織	三笠織，菊水織，平織	機械織
	圧縮	毛	

（建築材料活用事典編集委員会編『建築材料活用事典』産業調査会，2007年，p.554）

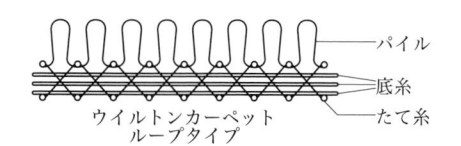

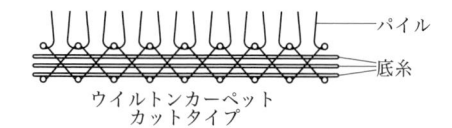

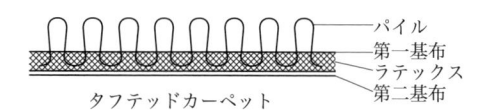

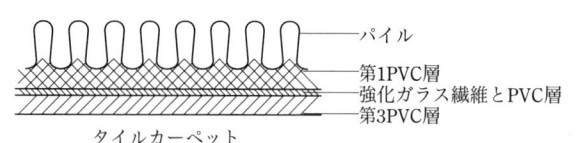

図 11·17　パイルの種類
（兼蔵昌直『建築施工テキスト』井上書院，2005年，p.339）

カーペットは大きく分けるとロール物，ピース物とタイルがある．ロール物は一般に30m前後に巻いたロール状のカーペットで，幅は400cm，386cm，364cm，273cmがある．ピース物には176cm（3帖），261cm（4.5帖，6帖），352cm（8帖）がある．タイルは角型カーペットのことで，サイズは50cm角が主流であるが，40cm角もある．

カーペットの歴史

カーペットの歴史は3000年もの昔にさかのぼる．ペルシャじゅうたんの生産地として知られている現在のイラン辺りに「パイルのあるカーペット」が発祥した．日本では日本書紀にもあるように，織る，編む，組むといった技法から敷物の文化は多くあった．しかし，定義で言われるカーペットではない．

3) 壁素材仕上げ

1 紙貼り

壁素材としての紙壁紙は内装仕上げ材の一つである．壁紙が発祥したのは中国であり，その後ヨーロッパに伝わった．ヨーロッパではタペストリーなどの歴史を経て15世紀中頃に登場した．

壁紙は大量生産ができ，安価である．特徴は保湿性に優れていることである．

> **現存する最古の壁紙**
>
> 現存する世界で一番古い壁紙は，1509年に作られたイギリスの「ケンブリッジ・フラグメント」であり，石榴(ざくろ)のデザインがモノクロの木版印刷で表現された紙壁紙である．

紙系壁紙の分類

紙系壁紙はパルプ，和紙，ケナフなどの紙系材料を主材とした壁紙で表11・12のように分類される．

紙壁紙というと一般的には天然素材と思われているが，分類表にあるように「プラスチック化粧の紙壁紙」もある．

表11・12　壁紙の分類

種類	適用
紙系	和紙・加工紙・コルク・紙布　他
繊維系	織物・植毛・化学繊維・絹　他
塩ビ系	塩化ビニル
プラスチック系	オレフィン
無機系	骨材・水酸化アルミ紙　他
その他	合成紙・どんす張り・塗装仕上げ

②クロス張り

クロス張りとは，壁素材仕上げの総称としてよく使われる言葉であり，前項の紙貼りもその一つである．このクロス張りは，建物の内装下地としてせっこうボードが使われるようになってきたのとほぼ同時期に普及し始めてきている．これはせっこうボードを用いた乾式工法に内装仕上げのクロス張りが最適な材料であったことによる．

また，普及に至ったもう一つの要因は1969年に基材と組み合わせた状態で防火材料として建設省（現国土交通省）に認定されたことが挙げられる．

壁紙の生産量としては，毎日およそ7億m^2超（2005年実績）の壁紙が生産され，そのうち約90％をビニル壁紙で占めている．

ビニル壁紙は加工性がよく，汚れ防止，消臭，抗菌，ホルムアルデヒド消去など機能性を付与した製品が豊富で，意匠性に富み，施工性もよい．

> **タペストリー**
>
> 壁掛けなどに使われる室内装飾用の織物である．日本の綴織(つづれおり)（太い横糸で縦糸をつつみ込み，縦糸を見えなくして，横糸だけで絵柄を表現する織り方）と似ている．ヨーロッパでは内装だけではなく城や宮殿を飾っていた．

表11・13　機能性壁紙の特徴

機能	概要
防カビ	防カビ剤を配合することで，カビに対する抵抗性を高める
汚れ防止	壁紙表面に特殊フィルムをコーティングすることで，汚れが付きにくく，汚れが付いても取り除きやすい
表面強化	壁紙の配合やフィルムのコーティングにより，傷が付きにくくする
抗菌	無機銀系や有機系の抗菌剤を使用して，大腸菌や黄色ブドウ球菌などの細菌増殖を抑制する
消臭	いやな臭いと反応し臭いを軽減する
吸湿性	ビニル系壁紙に吸水性ポリマーを添加し，湿気を吸ったりはいたりする
透湿(通気)	室内の水分表面（室内側）と裏面（下地側）とで行き来しやすくした物で，結露の発生を遅らせる
ホルムアルデヒド消去	化学反応で無害な物質に変え，空気中のホルムアルデヒドを軽減させる
防塵	静電気を抑制する
蓄光	表面に蓄光インクをプリントして，消灯後に模様が浮き出る
吸音	難燃アクリル繊維や不織布などを使用して，吸音性に優れ，残量音を緩和する

練習問題 11.1 左官および左官材料に関する次の記述のうち，**最も不適当な**ものはどれか．
1. 左官工事に使用するセメントは床を高くした倉庫に湿気を防ぐ状態で保管した．
2. せっこうの特徴は火に強く，水にも強い．
3. コンクリート下地のセメントモルタルの1回練り混ぜ量は60分以内に使い切る量とした．
4. 左官材料は水硬性と気硬性の材料がある．

練習問題 11.2 材料に関する次の記述のうち，**最も不適当な**ものはどれか．
1. 合板は薄く切った単板を様々な方向で熱圧接着したものである．
2. 木材は日本の高温多湿の環境に適した材料である．
3. フローリングは断熱性や調湿性に優れている．
4. せっこうボードは耐火性能に優れているが，水を含むと強度が低下する．

練習問題 11.3 次の記述のうち，**最も不適当な**ものはどれか．
1. せっこうボードは寸法安定性がよく，多くの建築物に使用されている．
2. せっこうボードを天井に取り付ける時は室の中央部分から四周に向かって施工した．
3. たたみのなかで寸法が一番大きいのは江戸間である．
4. 合板とは単板を繊維方向に直角に互い違いに奇数枚重ねたものである．

練習問題 11.4 内装工事等に関する次の記述のうち，**最も不適当な**ものはどれか．
1. 冬期におけるアルミニウム合金製建具の枠のまわりのグラウトの充填に当たって，充填モルタルが凍結しないように，塩化カルシウムの凍結防止剤を混入した．
2. せっこうボード張りの壁面の遮音性能を確保するために，せっこうボードの周辺部からの音漏れの原因となる隙間に弾性シーリング材を充填した．
3. 合板には用途によって多くの種類がある．
4. 50cm角のタイルカーペット張り工法において，耐薬品性，耐摩耗性及び美観性が要求される床の場合，樹脂ペーストによる流しのべ工法を採用した．

第12章　プラスチック・塗料・接着剤

12・1　プラスチック

プラスチック（plastic）は，英語で「可塑の．自由に形をつくれる．やわらかい」という意味で，「人工的に合成された高分子材料で可塑性のあるもの」と定義される．一般に，合成高分子材料のうち，合成繊維と合成ゴムを除いた合成樹脂を指し，現在では，常温で固体のものをプラスチック成型品，液状のものを合成樹脂と呼んでいる（図12・1）．

最初のプラスチックは，1870年にアメリカで工業化されたセルロイドで，ビリヤードの玉として製造された．今でも，卓球の玉にはセルロイドが使われつづけている．その後，1909年にフェノール樹脂（商品名：ベークライト）が登場したのを皮切りに，ユリア樹脂，アルキド樹脂，アクリル樹脂，ポリ塩化ビニルなどが相次いで製造されてきた．

1950年以降になると，プラスチックが建築材料として広く用いられるようになった．

まず合板の接着剤としてユリア樹脂やフェノール樹脂が使用された．次に，板やシート，パイプの材料としてポリ塩化ビニルが用いられた．さらに，FRP（ガラス繊維で補強された強化プラスチック）が建築設備用に，メラミン樹脂が化粧表面材に使用されるようになった．また，1963年には発泡ポリスチレンが登場し，断熱材として住宅などに用いられるようになった．現在では，JISで規定されているプラスチックの種類は約90種類に及んでいる．

1）プラスチックの特徴と分類

プラスチックは，主にC・H・O・Nなどの原子が結合して，一つの単位の分子をつくり，それが次々と腕を伸ばしあってできた高分子材料である．したがって，非常に多くの性質の異なるプラスチックができあがるが，これらの各種プラスチックに共通する特徴を表12・1に示す．

プラスチックは，**熱可塑性樹脂**と**熱硬化性樹脂**の2つに大別される（図12・2，図12・3）．

熱可塑性樹脂は，原料を加熱して融かし，それを型に入れて冷却することにより固めるタイプの樹脂である．出来上がった製品を加熱すると，再び軟らかくなる（表12・2）．熱硬化性樹脂は，原料を型に入れて加熱し，化学反応を起こすことにより固めるタ

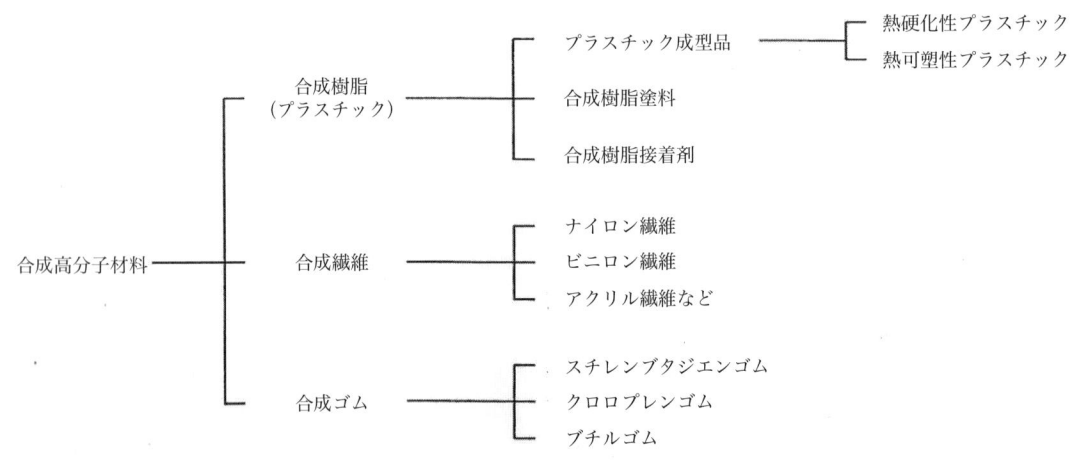

図12・1　プラスチックの定義（建築のテキスト編集委員会編『初めての建築材料』学芸出版社，2000年，p.145）

イプの樹脂である．したがって，再加熱しても元の原料には戻らない（表12・3）．

表12・1　プラスチックの特徴

長所	・加工性に優れている ・着色が自由にできる ・軽量であり，強度も高い ・耐水性，防水性が高い ・耐薬品性に優れている ・大量生産できるので，コストが安い ・電気絶縁性がよい
短所	・耐熱性が低く，変形しやすい ・可燃性である ・表面硬度が小さく，傷がつきやすい ・耐候性のよくないものが多い ・溶剤によって溶ける ・石油製品のため，地球環境問題につながる

（日本建築学会『建築材料用教材』2007年，p.73に加筆）

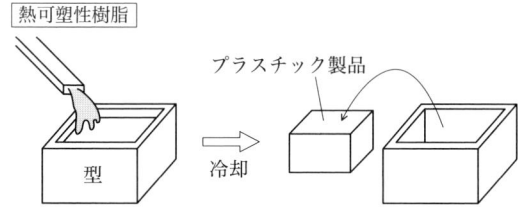

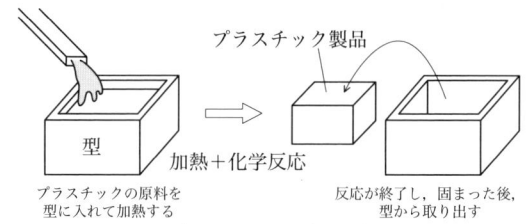

図12・2　熱可塑性樹脂と熱硬化性樹脂
（桑嶋幹他『図解入門よくわかる最新プラスチックの仕組みと働き』秀和システム，2005年，p.24）

表12・2　熱可塑性樹脂

種類	特徴	用途
ポリ塩化ビニル樹脂	耐薬品性大・耐候性大，軟質から硬質まで自由に成形可能，可燃性，安価	板材，タイル，パイプ類，シート，クロス
ポリ酢酸ビニル樹脂	耐候性小，接着性・光沢に富む	接着剤（木工用），塗料
アクリル樹脂	透過性大，耐候性・耐薬品性大，傷つきやすい，高価	ガラスの代用品（照明，水槽，手すり壁），塗膜防水
ポリエチレン樹脂	軽量・弾性あり，耐寒性あり	フィルム，シート，発泡材
ポリスチレン樹脂	透明・軽量，成形容易，衝撃に弱い	照明器具，発泡断熱材
ポリカーボネート樹脂	透明性・耐衝撃性に優れる，成形収縮小	屋根材料（トップライト，折板，波板）

（松本進『図説やさしい建築材料』学芸出版社，2007年，p.129）

表12・3　熱硬化性樹脂

種類	特徴	用途
フェノール樹脂	強度大，耐熱性・耐水性大，アルカリ性に弱い	耐水接着剤，耐水合板，塗料，化粧板
メラミン樹脂	表面硬度大，耐水性大，耐熱性大	化粧板，天板，接着剤
ユリア樹脂	耐水性・耐候性小，比較的安価	接着剤，普通合板，塗料
ポリエステル樹脂	FRP用樹脂材料，成形性・耐熱性大，安価	建築設備（浴槽，ユニットバス，浄化槽），化粧板
エポキシ樹脂	強度大，接着力大，高価	接着剤，注入補修材（コンクリート補修用）
シリコン樹脂	耐候性・撥水性大，耐熱性・耐化学性大，弾性あり，高価	シーリング材，コーティング材
ポリウレタン樹脂	強度大，耐磨耗性・耐候性大，耐熱性・耐酸性・耐アルカリ性に劣る	発泡材，塗膜防水材，塗床材

（松本進『図説やさしい建築材料』学芸出版社，2007年，p.129）

2）プラスチックの性質

1 物理的性質

①比重

一般に軽量で，熱可塑性樹脂は0.9〜2.2の範囲にあり，熱硬化性樹脂は1.2〜2.4の範囲である．

②硬度

鋼材と比較すると非常に小さいが，木材よりも大きいものもある．一般的に，熱可塑性樹脂は軟らかく，熱硬化性樹脂は硬い．しかし，最も硬いメラミン樹脂でもガラスの1/2〜1/3程度の硬度である．

③熱膨張率

熱膨張率は，他の建築材料に比べて全般に大きい．特に熱可塑性樹脂の方が熱硬化性樹脂よりも大きく，ポリエチレンは鋼材の10倍程度になる．

④熱伝導率

熱伝導率は，木材と同等かそれよりやや小さい値である．また，発泡プラスチックは，発泡材を混入して熱伝導率を小さくしているので，断熱材として用いられている．

⑤吸水率

吸水率は一般に小さく，ほとんどが1％以下（24時間浸水の場合）である．特に熱可塑性樹脂のフッ素樹脂やポリエチレンは0.02％以下と非常に小さく，

```
                            ┌─ ポリフッ化ビニル(PVF)
                            ├─ ポリ四フッ化エチレン(PTFE)
                            ├─ ポリ酢酸ビニル(酢酸ビニル樹脂, PVAC)
                            ├─ ポリ塩化ビニル(塩化ビニル樹脂, PVC)
                            ├─ ポリ塩化ビニリデン(塩化ビニリデン樹脂, PVDC)
              ┌─熱可塑性プラスチック ┼─ ポリエチレン(PE)
              │             ├─ ポリプロピレン(PP)
              │             ├─ ポリメタクリル酸メチル(メタクリル樹脂, PMMA)
              │             ├─ ポリスチレン(PS)
              │             ├─ ポリアミド(ナイロン, PA)
              │             ├─ アクリロニトリル・ブタジエン・スチレン樹脂(ABS樹脂, ABS)
              │             └─ ポリカーボネート(PC)
 プラスチック─┤
              │             ┌─ フェノール樹脂(PF)
              │             ├─ ユリア樹脂(尿素樹脂, UF)
              │             ├─ メラミン樹脂(尿素樹脂, MF)
              └─熱硬化性プラスチック ┼─ 不飽和ポリエステル樹脂(尿素樹脂, UF)
                            ├─ エポキシ樹脂(EP)
                            ├─ フラン樹脂
                            └─ ウレタン樹脂(ポリウレタン, PUR)
```

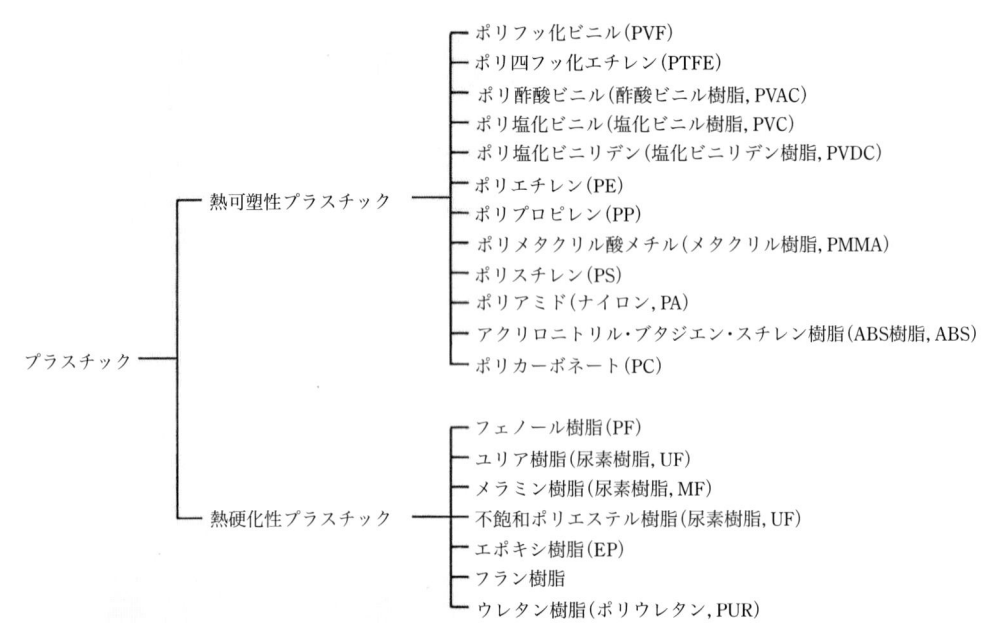

図12・3 プラスチックの種類(建築のテキスト編集委員会編『初めての建築材料』学芸出版社, 2000年, p.145)

前者は撥水材(水をはじく性質を持つ材料)として、後者は防水フィルムとして利用される.

⑥光透過性

従来の建築材料のうち、透光性のある材料はガラスだけであったが、大部分のプラスチックには透光性がある。また、染料や顔料を加えることで希望の色を得ることができる。可視光線の透過率は約70〜85%(無色1mm厚)で、アクリルが91〜93%で最も大きい。紫外線透過率はアクリルがガラスと比べてきわめて大きい.

2 力学的性質
①強度

強度の順序は、圧縮強度、曲げ強度、引張強度の順となる。また、熱硬化性樹脂の方が熱可塑性樹脂より強度が大きく、かつせん断強度がかなり大きい.

②衝撃強さ

一般に熱可塑性樹脂の方が衝撃強さは大きい。しかし、熱可塑性樹脂でもアクリル、ポリスチレンは低く、塩化ビニル、ポリエチレンは高い値を示す.

③クリープ

クリープ特性は、一般的に金属材料に比べて劣り、特に熱的クリープが大きい。ポリエステル樹脂とガラス繊維の複合であるFRP(ガラス繊維で補強された強化プラスチック)は他のプラスチックよりはるかに優れている.

3 化学的性質
①耐熱性

耐熱性は乏しく、温度上昇に伴い変形が増加するとともに力学的性質が低下する。特に、熱可塑性樹脂は50〜70℃で引張強度、曲げ強度は常温値の半分あるいはそれ以下になる.

②燃焼性

引火温度は約290〜500℃、発火温度は約300〜600℃の範囲にある。また、燃焼時には多量の煙や有毒ガスを発生するものも多い.

③耐薬品性

多くのプラスチックは、酸・アルカリ・塩類をはじめ有機溶剤には強く、大体安定している。しかし、樹脂によってはある薬品に強くても、他の薬品に弱いものもある.

④劣化

日光・気温・風雨・大気不純物などの影響により物理的・機械的・化学的性質の劣化をおこす。すなわち、変色・退色・脆弱化・強度低下などが生じる.

これらのプラスチックの諸特性をまとめて表12・4、表12・5に示す.

表 12・4 熱硬化性樹脂の特性（建築のテキスト編集委員会編『初めての建築材料』学芸出版社，2000年，p.147）

種類	密度 [g/cm³]	吸水率 [%] (3mm, 24h)	強度[N/mm²] 引張	強度[N/mm²] 圧縮	強度[N/mm²] 曲げ	熱伝導率 [10⁻⁶W/m·K]	熱膨張率 [10⁻⁵/K]	熱変形温度[℃]	化学特性 日光	化学特性 酸	化学特性 アルカリ
フェノール樹脂 PF	1.2〜1.3	0.1〜0.2	48〜55	69〜215	82〜103	12.6〜25.1	2.5〜6.0	133〜144	暗色化	○	×
メラミン樹脂 MF	1.48	0.3〜0.5	—	275〜310	75〜96	—	—	166	退色	◎	◎
ユリア樹脂 UF	1.47〜1.52	0.4〜0.8	37〜89	172〜310	69〜124	29.3〜41.9	2.2〜3.6	144〜161	淡黒色化	×	×
不飽和ポリエステル樹脂 UP	1.1〜1.46	0.15〜0.6	41〜89	89〜207	58〜158	16.7	5.5〜10.0	66〜204	黄色化	—	—
エポキシ樹脂 EP	1.11〜1.4	0.08〜0.15	27〜89	103〜172	91〜145	16.7〜21	4.5〜6.5	139〜306	影響なし	◎	◎
シリコン樹脂 SI	0.99〜1.5	0.12	2.5〜6.9	0.69	—	14.7〜31.3	8.0〜30.0	—	影響なし	○	△
ウレタン樹脂 PUR	1.1〜1.5	0.02〜1.5	1.2〜69	137	4〜30	21	10.0〜20.0	広範囲	黄色化	○	△

表 12・5 熱可塑性樹脂の特性（建築のテキスト編集委員会編『初めての建築材料』学芸出版社，2000年，p.147）

種類	密度 [g/cm³]	吸水率 [%] (3mm, 24h)	強度[N/mm²] 引張	強度[N/mm²] 圧縮	強度[N/mm²] 曲げ	熱伝導率 [10⁻⁶W/m·K]	熱膨張率 [10⁻⁵/K]	熱変形温度[℃]	化学特性 日光	化学特性 酸	化学特性 アルカリ
ポリエチレン樹脂 PE	0.91〜0.92	<0.01	48〜55	69〜215	82〜103	12.6〜25.1	2.5〜6.0	133〜144	暗色化	○	×
ポリプロピレン樹脂 PP	0.90〜0.91	0.01〜0.03	—	275〜310	75〜96	—	—	166	退色	◎	◎
メタクリ樹脂 PMMA	1.17〜1.20	0.1〜0.4	37〜89	172〜310	69〜124	29.3〜41.9	2.2〜3.6	144〜161	淡黒色化	×	×
ポリスチレン樹脂 PS	1.04〜1.09	0.03〜0.10	41〜89	89〜207	58〜158	16.7	5.5〜10.0	66〜204	黄色化	—	—
ABS樹脂 ABS	1.01〜1.04	0.2〜0.45	27〜89	103〜172	91〜145	16.7〜21	4.5〜6.5	139〜306	影響なし	◎	◎
ポリ塩化ビニル樹脂 PVC	1.30〜1.58	0.04〜0.4	2.5〜6.9	0.69	—	14.7〜31.3	8.0〜30.0	—	影響なし	○	△
ポリカーボネート樹脂 PC	1.2	0.15〜0.18	1.2〜69	137	4〜30	21	10.0〜20.0	広範囲	黄色化	○	△

表 12・6 主なプラスチック建材の種類と用途（建築材料教科書研究会『建築材料教科書 第五版』彰国社，2008年，p.26）

分類	樹脂名	用途
熱硬化性樹脂	フェノール樹脂（石灰酸樹脂，ベークライト）	化粧合板，電気絶縁材料，耐酸用塗料，合板用接着剤
熱硬化性樹脂	尿素樹脂（ユリア樹脂）	家具用塗料，接着剤
熱硬化性樹脂	メラミン樹脂	化粧合板，合板用接着剤，家具用塗料
熱硬化性樹脂	ポリエステル樹脂	平板（窓・間仕切・看板・表示板），グラスファイバを入れた強化ポリエステル板（波板：屋根材・窓・間仕切），化粧合板
熱硬化性樹脂	シリコーン樹脂（ケイ素樹脂）	金属や合板の接着剤，成形板，塗床材
熱硬化性樹脂	ポリウレタン樹脂	発泡ウレタンとして断熱材・防音材，厚手保温冷板，シーリング材，防水材
熱可塑性樹脂	塩化ビニル樹脂（ポリ塩化ビニル）	平板（窓・間仕切・看板など），波板（屋根材・窓・間仕切），硬質塩化ビニルはパイプ（給排水管・桶など）や光り天井，床用タイル
熱可塑性樹脂	塩化ビニリデン樹脂	金網代用品，テント，サラシ繊維
熱可塑性樹脂	酢酸ビニル樹脂	ビニロンの原料，エマルションペイント（壁塗料），接着剤
熱可塑性樹脂	アクリル樹脂	平板（窓・間仕切・看板），トップライト，フレームレスドア，塗料，接着剤
熱可塑性樹脂	ポリスチレン樹脂（スチロール樹脂）	光り天井，発泡ポリスチレンとして断熱材・防音剤
熱可塑性樹脂	ポリエチレン樹脂	防水工事用フィルム，バケツなどの容器

3）プラスチック建築材料

概して建築材料は，その材質や品質により使用される部位が限定される場合が多い．しかし，プラスチック系の材料は，ほとんどの部位に広く使用されているため，プラスチックを使用した建設資材は，一般にプラスチック建材と呼ばれており，多くの建設資材に用いられている．

主なプラスチック建材の種類と用途を表12・6に，住宅内でのプラスチック建材利用例を図12・4にそれぞれ示す．

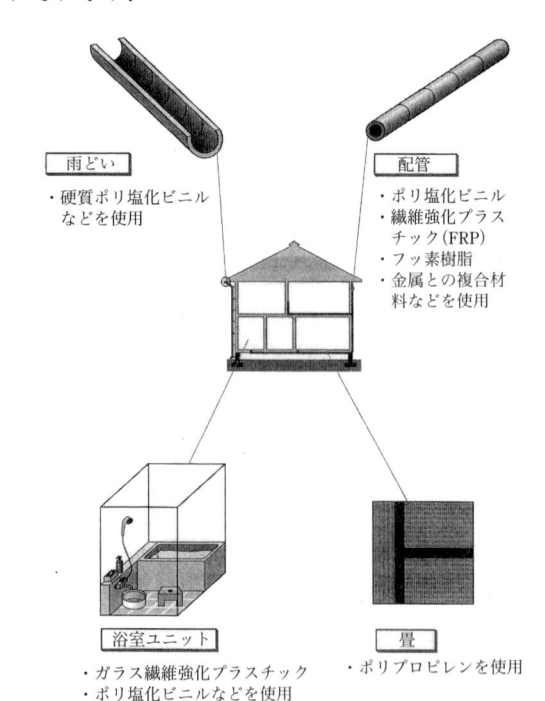

図12・4 住宅内でのプラスチック建材利用例
（桑島幹他『図解入門よくわかる最新プラスチックの仕組みと働き』秀和システム，2005年，p.122）

12・2 塗料

塗料は，材料の表面（素地）に塗り広げたとき薄い層となり，時間の経過につれ乾燥や反応により表面に固着して連続した皮膜（塗膜）を形成する流動性の施工材料である．塗料を用いて材料の表面を覆うことを塗装という．塗料には3つの目的がある．
①保護：錆止め，防食，防湿，防火，防腐など
②装飾：美観の付与（色彩，光沢，模様）
③機能性：標識機能，電気的機能，熱的機能など

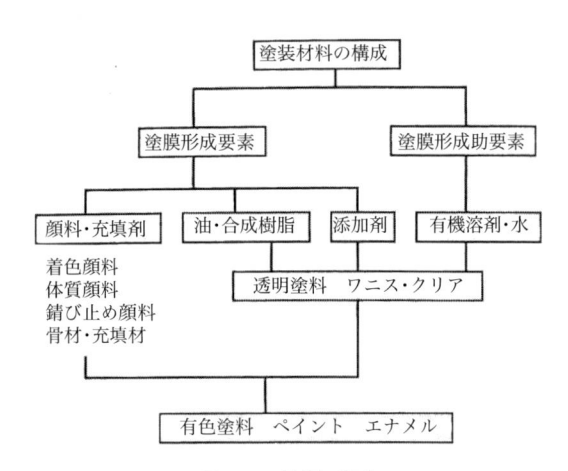

図12・5 塗料の構成
（日本建築学会『建築材料用教材』2006年，p.84）

表12・7 塗膜形成要素及び塗膜形成助要素の種類

塗膜になる部分（固形分）	樹脂	油類	あまに油・大豆油・サフラワー油・桐油など
		天然樹脂および加工樹脂	松脂・エステルガム・セラック・クマロン樹脂・ピッチ
		合成樹脂	アルキド樹脂・アクリル樹脂・アミノ樹脂・エポキシ樹脂・ウレタン樹脂・シリコーン樹脂・フッ素樹脂・アクリルエマルションなど
		セルロース誘導体	硝化綿・アセチルセルロースなど
		ゴム誘導体	塩化ゴム・環化ゴムなど
	顔料	着色顔料 無機系	酸化チタン・カーボン・黄鉛・酸化鉄・紺青・クロムバーミリオンオーカーなど
		着色顔料 有機系	パーマネントレッド・ファーストイエロー・シアニングリーンなど
		体質顔料	炭酸カルシウム・タルク・クレーバライト粉など
		さび止め顔料	鉛丹・亜酸化鉛・シアナミド鉛・亜鉛末・ジンククロメートなど
		特殊な働きをする顔料	亜酸化銅（防汚顔料）・硫化亜鉛（蛍光顔料）・アルミ雲母（パールマイカ）など
	添加剤	可塑剤	DBP・DOPなど
		沈殿防止剤・その他改質剤	ステアリン酸アルミ・ベントナイト乾燥剤など
塗膜にならない（揮発分）	溶剤	エーテル系	エチレングリコールモノエチルエーテル
		エステル系	酢酸エチル・酢酸ブチル・酢酸アミン
		ケトン系	アセトン・メチルエチルケトン（MEK）メチルイソブチルケトン（MIBK）
		アルコール系	エタノール・ブタノールイソプロパノール
		脂肪族炭化水素	ミネラルスピリット
		芳香族炭化水素	キシレン・トルエン・ソルベントナフサ

（日本塗料工業会『塗料と塗装』日本塗料普及委員会，2004年，p.1）

表 12·8 塗料の分類

分類	塗料名称	成分 主成分	成分 溶剤・希釈剤
油性塗料	ボイル油 調合ペイント 油ワニス さび止めペイント ルーフペイント	乾性油 ボイル油・顔料 乾性油・天然樹脂または加工樹脂 乾性油・重合油・さび止め顔料 重合油・顔料	脂肪族系
油性塗料	油性エナメル アルミニウムペイント	油ワニス・顔料 油ワニス・アルミニウム粉	脂肪族系・芳香族系
酒精塗料	セラックニス	セラックゴム	アルコール系
セルロース塗料	ラッカー ハイソリッドラッカー	硝化綿・合成樹脂・可塑剤・顔料 合成樹脂・硝化綿・可塑剤・顔料	エステル・エーテル・ケトン・アルコール 芳香族系
セルロース塗料	(NC)アクリルラッカー (CAB)アクリルラッカー	アクリル樹脂・硝化綿・可塑剤・顔料 アクリル樹脂・CAB・可塑剤・顔料	ケトン・エステル・芳香族系
合成樹脂塗料（溶剤系塗料）	フェノール樹脂塗料 アルキド樹脂塗料 合成樹脂調合ペイント 合成樹脂さび止めペイント	フェノール樹脂・乾性油・顔料 油変性アルキド樹脂・顔料 長油性アルキド樹脂・顔料 長油性アルキド樹脂・さび止め顔料	脂肪族系・芳香族系
合成樹脂塗料（溶剤系塗料）	酸硬化アミノアルキド樹脂塗料	アルキド樹脂・アミノ樹脂・硬化剤・顔料	芳香族系・アルコール系
合成樹脂塗料（溶剤系塗料）	熱硬化アミノアルキド樹脂塗料 熱硬化アクリル樹脂塗料	アルキド樹脂・アミノ樹脂・顔料 アクリル樹脂・アミノ樹脂・顔料	エステル・ケトン・アルコール・芳香族系
合成樹脂塗料（溶剤系塗料）	ポリエステル樹脂塗料 ポリウレタン樹脂塗料 エポキシ樹脂塗料 エッチングプライマー	不飽和ポリエステル樹脂・硬化剤・触媒 ポリオール・イソシアネート・顔料 エポキシ樹脂・硬化剤・顔料 ビニルブチラール樹脂・リン酸・さび止め顔料	スチレンなどのビニルモノマー エステル・芳香族系 エステル・芳香族系・アルコール系 アルコール系
合成樹脂塗料（溶剤系塗料）	塩化ビニル樹脂塗料 塩化ゴム塗料	塩化ビニル樹脂・可塑剤・顔料 塩化ゴム・可塑剤・顔料	エステル・ケトン・アルコール・芳香族系 芳香族系
合成樹脂塗料（溶剤系塗料）	高温焼付フッ素樹脂塗料	フッ素樹脂・顔料	芳香族・エステル・ケトン
合成樹脂塗料（溶剤系塗料）	シリコーン樹脂塗料	シリコーンアクリル樹脂・顔料	芳香族
合成樹脂塗料（溶剤系塗料）	常乾フッ素樹脂塗料	フッ素樹脂・イソシアネート・顔料	芳香族・エステル
合成樹脂塗料（溶剤系塗料）	タールエポキシ樹脂塗料	タールピッチ・エポキシ樹脂・硬化剤・顔料	芳香族・アルコール・ケトン
合成樹脂塗料（水系塗料）	酢ビエマルション塗料 アクリルエマルション塗料 水溶性樹脂塗料 水性ワニス	酢酸ビニル樹脂・可塑剤・乳化剤・顔料 アクリル樹脂・可塑剤・乳化剤・顔料 各種水溶性樹脂・中和剤 アクリル樹脂・可塑剤・乳化剤	水
合成樹脂塗料（無溶剤系塗料）	粉体塗料	エポキシ樹脂系・アクリル樹脂系 ポリエステル樹脂系など各種	なし
その他	うるし カシュー樹脂塗料	天然フェノール 天然フェノール・油溶性フェノール樹脂・乾性油	脂肪族系・芳香族系

＊乾性油・・・・・・・・・・・・・・・・・・・・・・・あまに油・えの油・支那きり油
　天然樹脂・・・・・・・・・・・・・・・・・・・・・ロジン・セラック・ダンマル・コパル
　加工樹脂・・・・・・・・・・・・・・・・・・・・・エステルゴム・石灰ロジン（石油樹脂・クマロン樹脂）
　溶剤・希釈剤　エーテル系　　エチレングリコールモノエチルエーテル・セロソルブ
　　　　　　　　エステル系　　酢酸エチル・酢酸ブチル・酢酸アミン
　　　　　　　　ケトン系　　　アセトン・メチルエチルケトン（MEK）・メチルイソブチルケトン（MIBK）
　　　　　　　　アルコール系　エタノール・ブタノール・イソプロパノール
　　　　　　　　脂肪族炭化水素　ミネラルスピリット
　　　　　　　　芳香族炭化水路　キシレン・トルエン・ソルベントナフサ

（日本塗料工業会『塗料と塗装』日本塗料協会普及委員会, 2004年, p.2）

1）塗料の構成

塗料は，塗膜になる成分（塗膜形成要素）と塗膜にならない成分（塗膜形成助要素）から構成されている（図12・5）．塗膜形成要素は，塗膜の主体となる「油・樹脂」，塗膜の着色，肉付け，錆び止めなどの特殊な効果を発揮する「顔料」，塗料や塗膜の性能を向上させるために副次的に加える「添加剤」からなる．塗膜形成助要素は，塗膜形成要素を溶解・分散させたり，塗料に流動性を加え塗りやすくするための溶剤や水のことである（表12・7）．一般に，顔料を含まず透明な塗膜を作るものをワニスまたはクリア，顔料を含み不透明な塗膜を作るものをペイントまたはエナメルと呼ぶ．また，顔料・充填材以外の塗膜形成要素をビヒクルともいう．

2）塗料の分類

塗料の分類法はいろいろあるが，一例を上げると表12・8のようになる．このうち，主な塗料について，以下に解説する．また，各種素地に対する塗装仕様の選び方の目安を表12・9～表12・11に示す．

1 油性塗料

主にボイル油のような乾性油をビヒクルとして用いるもので，油の酸化によって塗膜を形成する．油性ペイント，調合ペイント，エナメルペイント，アルミニウムペイントなどの種類がある．塗膜のたわみ性や耐久性に優れ，安価である．

①油性ペイント・油性調合ペイント（OP）

油性ペイントは，顔料と乾燥性脂肪油（ボイル油）とを練り合わせた塗料で，堅練りペイントともいう．油性調合ペイントは，そのまま使用できるように工場であらかじめ調整されたもので，現在では一般的に用いられている製品である．乾燥性に劣り，塗膜の劣化が早いなどの欠点がある．

②油ワニス

天然または合成樹脂を乾性油と加熱混合し，乾燥剤を混ぜた溶剤に溶かしたもの．光沢のある被膜を形成するが，塗膜の黄色変化が欠点である．油ワニスはエナメルペイントの原料として使用される．

③油性エナメルペイント

油性ペイントに樹脂を溶解したもので，すなわち顔料と油ワニスを練り合わせて液状にしたもの．混合する油の種類によって性質は異なるが，いずれも塗膜表面は美しい光沢を持つのが特徴である．

④アルミニウムペイント（ALP）

油ワニスとアルミニウム粉末を顔料として練り合わせたもので，アルミニウム板のような光沢のある塗膜を形成する．塗膜の防水性，防食性，耐候性，耐熱性などに優れているので，一般構造材，配管，貯水槽，屋根防水層，鉄塔などの塗装に広く用いられている．

2 酒精塗料

アルコール類を溶剤に用いた塗料の総称で，代表的なものにセラックニスがある．乾燥性に優れ，木部の下塗り用や上塗り用として用いられる．

3 セルロース塗料

パルプや植物の繊維を化学処理して作られるニトロセルロースをビヒクルとした塗料．ラッカーともいわれ，乾燥が速いことから，プラモデルや家庭用塗料として使用されている．塗膜が薄いため，耐候性，耐水性，耐熱性，耐摩耗性に劣るので，外部用には適していない．

4 合成樹脂塗料

現在，最もよく使用されている塗料であり，石油から製造される合成樹脂がビヒクルとして用いられている．アルコール類やエステル，芳香族系炭化水素などを溶剤に使用する溶剤系塗料と，水を溶剤として使用する水系塗料に分けられる．

①合成樹脂調合ペイント（SOP）

油性調合ペイントに少量のフタル酸樹脂を混合したもので，乾燥が速く，耐候性，光沢の保持などに優れているが，耐アルカリ性に劣るため，コンクリート面には塗装できない．酸（acid）とアルコール（alcohol）を反応させて製造することから，アルキド樹脂ともいわれる．

②塩化ビニルペイント（VP）

塩化ビニル系合成樹脂を主原料とした塗料．一般に耐水性，耐薬品性，耐アルカリ性に優れているので，

表12・9 金属系素地に対する塗装仕様の選び方の目安

環境	要求性能	グレード	塗装仕様	耐久性能指数[*1]	コスト指数[*2]	塗装仕様の特徴
外部	高度美装性 / 高耐候性防食性	超高級	常温乾燥形フッ素樹脂エナメル塗り	V	F	大型鋼構造物, 重防食仕様
外部	高度美装性 / 高耐候性防食性	超高級	焼付け形フッ素樹脂エナメル塗り	V	F	カーテンウォール, 高耐久性仕様
外部	高度美装性 / 高耐候性防食性	高級	アクリルシリコン樹脂エナメル塗り	V	E	大型鋼構造物, 耐久性のある重防食仕様
外部	高度美装性 / 高耐候性防食性	高級	2液形ポリウレタンエナメル塗り	IV	D	大型鋼構造物, 耐久性のある防食仕様
外部	高度美装性 / 高耐候性防食性	高級	焼付け形ポリウレタンエナメル塗り	V	E	カーテンウォール, 耐久性仕様
外部	高度美装性 / 耐候性	高級	焼付け形アクリル樹脂エナメル塗り	III	D	カーテンウォール, 一般仕様
外部	高度美装性 / 耐候性	汎用	アクリル樹脂エナメル塗り	II	B	鋼製建具・設備機器, つやあり塗装
外部	高度美装性 / 耐候性	汎用	フタル酸樹脂エナメル塗り	II	B	鋼製建具・設備機器, 合成樹脂調合ペイント塗りより高級
外部	美装性 / 耐水性	汎用	塩化ビニル樹脂エナメル塗り	II	B	高湿度環境下におかれる場合の塗装
外部	美装性 / 汎用性	汎用	合成樹脂調合ペイント塗り	I	A	経済的な防錆塗装, 一般仕様
外部	特殊性 / 熱線反射	汎用	アルミニウムペイント塗り	I	A	鉄板屋根・貯水槽・設備配管・ダクト
内部	高度美装性	高級	アクリル樹脂エナメル塗り	—	B	鋼製建具・設備機器, つやあり塗装
内部	高度美装性	高級	フタル酸樹脂エナメル塗り	—	B	鋼製建具・設備機器, 合成樹脂調合ペイント塗りより高級
内部	防食性 耐水性	高級	2液形エポキシ樹脂エナメル塗り	—	D	化学工場や大気汚染地域における耐薬品性仕様
内部	防食性 耐水性	高級	タールエポキシ樹脂エナメル塗り	—	C	耐薬品性・重防食性仕様
内部	汎用性	汎用	合成樹脂調合ペイント塗り	—	A	経済的な防錆仕様, 一般仕様

*1 耐久性指数: I (劣る) ⇔ V (優れている)
*2 コスト指数: A (安価) ⇔ F (高価)

(日本建築学会『建築材料用教材』2006年, p.85)

表12・10 セメント系及びせっこうボード素地に対する塗装仕様の選び方の目安

環境	透明着色	要求性能	グレード	塗装仕様	耐久性能指数[*1]	コスト指数[*2]	塗装仕様の特徴
外部	透明	高耐候性	超高級	常温乾燥形フッ素樹脂ワニス塗り	IV	F	苛酷な環境下での高耐候性透明塗装
外部	透明	高耐候性	高級	アクリルシリコン樹脂ワニス塗り	III	E	苛酷な環境下での高耐候性透明塗装
外部	透明	高耐候性	高級	2液形ポリウレタンワニス塗り	II	D	高級な透明塗装
外部	透明	耐候性	汎用	アクリル樹脂ワニス塗り	I	B	一般的な透明塗装
外部	着色	高耐候性	超高級	常温乾燥形フッ素樹脂エナメル塗り	IV	F	苛酷な環境下での高候性不透明塗装
外部	着色	高耐候性	高級	アクリルシリコン樹脂エナメル塗り	III	E	苛酷な環境下での高候性不透明塗装
外部	着色	高耐候性	高級	2液形ポリウレタンエナメル塗り	II	D	耐候性のある高級な不透明塗装
外部	着色	美装性	汎用	アクリル樹脂エナメル塗り	II	B	一般的な不透明塗装
外部	着色	美装性	汎用	つやあり合成樹脂エマルションペイント塗り	I	B	一般的な不透明塗装
外部	着色	美装性	汎用	合成樹脂エマルションペイント塗り	I	A	一般的な不透明塗装
外部	着色	防食性	汎用	塩化ビニル樹脂エナメル塗り	I	B	耐薬品性仕様
内部	透明	美装性	高級	2液形ポリウレタンワニス塗り	—	D	高級な透明塗装
内部	透明	美装性	汎用	アクリル樹脂ワニス塗り	—	B	一般的な透明塗装
内部	着色	防食性 床しあげ用	高級	2液形エポキシ樹脂エナメル塗り	—	D	化学工場や汚染地域における耐薬品性仕様
内部	着色	防食性 床しあげ用	高級	2液形タールエポキシ樹脂エナメル塗り	—	C	化学工場や汚染地域における耐薬品性仕様
内部	着色	防食性 床しあげ用	汎用	塩化ビニル樹脂エナメル塗り	—	B	床面塗装, 耐薬品性仕様
内部	着色	防食性 床しあげ用	汎用	アクリル樹脂エナメル塗り	—	B	一般的な不透明塗装(浴室)
内部	着色	美装性	汎用	つやあり合成樹脂エマルションペイント塗り	—	B	一般的な不透明塗装
内部	着色	美装性	汎用	合成樹脂エマルション模様塗料塗り	—	B	意匠性を要求される部位に使用
内部	着色	美装性	汎用	合成樹脂エマルションペイント塗り	—	A	一般的な不透明塗装(一般居室)
内部	着色	美装性	汎用	多彩模様塗料塗り	—	B	意匠性を要求される部位に使用

*1 耐久性指数: I (劣る) ⇔ IV (優れている)
*2 コスト指数: A (安価) ⇔ F (高価)

(日本建築学会『建築材料用教材』2006年, p.85)

表 12・11 木質系素地に対する塗装仕様の選び方の目安

環境	透明着色	要求性能	グレード	塗装仕様	耐久性能指数*1	コスト指数*2	塗装仕様の特徴
外部	ステイン	美装性	汎用	ピグメントステイン塗り	I	A	美観は低下するが，塗膜を形成しないためはがれない
	着色	美装性	高級	フタル酸樹脂エナメル塗り	III	B	定期的な塗り替えが必要，外壁の高級着色塗装
			汎用	合成樹脂調合ペイント塗り	II	A	定期的な塗り替えが必要，外壁の一般着色塗装
			汎用	合成樹脂エマルションペイント塗り	II	A	定期的な塗り替えが必要，外壁の一般着色塗装
内部	透明	高耐久性	高級	2液形ポリウレタンワニス塗り	—	D	柱・造作材・建具・家具・壁面・床，高級透明塗装
		耐久性	高級	1液形油変成ポリウレタンワニス	—	C	柱・造作材・建具・家具・壁面・床，高級透明塗装
			高級	2液形ポリウレタンクリヤーラッカー塗り	—	C	柱・造作材・建具・家具・壁面，高級透明塗装
			高級	アクリルラッカーつやなしクリヤー塗り	—	B	柱・造作材・建具・家具・壁面，高級透明塗装
			高級	フタル酸樹脂ワニス塗り	—	B	柱・造作材・建具・家具・壁面，高級透明塗装
		美装性	高級	クリヤーラッカー塗り	—	B	柱・造作材・建具・家具・壁面，高級透明塗装
	ステイン	美装性	汎用	オイルステイン塗り	—	A	造作材・建具・壁面，経済的透明塗装
			汎用	ピグメントステイン塗り	—	A	造作材・建具・壁面，経済的透明塗装
	着色	美装性	高級	フタル酸樹脂エナメル塗り	—	B	柱・造作材・建具・家具・壁面，高級不透明塗装
			高級	ラッカーエナメル塗り	—	D	柱・造作材・建具・家具・壁面，高級不透明塗装
		汎用性	汎用	合成樹脂エマルションペイント塗り	—	A	柱・造作材・建具・家具・壁面，一般的の不透明塗装
			汎用	合成樹脂調合ペイント塗り	—	A	柱・造作材・建具・家具・壁面，一般的の不透明塗装
		意匠性	汎用	多彩模様塗料塗り	—	B	意匠性を要求される部位に使用
			汎用	内装薄付け仕上げ塗り材塗り	—	A	テクスチュアを重視する部位に使用

*1 耐久性指数：I（劣る）⇔ III（優れている）
*2 コスト指数：A（安価）⇔ D（高価）

（日本建築学会『建築材料用教材』2006 年，p.86）

水まわりの壁面や天井面に使用されることが多い．

③エポキシ樹脂塗料（EXP）

比較的新しい塗料で，耐水性，耐薬品性，耐酸性，耐アルカリ性，耐海水性など様々な面で優れている．また，塗膜が堅く耐屈曲性があり，耐磨耗性，耐衝撃性などの機械的性質にも優れている．さらに，付着性がよいので，各種の素地に広く適用可能である．

④アクリル樹脂塗料（AE）

他の塗料に比べて，特に，塗膜の耐候性，耐薬品性，耐水性に優れている．家具，電化製品，カーテンウォールの塗装に用いられる．

⑤ポリウレタン樹脂塗料（UE）

1液形と2液形の2種類があり，いずれもアクリル樹脂以上に，耐候性，耐磨耗性，たわみ性，耐薬品性に優れている．塗装面の保護用に適している．

⑥フタル酸樹脂塗料（FE）

中油性フタル酸樹脂を主成分とする塗料で，長油性のもの（合成樹脂調合ペイント）に比べて，光沢が大きく，耐候性に優れている．屋内，屋外仕上げや車両の塗装に用いられる，高級ペイントである．

⑦フッ素樹脂塗料

建築用塗料の中では最も高価であるが，耐候性が極めて優れており，また色調や光沢の保持にも優れているので，鋼構造物やコンクリート面の表面仕上げなどに使用される．

⑧シリコンアクリル樹脂塗料

フッ素樹脂塗料に次いで，優れた耐候性を有しているので，鋼構造物やセメント面の外壁塗装に使用される．

⑨合成樹脂エマルションペイント

エマルションとは，合成樹脂の微粒子を水中に分散させた（乳化）形式の塗料であり，ラテックスともよばれる．塗装しやすく，溶剤類の含有量も少ないため，火災面や衛生面から安全であり，近年，その使用量が急増している．主に使用されているのが酢酸ビニル系エマルションペイント（EP）とアクリル系エマルションペイント（AEP）である．前者は内装用に，後者は内外装用に用いられる．

⑩粉体塗料

上述の塗料が液体であるのに対し，粉末状の形態をした塗料．静電気を利用して，金属表面に粉末塗料を付着させた後，加熱することにより薄膜を形成させる．主に，現場塗装ではなく工場塗装となる．

5 漆，カシュー樹脂塗料

①漆

漆の木の樹皮から採取した樹液（ウルシオール）を主成分としたものを生漆といい，これを加工したものが精製漆である．耐水性，耐久性，耐酸性などに優れているので，床の間木部，建具，社寺建築，工芸品にいたるまで広く利用されてきた．しかし，耐アルカリ性，耐候性に劣る．

②カシュー樹脂塗料

カシュー樹の実の外殻から採取されるカシューナットセル油を主成分とするもので，漆の代用とされている．かぶれにくく，作業性が良い．耐薬品性，耐候性，密着性は漆より優れている．

6 特殊塗料

①プライマー

素地面と表面塗料の付着を強固にする下塗り剤．金属・木材下地用にオイルプライマー，金属用にエッチングプライマー等がある．

②錆止め塗料

鋼材の防食を目的に，丈夫な被膜を形成するとともに，錆生成の反応を抑制する働きをするようにつくられている塗料．鉛系，亜鉛系，鉛丹ジンクロメート系などがある．

7 塗装補助材料

①ステイン

木部を透明仕上げとする場合に，木部に浸透して着色させる塗料で，着色材としては染料や顔料を使用する．染料と油ワニスを用いたオイルステイン，顔料と油ワニスを用いたピグメントステインとがある．

②目止め剤

木材を塗装する場合に，導管と細胞間隙に充填して，素地面を平滑にする材料．顔料に各種ビヒクルを加えてペースト状にしたもの．ラッカー系シーラー，ウッドフィラー等の市販製品がある．

③シンナー

塗料を薄めて，塗りやすくするために用いる．油性系塗料や油変性合成樹脂塗料（合成樹脂調合ペイント，フタル酸樹脂塗料など）を薄めるために用いる塗料用シンナーと，ラッカーを薄める際に用いるラッカー系シンナーがある．塗料用シンナーは，一般に「薄め液」と呼ばれている．

3）建築用各種塗料

建築分野において多く使用され，普及度の高い塗料について，表12・12に示す．

表12・12 建築分野における代表的な塗料

種類	記号	特徴	使用場所
油性調合ペイント	OP	耐久性・耐水性あり，アルカリに弱い（コンクリート，モルタル面に不向き），乾燥に時間がかかる，安価	内・外装，木部・鉄部
アルミニウムペイント	ALP	アルミニウムの光沢，熱線反射効果，鉄鋼材の耐熱・防水・錆止め効果	鋼製器具，配管，鉄塔
合成樹脂調合ペイント	SOP	OPに合成樹脂を加えたもの（OP改善），耐候性大，アルカリに弱い	内・外装，木部・鉄部
酢酸ビニル系エマルションペイント	EP	耐水性・耐候性に劣る，外装に不適，安価	モルタル・コンクリート
アクリル系エマルションペイント	AEP	アクリル樹脂と酢酸ビニル樹脂を組み合わせ，耐水性・耐候性大，外装に適す	モルタル・コンクリート
塩化ビニルペイント	VP	耐アルカリ性・耐水性・耐候性・耐薬品性・防カビ性に優れる	水まわりのコンクリート
エポキシ樹脂ペイント	EXP	万能型塗料，耐摩耗性・耐薬品性大，付着性大（アルミニウム，ステンレス可）	すべての素地に適用可能

（松本進『図説やさしい建築材料』学芸出版社，2007年，p.131）

> **環境配慮塗料**
>
> 環境配慮塗料とは，「従来の商品より人間や生物および地球環境負荷への低減と緩和を果たす商品で，環境負荷低減や環境改善が数値で表せる商品」（日本塗料工業会『塗料の知識』2007年）のことである．
>
> 大気汚染低減性，低有害性，省資源性，省エネルギー性，分解性，環境調和性の6項目のジャンルにおいて，VOC含有量を低く抑えた製品，有害金属を配合しない製品，長寿命型の製品，防汚・防カビ製品など25品目がリストアップされている．
>
> 今後は，このような環境に配慮した製品しか利用できない時代になると思われる．

12・3 接着剤

接着剤とは，2つ以上の材料を互いに接合させる作用を有する材料のことである．

接着剤の起源は古く，紀元前4000年には古代バビロニアや中国で鉱物性の天然アスファルトが，紀元前2000年頃からは古代エジプトで動物性のにかわ（膠），カゼインなどが使われていた．日本でも，縄文時代頃からアスファルトが使用されており，奈良時代以降には漆，でんぷん糊，松ヤニなどが使われるようになったが，耐水性に劣り，接着力も十分ではなかった．20世紀になると，ミルクカゼインなどが合板用接着剤に使われ，合板発展に貢献した．現代では各種の合成高分子の飛躍的な進歩に伴い，耐水性，耐候性に優れ接着力も強力な合成樹脂系が主流となっている．合成樹脂系接着剤は，紙や木材はもちろん金属やコンクリートの接着も可能であるため，建築用の部材の製造，各種仕上げ材に広く使用されるようになってきている．

1）接着剤の種類と分類

接着剤の種類は非常に多く，またその分類方法も多様である．接着剤をその主結合材の組成で分類すると図12・6のようになる．

また，接着剤の硬化反応の仕方により，図12・7のように大別される．

1 乾燥固化型

化学反応を伴わず，溶剤が揮発することにより硬化・接着するもので，でん粉，クロロプレンゴム，ウレタン，酢酸ビニルなどがある．

2 化学反応型

化学反応によって硬化・接着するもの．1液型は水分や熱および光などにより硬化し，2液型は主剤と硬化剤を混合接触させ，化学反応で硬化するもの．1液型には変成シリコン，ウレタンなど，2液型にはエポキシ，ユリアなどがある．

3 熱溶融型

接着剤を加熱，溶融して接着部分に塗布し，冷却することにより硬化・接着するもので，ホットメルト型とヒートシール型とがある．ポリアミド系，EVA樹脂系，などがある．

4 感圧型

いつまでも硬化せず，粘着性を保持しているもので，一般的には粘着テープに加工して使用する．接着剤と区別して粘着剤ともいう．

5 再湿型

切手などのように，接着剤を塗布し，乾燥させた

```
接着剤 ┬─ 天然高分子系接着剤 ─ 澱粉, カゼインクルー, にかわ, ビチューメン
       ├─ 半合成高分子系接着剤 ─ 酢酸セルロースなど
       ├─ 合成高分子系接着剤 ┬─ 熱硬化性樹脂系接着剤 ─ ユリア, メラミン, フェノール, ポリエステル, エポキシ, ウレタンなど
       │                     ├─ 熱可塑性樹脂系接着剤 ─ 酢酸ビニル, 塩化ビニル, シアノアクリレートなど
       │                     ├─ ゴム系接着剤 ─ 天然ゴム, 再生ゴム, クロロプレンゴム(SR), ブタジエンゴム(NBR),
       │                     │                 スチレンブタジエンゴム(SBR), アクリルニトリルなど
       │                     └─ 複合樹脂接着剤 ─ ニトリル・フェノリック, ポリアミド・エポキシなど
       ├─ 無機高分子系接着剤 ─ ケイ酸塩系, 低融点ガラスなど
       └─ 混合型接着剤, その他
```

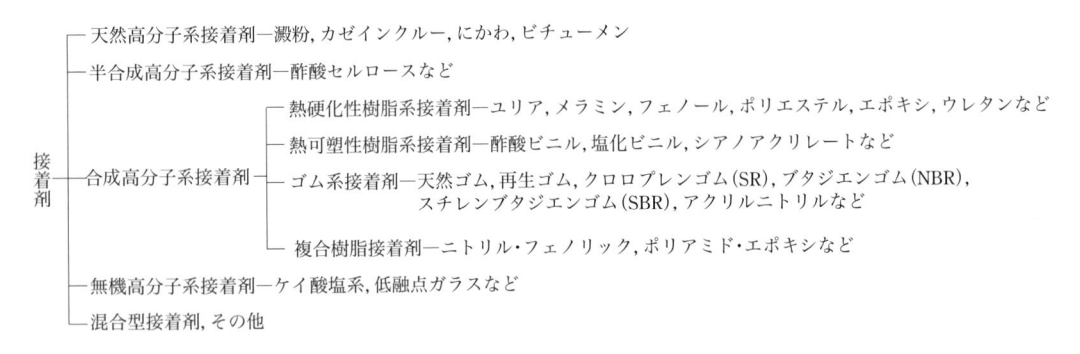

図12・6 主な接着剤の成分による分類（建築材料教科書研究会編『建築材料教科書 第五版』彰国社，2008年，p.152）

①乾燥固化型
接着剤中に含まれる水や溶剤が蒸発し，固まるものを言う．

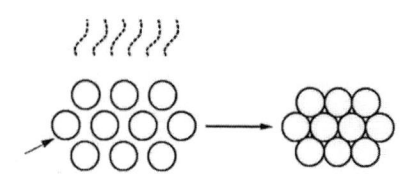

②化学反応型
主材と硬化剤を混合接触させ，化学反応で固化するもの，または，1液であっても空気中や被着材中の湿気と反応して固化，逆に空気を遮断すると硬化，あるいは紫外線で固化するものもある．

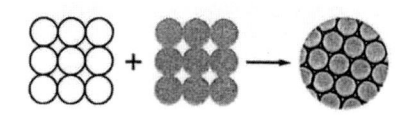

③熱溶融型
常温では固形だが，熱を加えることによって液状になり，放冷することによって固着するものを言う．

④感圧型
いつまでも固化せず，粘着性を保持しているものを言う．液状のまま使用することもあるが，一般的には粘着テープに加工して使用する．

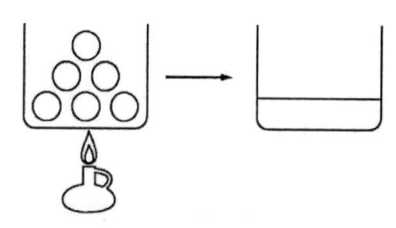

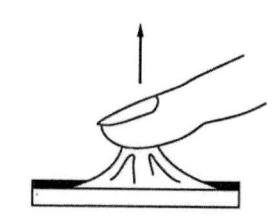

図12·7 固化の仕方による分類（㈱コニシホームページ，http://www.bond.co.jp/bond/bondbook/pdf/all.pdf, 2005年，p.8）

面を水または溶剤で再湿して粘着性を回復させた後，接着させるもので，でん粉，にかわ，ポリビニルアルコールなどがある．

2) 接着剤の性質と特徴

接着剤は，他の接合方法（ボルト・ナット，リベット，溶接など）と比べて表12·13に示すような長所短所がある．また，主な接着剤の特徴を以下に列記する．

表12·13 接着工法の特徴

長所	重量の軽減化，接合部の平滑化 複雑な表面間の接合 異種材料間の接合 接合部分の応力分散化 気密性接合 電気絶縁接合 接合工期の短縮 振動の吸収性良好
短所	接着強度は接着剤選定で決まる 耐薬品・耐温水は適材適所が必要 耐熱・耐湿性能劣化あり 解体が困難 環境問題 産業廃棄物扱い

（日本建築学会『建築材料用教材』2007年，p.126）

1 天然高分子系

①でん粉

米，麦，じゃがいもなどのでん粉に水を加え，糊化温度以上に加熱して生成．安価であるが，耐水性に劣り，腐敗しやすい．

②カゼイン（カゼイングルー）

牛乳中に含まれる動物性たんぱく質で，加熱後，酸を加えて凝固させ，乾燥粉砕したもの．これにアルカリを加えて水で練り合わせたものをカゼイングルーとよび，合板用の接着剤として使用される．

③にかわ

植物性にかわは，大豆のたんぱく質から，動物性にかわは獣類の皮，骨からつくられる．木材の接着に用いるが，接着力，耐水性とも小さい．

④ビチューメン（瀝青）

タール，アスファルト，ピッチなどの炭化水素系化合物，または混合物の総称．

2 合成高分子系

①ユリア樹脂

尿素とホルムアルデヒドの結合で得られる．合板，集成材等の各種パネルの製造に用いられる．安価であるが，シックハウス症候群の原因物質の一つとされているホルムアルデヒドの発生が問題となる．

②フェノール樹脂

フェノール類とアルデヒド類の結合で得られる．耐熱性，耐水性，耐候性に優れているが，暗黒褐色

であり，高価である．

③ポリエステル樹脂接着剤

不飽和ポリエステル樹脂に，過酸化物触媒と促進剤を添加したものである．硬化の際に数％の収縮が発生し，接着力の低下が起こることがある．耐酸タイルの目地材やコンクリートのひび割れ補修などに用いられる．

④エポキシ樹脂

エポキシ樹脂を主結合材とし，これにポリアミン，ポリアミドなどの硬化剤を加える，二成分系接着剤である．万能型接着剤で，金属，ガラス，セラミックス，コンクリート，木材，プラスチックなどの各種の材料に使用できる．接着力が強いほか，耐薬品性，耐熱性，耐水性なども優れる．

⑤酢酸ビニル樹脂

ポリ酢酸ビニルと塩化ビニル，アクリル酸エステルなどの結合で得られ，溶液形とエマルション形の2種類がある．耐水性，耐熱性，耐候性に難点があるが，安価であり，作業性も良いので木工用や内装用接着剤として広く用いられている．

⑥シアノアクリレート

いわゆる「瞬間接着剤」で有名である．常温で大気中の湿気と接触して，瞬間的に硬化し，強い接着力を示す．ほとんどの材料に使用可能であるが，高価である．

⑦ゴム系接着剤

エラストマー(ゴム状弾性を有する高分子のこと)を主結合剤とするもの．従来は天然ゴムが主流であったが，現在はクロロプレンゴム，ブタジエンゴムなどの合成ゴムや再生ゴムが多い．比較的接着性は良く，耐水性，耐熱性も良好であり，安価である．

3）建築用各種接着剤

表12・14に主な建築用接着剤の性能と被着材への適用性を，表12・15に内装用接着剤の用途別選択例を示す．

シックハウス症候群

医学的に確立した単一の疾患ではなく，居住者の健康を維持するという観点から問題のある住宅において見られる健康障害の総称を意味する．主な症状としては，①皮膚や眼，咽頭などの皮膚・粘膜刺激症状及び②全身倦怠感，頭痛・頭重などの不定愁訴が訴えの多い症状であることが示されている．発症関連因子として，ホルムアルデヒドなどの化学物質及びカビ，ダニなどが指摘されている．

弾性接着剤

変成シリコーン系弾性接着剤は，硬化した接着剤層で外的な応力を吸収・分散する特徴がある．いわゆる変形追従性機能に優れていることに加えて，耐振動性，防止機能，耐風圧対応などの接着信頼性が高いため，東京都庁の外壁パネル接着，東海道新幹線のホーム待合室の外壁接着に使用されているほか，寒冷地での外壁タイル接着，歩道橋の床タイルなど建築工事で数多くの施工実績を持っている．

表 12·14 主な接着剤の性能と被着剤への適用性（笠井芳夫ほか『新版建築材料学』理工図書，2000年，p.266）

接着剤の種類		コンクリート/コンクリート	木材/コンクリート	金属/コンクリート	プラスチック/コンクリート	木材/木材	木材/金属	木材/プラスチック	金属/金属	金属/プラスチック	プラスチック/プラスチック	作業性	接着力	耐水性	耐アルカリ性	耐熱性	耐候性	経済性
アスファルト系		×	×	×	◎	×	×	△	×	×	×	◎	△	△	△	×	○	◎
エポキシ樹脂系		◎	◎	◎	◎	◎	◎	◎	◎	◎	◎	△	◎	◎	◎	◎	◎	×
酢酸ビニル樹脂系	エマルション形	△	◎	×	△	◎	△	○	×	×	×	◎	△	×	×	△	△	○
	溶剤形	△	◎	○	○	◎	△	○	○	△	○	◎	○	△	△	△	△	○
合成ゴム系	ラテックス形	△	○	△	○	◎	△	○	△	△	○	◎	○	△	△	△	○	△
	溶剤形	△	○	○	○	◎	○	◎	○	○	◎	◎	◎	△	△	△	○	△

註　◎：優れている，○：良好である，△：可能である，×：不適である

表 12·15 内装用接着剤の用途別選択例（建築材料教科書研究会編『建築材料教科書 第五版』彰国社，2008年，p.152）

用途	被着材	接着剤	備考
内装下地工事（コンクリート面，モルタル面など）	木れんが，胴縁，根太，吊り木受けなどの取り付け	酢酸ビニル樹脂溶液 エポキシ樹脂 クロロプレンゴム	荷重の大きいときにはボルトなどを併用．コンクリート，モルタルなどの表面の強度，含水率に注意．
床仕上げ工事（コンクリート面，モルタル面，木材面など）	アスファルトタイル	アスファルト系	
	軟質ビニルタイル	クロロプレンゴム NBR-フェノール	
	ピュアビニルタイル ゴムタイル	クロロプレンゴム NBR-フェノール	
	リノリウム 裏布付きビニル長尺物 裏布付きゴム長尺物	酢酸ビニル樹脂エマルション 合成ゴムラテックス	
	木質材料（モザイクパーケット，ハードボードなど）	酢酸ビニル樹脂エマルション 酢酸ビニル樹脂溶液（充填材入り） クロロプレンゴム	
壁仕上げ工事（コンクリート面，モルタル面，木材面など）	紙張り，布張り	酢酸ビニル樹脂エマルションと澱粉	
	化粧合板，繊維板，無機質ボードなどの張り付け	クロロプレンゴム 酢酸ビニル樹脂エマルション 酢酸ビニル樹脂溶液（充填材入り）	耐水性を特に必要とする場合はエポキシ樹脂（充填材入り）を使用することもある
	塩化ビニル幅木，タイルの張り付け	NBR-フェノール クロロプレンゴム	
	テラゾ，石材，セラミックタイル	ポリマーセメントモルタル エポキシ樹脂	セメント混和用ポリマーディスパージョンはSBRラテックス，エチレン酢酸ビニルエマルション，ポリアクリル酸エステルエマルションなどが用いられる
天井仕上げ工事（木材面，石綿セメント板面など）	吸音テックス インシュレーションボード 軽量無機質板	酢酸ビニル樹脂エマルション 酢酸ビニル樹脂溶液（充填材入り）	
	木材板，無機質板	酢酸ビニル樹脂エマルション 酢酸ビニル樹脂溶液（充填材入り） クロロプレンゴム	釘などを併用．接着剤は反り，変形防止に役立つ
	紙張り，布張り	酢酸ビニル樹脂エマルションと澱粉	
ノンスリップ（モルタル面）	金属製ノンスリップ セラミックタイル製ノンスリップ	エポキシ樹脂 酢酸ビニル樹脂溶液（充填材入り） クロロプレンゴム	
	プラスチック製ノンスリップ	クロロプレンゴム NBR-フェノール，ポリウレタン樹脂	
器具の取り付け	アンカーボルト，金具など	エポキシ樹脂 酢酸ビニル樹脂溶液（充填材入り）	
断熱材料の取り付け	フォーム（発泡体） ガラスウール ロックウール	エポキシ樹脂 NBR-フェノール（耐熱用） クロロプレンゴム（耐熱用） 酢酸ビニル樹脂溶液（充填材入り）	結露によるトラブルが多い 耐水性に注意

参考文献

1 建築のテキスト編集委員会編『初めての建築材料』学芸出版社，2000年
2 日本建築学会編『建築材料用教材』日本建築学会，2007年
3 桑嶋幹・木原伸浩・工藤保広『図解入門 よくわかる最新プラスチックの仕組みと働き』秀和システム，2005年
4 松本進『図説 やさしい建築材料』学芸出版社，2007年
5 建築材料教科書研究会編『建築材料教科書 第五版』彰国社，2008年
6 小阪義夫・加藤善之助，大井孝和『建築材料（第2版）』理工学社，1997年
7 菊池雅史・小山明男『大学課程 建築材料（第7版）』オーム社，2002年
8 杉本賢司『図解プラスチックがわかる本』日本実業出版社，2003年
9 日本塗料工業会『塗料と塗装 基礎知識』，2004年
10 杉本賢司・河野孝治『入門ビジュアルテクノロジー 塗料と塗装のしくみ』日本実業出版社，2005年
11 笠井芳夫・大濱嘉彦・松井勇・出村克宣『新版 建築材料学』理工図書，2000年
12 栗山寛『建築材料 材料別』共立出版，1972年
13 セメダイン『入門ビジュアル・テクノロジー よくわかる接着技術』日本実業出版社，2008年
14 コニシ㈱ホームページ「接着読本」，2005年 http://www.bond.co.jp/bond/bondbook/index.php

練習問題 12.1 プラスチック材料に関する記述で，**最も不適当な**ものはどれか．
1. アクリル樹脂は，透明度が大きいのでガラス代用に使われるが，熱には弱い．
2. ポリウレタン樹脂は，強度が大きく耐候性にも優れているので屋根材料に用いられる．
3. FRPとは，ガラス繊維を混入して強化したポリエステル樹脂のことである．
4. ポリエチレンは，吸水率が非常に小さいので防水フィルムに使用される．

練習問題 12.2 プラスチックの特性に関する記述で，**最も不適当な**ものはどれか．
1. 耐候性に優れている．
2. 腐食しない．
3. 加工性がよい．
4. 色彩が自由である．

練習問題 12.3 モルタル面に塗るのに，**最も不適当な**ものはどれか．
1. アクリル系エマルションペイント
2. 塩化ビニル樹脂塗料
3. シリコン樹脂塗料
4. 合成樹脂調合ペイント

練習問題 12.4 塗料についての記述で，**最も不適当な**ものはどれか．
1. 不透明膜を形成する塗料をペイントという．
2. ラッカーは繊維をビヒクルとしている．
3. オイルペイントは，ラッカーより乾燥が早い．
4. オイルステインは，木質系素地に用いられる．

練習問題 12.5 次に示す接着剤の硬化の仕方で，**最も不適当な**ものはどれか．
1. でん粉糊 ………………………… 乾燥固化型
2. にかわ …………………………… 熱溶融型
3. ユリア樹脂接着剤 ……………… 化学反応型
4. アスファルト接着剤 …………… 化学反応型

練習問題 12.6 接着剤の性質についての記述で，**最も不適当な**ものはどれか．
1. 酢酸ビニル樹脂エマルション形接着剤は，水が蒸発して被膜を形成するため，一般に5℃以下での作業には適さない．
2. ユリア樹脂接着剤は，フェノール樹脂接着剤と比べて耐水性が劣るが，ホルマリンを発生して刺激臭を出すことは少ない．
3. エポキシ樹脂接着剤は，適切な硬化剤を選べば湿った被着材に対してもよく接着する．
4. 酢酸ビニル樹脂溶剤型接着剤は，安価で作業性が良く，広範囲の材料に使用可能であることから，建築用接着剤として広く使用されている．

第13章 防水材料・建具

建築の基本的な役割である，雨風をしのぐ，外部の脅威から身を守る，という機能は，建築工事の区分では防水工事や屋根工事，外壁工事，建具工事等によって確保される．本章では，これらに関わる防水材料，建具について述べる．

13・1 防水材料

原始時代は，建築といえば屋根そのものであり，竪穴住居がその良い例である．人間の祖先は，古くから，その地域で入手しやすい草木や動物の皮などで屋根を葺き，住居としてきた．葺き屋根は下から順に屋根材を重ねて葺き，屋根の勾配を利用して，雨水が表面を流れ落ちることによって内部に入らないようにしたものであり，瓦や金属板など，材料の進化はあるにしろ，現在でも広く用いられている．

一方で，ビルやマンションなどに用いられる陸屋根（平坦な屋根）やベランダ，水槽などは，葺き材では水が浸入あるいは漏出し，防水することができない．本章ではこのような建築物の陸屋根・開放廊下・ベランダ・外壁・地下外壁・室内および水槽類などに使用されるメンブレン防水材料について述べる．**メンブレン防水**とは，アスファルト防水層，シート防水層，塗膜防水層など，膜状の防水材料で建築物の表面を覆う防水方法であり，多くの建築物の防水に使用されている．

1）アスファルト防水

各種防水工法のなかでも最も古い歴史を持っている工法である．アスファルトは，原油を石油精製工場で精製して造られる黒色の軟固体状物質であり，普通の温度では固体で，加熱する事により柔らかくなる．透水性が低く，耐久耐候性に優れている．このような性質を活用して，建物の防水層や土木構築物の防水層，舗装材料としても大きな役割を果たしてきた．アスファルト防水の起源ははっきりしないが，インダス文明の最大の都市遺跡であるモヘンジョダロには，焼き煉瓦の3層の耐水構造の沐浴場があり，天然のアスファルトである瀝青が塗られていたという．

日本では，天然アスファルトが縄文時代から矢尻の固定や土器の補修に接着材として利用され，1700年代には天然アスファルトを精製して橋，倉庫，貯水池の防水材料などに使用された．1900年頃には日本に初めて米国産のアスファルトルーフィング（アスファルトを染み込ませた繊維シート）が輸入され，その後，国産されるようになり，現在のアスファルト防水の基礎となった．

表13・1 メンブレン防水層の種類と適用部位

防水層の種類＼適用部位	屋根	開放廊下・ベランダ	外壁	地下外壁（外部側）	室内	水槽類
アスファルト防水層	○	○	−	−	○	−
シート防水層	○	○	−	○	○	−
塗膜防水層	○	○	○	○	○	−

○：適用，−：標準外

図13・1 アスファルト防水工事のようす

以下にアスファルト防水に使用される主な材料を紹介する．

1 アスファルトプライマー

防水施工の第一工程に用いる下地処理材である．アスファルトを揮発性溶剤に溶解した有機溶剤タイプと，アスファルトを水中に乳化分散させたエマルジョンタイプがある．

2 アスファルト

アスファルト防水の主要材料である．加熱して溶融し，次に述べるルーフィング類を貼り付けるのに使用する．主として温暖地で使用する防水工事用3種アスファルトは，針入度指数5.0以上，フラース脆化点 $-15℃$ 以下，軟化点100℃以上である．針入度指数は，アスファルトの高温時における軟化，低温時における脆化の起こる度合い，いわゆる感温性を表す指標，フラース脆化点は，低温時の機械的特性（可とう性）を直接表すもので，防水層にとって致命的な低温時の脆性破壊を防止するうえで特に重要な特性である．また，軟化点は高温時の性能を示すものであり，JISには上記指標のそれぞれの値が規定されている．

3 アスファルトルーフィング

①アスファルトルーフィングフェルト (JIS A 6005-2005)

主として天然の有機繊維（古紙，木質パルプ，毛くずなど）を原料としたフェルト状のルーフィング原紙にアスファルトを含浸・被覆し，その表裏面に付着を防止するための鉱物質粉末を散着したシート状材料である．後述のストレッチルーフィングとの組合せで防水層を形成する．

②網状アスファルトルーフィング (JIS A 6012-2005)

綿・麻あるいは合成繊維でつくられた粗布（開目織物）にアスファルトを十分浸透させ，余剰分を除いて開目状態を残したものであり，防水層の立ち上がり末端部やパイプ等の突出部周りの処理材として使用する．

③ストレッチアスファルトルーフィングフェルト (JIS A 6022-2005)

主に合成繊維をランダムに集積・固定した不織布にアスファルトを含浸・被覆し，その表裏面に鉱物質粉末を散着したシート状材料である．機械的性質や物理・化学的性質に優れ，耐久性が高い．砂付ストレッチルーフィングは，比較的粒子の粗い砂粒，砕石粒などを表面に散着したもので，防水層の最上層に用いられる．

④改質アスファルトルーフィングシート (JIS A 6013-2005)

アスファルトにアタクチックポリプロピレン（（非

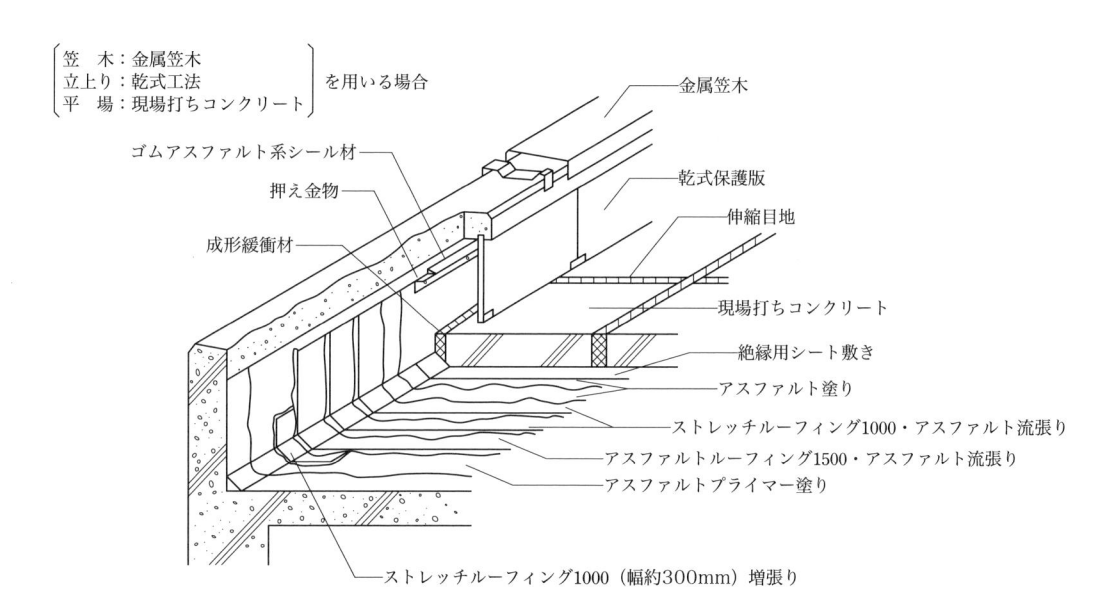

図 13・2　アスファルト防水層の例（JASS 8 防水工事より種別 AN-PF）

結晶性ポリプロピレン：通常 APP 系と略す）や，スチレン・ブタジエン・スチレン（熱可塑性ゴムの一種：通常 SBS 系と略す）を添加し，温度特性などを改良した改質アスファルトを，単独でまたは繊維質シート，プラスチックフィルムなどと組み合わせてシート状に成型し，必要に応じて鉱物質粉粒，金属はく，プラスチックフィルムなどを付着させたものである．

④ 防水保護層

防水層を保護する目的や断熱の目的で，現場打ちコンクリートやモルタル，コンクリート平板，砂利，アスファルトコンクリート，仕上塗料などが使用される．

⑤ アスファルト防水工事の留意点

① プライマー

溶剤系のプライマーは可燃性の揮発性有機溶剤が含まれているため引火性があり，また，人体への健康障害を起こすため，法令上の規則に従って保管，使用する必要がある．

② アスファルト

アスファルトの溶融温度の上限は，低発煙，低臭気を考慮して設定された指定温度を守る．溶融釜には温度計を設置し，温度管理を行う，溶融温度の上限を超えた場合引火しやすくなるので，十分注意するとともに，近くに消火器材を用意しておく．アスファルト溶融釜はできるだけ施工場所の近くに設け，かつ，周辺に熱影響を与えないよう養生する．

③ ルーフィング

アスファルトルーフィング類は，吸湿すると施工時に泡立ち，耳浮き等接着不良になりやすいので，屋外で雨露にさらしたり，直接地面に置いたりしないで，屋内の乾燥した場所に立て積みにして保管する．砂付ルーフィング類は重ね貼りするラップ部分を上にする．

2) 合成高分子系シート防水

合成ゴムや合成樹脂などの合成高分子を素材とした，幅 1～2m の長尺ルーフィング（シート）を接着剤などで下地に固定していく防水工法である．

合成高分子系シートは，伸び率が大きく，また耐候性が極めて良好で，しかも軽量であるため，作業のスピードアップが図られ，かつ屋根が軽量化できるという利点を持っている．さらに急勾配の屋根にも適用でき，着色も可能である．一方，シート防水層は 1～2mm 程度と薄いため，下地の凹凸や砂粒があると表面に凸部が現れ，劣化や磨耗が早まる恐れがある．また，1 層のシートで形成される防水層の場合，シート相互の接着部が弱点となりやすく，出入り隅やドレン周りの水密性確保に十分な注意を要する．

シートは JIS A 6008-2002（合成高分子系ルーフィングシート）に適合する加硫ゴム系，塩化ビニル樹脂系，エチレン酢酸ビニル樹脂系のものを用いる．

アスファルトとコールタールの違い

炭化水素の混合物で二硫化炭素に完全に溶解するものを「瀝青」といい，アスファルトやコールタールはともにこの瀝青の一種である．両者は，外見は似ているものの，性質や用途は別物である．

アスファルトは，原油を石油精製工場で蒸留して，LPG，ナフサ，ガソリン，灯油，軽油，潤滑油，重油などに分留した最後の残渣として得られる．コールタールは，石炭を蒸し焼きに（乾留）してコークスを製造する際に出る副産物である．かつては道路舗装や鉄道の枕木，木電柱の防腐剤としても使用されたが，現在はコールタールとしての用途は減っており，多くはさらに分留して芳香族化合物やクレオソート油，染料やカーボンブラックの原料として利用されている．

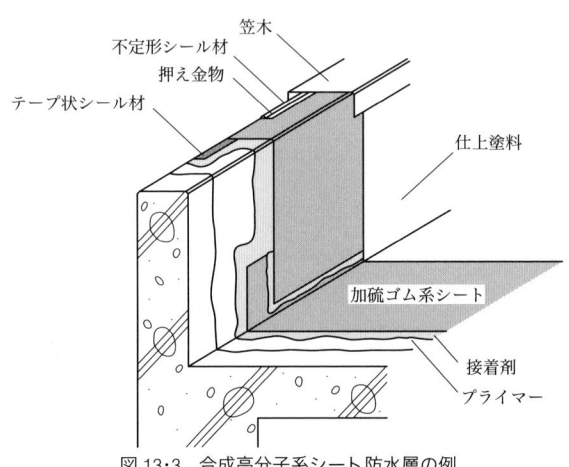

図 13・3 合成高分子系シート防水層の例
（JASS 8 防水工事より種別 S-RF）

3）塗膜防水

コンクリートやモルタルなどの下地に，主に合成ゴムや合成樹脂の溶液またはエマルション（乳濁液）などを塗布または吹き付けて，目的にあった厚さの防水層を形成する防水工法である．他工法に比べて，作業の手間がそれほど大きくなく，複雑な形をした箇所にも容易に施工できる．また，硬化後の膜材にはストレッチ性があり，下地に亀裂が入ってもある程度カバーできる等の長所を持っている．さらに低温による劣化もアスファルト防水に比較して小さい，自由な着色が可能であるなどの利点もある．外壁の防水にも使用される．

塗膜材料には，ウレタンゴム系，アクリルゴム系，クロロプレンゴム系，アクリル樹脂系，ゴムアスファルト系がある．通常の施工においては，複数の塗膜層と併用して防水層を補強する補強布，防水層の下地ムーブメントに対する緩衝効果や通気効果を付与する下張り緩衝材等が併用される．

塗膜材料は，雨露や直射日光のあたらない場所に密封状態で保管し，溶剤系材料では換気に万全を期し，エマルション系材料では凍結しないように注意する．

4）金属系シート防水

板厚 0.4mm のステンレス板またはチタン板をシーム溶接機により連続溶接することにより，軽量の一枚の被膜を構成して水蜜性，気密性を確保する工法である．複雑な三次元形状のドーム型や湾曲型など多様なデザインの屋根にも自由に対応できる．最近では，耐食性の高いフェライト系のステンレスが多く使用されるようになって，耐久性も一段と向上した．吊子と呼ばれる下地に固定されたステンレス製の金物を挟み込んで溶接することにより，下地に固定される．

ステンレスは，耐食・耐候性に優れた材料であるが，保管にあたっては種々の配慮が必要である．異種金属と接触した状態で，雨露にぬれると，わずかな腐食媒（塩分や SO_2，H_2S ガスなど）の存在で電食（後段コラム参照）を発生し，異種金属側が加速腐食を起こし，変色その他の事故となる．また，ステンレスコイルや切板が積み重ねられている場合，腐食媒を含む雨露がすき間に浸入すると，すき間部が酸素供給不足となり，ステンレス表面の不動態皮膜の保持や再生が不完全となり，軽度の腐食（表面的な膜模様）を生じる．その他，飛来した鉄粉がステンレス表面に付着してさびると除去しにくい（もらい錆び）．このようなことから，ステンレスシートの保管は単独で積み重ね，必ず十分な養生をして雨露を避ける必要がある．

施工に際しても，亜鉛めっき製あるいはアルミ製のコーピング（笠木）を使用する場合は，防水層とコーピングが直接接触しないよう，ポリエチレンシートやアスファルトルーフィングを中間に挿入して電食を防ぐ必要がある．

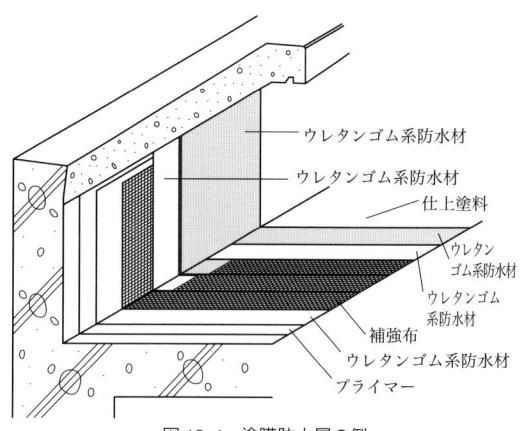

図 13・4　塗膜防水層の例
（JASS 8 防水工事より種別 L-UF）

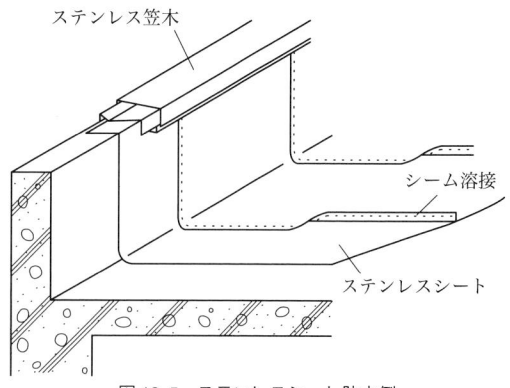

図 13・5　ステンレスシート防水例

電食とは

異種金属が直接接した状態で腐食環境にさらされたとき，電気化学的に電位の低位の金属が一方的に加速腐食される現象で，接触する金属の電位の差が大きいほど電食の程度は大きくなる．

建築には，鉄，アルミニウム，ステンレス，銅など多種類の金属が使用されるので，その接触部分には十分注意が必要である．

発生すると対策がやっかいな漏水問題

建物の引渡し後に発生するトラブル（瑕疵）のうち，常に上位に挙げられるのが漏水問題である．

雨漏りの3原則は，①水があること，②すき間があること，③水を押し込む圧力（風圧力や毛細管圧）があることであり，ひび割れの幅が0.04mmで発生すると言われており，0.2mm以上ではほとんど漏水する．さらに，台風のような強風下の雨では外壁からの雨漏りは一層激しくなる．このように気象条件にもよるため，トラブルの再現が難しく，問題解決を難しくしている．また，水の浸入経路となる建物内のひび割れや隙間も複雑に入り組んでいるため，漏水経路の特定や補修に時間と費用がかかる．

防水材料の選択のみならず，コンクリート等下地のひび割れ防止，防水施工の品質確保が非常に重要である．

13・2 シーリング材

シーリング材とは，構造物の仕上げ材の接合部や隙間に水密・気密性を付与する目的のほか，ガラスなどを窓枠に固定する目的で使用される充てん材のことをいう．従って，シーリング材はそれ自体，水密・気密性であることはもちろん，下地によく接着・密着して部材の動きに追随することと，美観面も含めてこれらの性能が長期的に維持できることが重要な条件として要求される（図13・6）．

1）シーリング材の種類

材料別の分類では，シリコーン系，変成シリコーン系，ポリサルファイド系，ポリウレタン系，アクリル系がある．製品形態別には，そのまま使用できる1成分系と施工直前に練り混ぜて使用する2成分系がある．JIS A 5758-2004による分類では，グレイシング（ガラス固定）に使用するかどうかの「タイプ」，目地のムーブメント（動き）への追従性を示す「クラス」，剛性の高低（モジュラス）を示す「サブクラス」で分類され，例えば，「タイプG，クラス25LM」のように表記される．これは，ガラス固定に使用でき，ムーブメント追従性が目地幅の25％以上であり，低モジュラスで変形に追従しやすいシーリング材であることを表す（表13・2）．

図13・6 シーリング材
（コニシ㈱ホームページ http://www.bond.co.jp/ より）

表13・2 JIS A5758-2004のタイプ，クラス，サブクラス

タイプ	クラス	サブクラス	呼び方
G	25	LM	G-25LM
		HM	G-25HM
	20	LM	G-20LM
		HM	G-20HM
	30S	LM	G-30SLM
		HM	G-30SHM
F	25	LM	F-25LM
		HM	F-25HM
	20	LM	F-20LM
		HM	F-20HM
	12.5	E	F-12.5E
		P	F-12.5P
	7.5	−	F-7.5

＊用途による区分 G：グレイジング，F：グレイジング以外
　引張応力による区分 LM：低モジュラス，HM：高モジュラス
　弾性復元性による区分 E：弾性，P：塑性

一方，JIS A 5758-2004の主成分，製品形態，耐久性による区分では，例えば「SR-1-10030」のように表記される．これは，シリコーン系，1成分系で，耐久性区分が10030（100℃の時に目地サイズが20％圧縮，−10℃の時に30％伸長してもシーリングは実験的に大丈夫で温度に対する耐性に優れている）であることを示す（表13・3）．

このように，シーリング材は原材料や性能で多種類の製品があるので，接着対象，使用場所，使用環境等に応じて最適な材料を選択する必要がある．

表13・3 JIS A5758-2004の主成分,製品形態,耐久性による分類

主成分による区分	製品形態による区分	耐久性による区分	呼び方
シリコーン系	1成分形	10030	SR-1-10030
		9030	SR-1-9030
		9030G	SR-1-9030G
	2成分形	10030	SR-2-10030
		(9030)	(SR-2-9030)
変性シリコーン系	1成分形	9030	MS-1-9030
		8020	MS-1-8020
	2成分形	9030	MS-2-9030
		(8020)	(MS-2-8020)
ポリサルファイド系	1成分形	(9030)	(PS-1-9030)
		8020	PS-1-8020
	2成分形	9030	PS-2-9030
		8020	PS-2-8020
アクリルウレタン系	2成分形	9030	UA-2-9030
		(8020)	(UA-2-8020)
ポリウレタン系	1成分形	9030	PU-1-9030
		8020	PU-1-8020
		(7020)	(PU-1-7020)
	2成分形	(9030)	(PU-2-9030)
		8020	PU-2-8020
		(7020)	(PU-2-7020)
アクリル系	1成分形	7020	AC-1-7020
		(7010)	(AC-1-7010)

*( )は,JIS A5758の附属書2に耐久性区分として規定されているが,現在市販されていないものを示す.

2) シーリングの使用上の留意点

シーリング材は表13・4に示すように,構法,部位,構成材によって適切な組み合わせがある.例えば,ガラスまわりの目地には,変形の追従性と耐光接着性に優れたシリコーン系を使用するが,シリコーン系は塗料をはじくため,表面に塗装できない.撥水汚染(シーリング材から遊離したシリコンオイルが大気中の汚れを吸着し,雨等で周囲に飛散する現象)によって,目地周辺の石材,タイル等を薄黒く汚染する,といった短所も持っている.このように適材適所を考えて使用する必要がある.

金属系カーテンウォールの目地などムーブメントが比較的大きな目地は,シーリング材が部材どうしの目地の動きに追従して,ひび割れや破断しないようにするため,目地底まで接着せず,目地底部にバックアップ材やボンドブレーカーと呼ばれるテープを用いて目地溝側面の二面接着とする(図13・7).

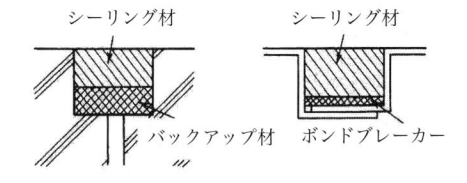

図13・7 シーリング材の二面接着

一方,鉄筋コンクリート造の外壁に設けるひび割れ誘発目地では,ムーブメントが小さいので,目地側面と目地底の三面接着とし,万一,シーリング材に亀裂を生じた場合の防水性を確保する.

種類の異なるシーリング材の打継ぎは,組合せによっては接着不良や硬化不良を生じ,望ましくないが,やむを得ず打継ぐ場合は,メーカー等に適否の確認をしたうえで使用する.例えば,先打ちのシリコーン系に対して他の材質のシーリング材を後打ちで打継ぐことはできない.

シーリング材とコーキング

最近ではほとんど使われなくなったが,油性コーキング材という1成分系のシーリング材がある.シーリングのことをコーキングという人がいるが,それはこの油性コーキング材に由来している.

1950年頃,日本に初めて輸入されたのが油性コーキング材で,当時は油性コーキング材しかなかったため,現在のシーリング工事をコーキング工事と呼んでいた.現在でもコーキングと呼ぶ施工者やメーカーがあるが,同じ意味で使用されており,現在では特に区別する必要はないだろう.

13・3 建具

建築の根源的な役割は人間が外部の様々な環境や脅威から身を守ることであるが,一方で,人間生活に欠かすことのできない換気や採光,眺望などの機能も併せ持つ必要がある.また,建物には外部との人の出入り口が不可欠である.このように,建物の開口部には,遮蔽と透過という相反する役割を確保する必要がある.このような開口部に用いる建築部材を「建具」と呼ぶ.近年,建具に要求される性能は,遮音性,防火性,断熱性など多岐にわたっており,使用部位や目的に適した建具を選定することが必要である.

表13・4 構法・部位・構成材の適切な組み合わせ（JASS8防水工事より）

目地の区分	構法・部位・構成材			シリコーン系 2成分形	シリコーン系 1成分形*1	変性シリコーン系 2成分形	変性シリコーン系 1成分形	ポリサルファイド系 2成分形	ポリサルファイド系 1成分形	アクリルウレタン系 2成分形	ポリウレタン系 2成分形	ポリウレタン系 1成分形	アクリル系 1成分形
ワーキングジョイント	カーテンウォール	ガラス・マリオン方式	ガラスまわり目地	○	○								
			方立無目ジョイント	○									
		金属パネル方式	ガラスまわり目地	○	○			○					
			パネル間目地	○*3		○							
		PCパネル方式（石打ち込みPC タイル打ち込みPC 吹付塗装PC）	PCパネル間目地			○		○		○			
			窓外枠まわり目地			○		○		○			
			ガラスまわり目地	○*3	○*3			○					
	各種外装パネル	ALCパネル（スライド，ロッキング，〔カバープレート〕構法）*1	ALCパネル間目地 塗装有*2			○	○		○	○	○	(○)
			窓外枠まわり目地 塗装なし			○	○						
		塗装アルミパネル（強制乾燥・焼付塗装）	パネル間目地	○*3	○*3	○							
		塗装鋼板，ほうろう鋼板パネル	パネル間目地・窓外枠まわり目地			○		○					
		GRC，セメント押し出し成形板	パネル間目地 塗装有*2				○			○			
			窓外枠まわり目地 塗装なし										
		窯業系サイディング	パネル間目地 塗装有*2			○*5	○					○*6	
			窓外枠まわり目地 塗装なし			○*5	○		○			○*6	
	金属製建具	ガラスまわり	ガラスまわり目地	○	○*4			○					
		建具まわり	水切・皿板目地	○*3									
			建具まわり目地（水切・皿板なし）			○	○	○					
		工場シール	シーリング材受け					○					
	笠木	金属製笠木	笠木間目地	○*3		○							
		石材笠木	笠木間目地			○		○					
		PC笠木	笠木間目地			○		○		○			
ノンワーキングジョイント	コンクリート壁	RC壁，壁式PC	打継ぎ目地・収縮目地 塗装有*2							○	○	○	
			窓外枠まわり目地 塗装なし			○	○						
		石張り（湿式）（石打ち込みPC，石目地を含む）	石目地					○	○				
			窓外枠まわり目地			○		○					
		タイル張り（タイル打ち込みPCを含む）	タイル目地					○	○				
			タイル下駄目地								○	○	
			窓外枠まわり目地			○	○						
	外装パネル	ALCパネル（挿入筋，ボルト止め構法）*1	ALCパネル間目地 塗装有*2			○	○		○	○	○	○
			塗装なし			○	○						
			窓外枠まわり目地 塗装有*2			○	○			○	○		
			塗装なし			○	○						

*1 低モジュラスの材料を使用する．（○）は使い方に注意．
*2 塗装性について事前確認をすることが必要である．
*3 汚染の可能性があるので注意を要する．
*4 高モジュラス型も使用できる．
*5 窯業系サイディングを用途とする応力緩和型を使用する．
*6 窯業系サイディングを用途とする材料であることを確認する．（接着性・耐候性）

註：この表は一般的な目安であり，実際の応用にはシーリング材製造業者に問い合わせを行い，十分に確認することが必要である．なお別途シーリング材を使用する場合は，安全のためホルムアルデヒドの放散が少ない材料を選択すること．

1）建具の種別

建具は機能による種別として，出入口用建具，窓用建具，区画用建具，その他（排煙孔・ハッチ・点検口など）の種別がある．材質による種別としては，木製，アルミニウム製，樹脂製，鋼製，ステンレス製，その他複合の種別がある．また，開閉方式による種別としては，図13・8に示すように，片引き，両引き，引違い，回転，はめ殺し（固定，FIX）などの種別がある．性能による種別としては，普通建具，防音建具，断熱建具，防火建具等の種別がある．

その他，特殊建具として，鋼製シャッター，自動ドア，回転ドアなどがある．

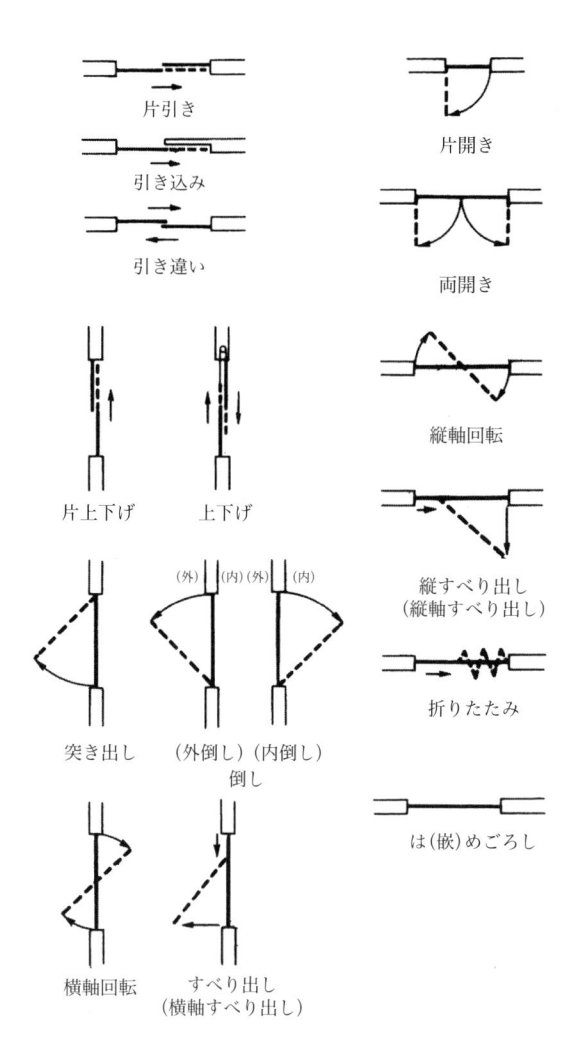

図13・8 建具の開閉方式による分類（JASS 16建具工事より）

2）建具各部の名称

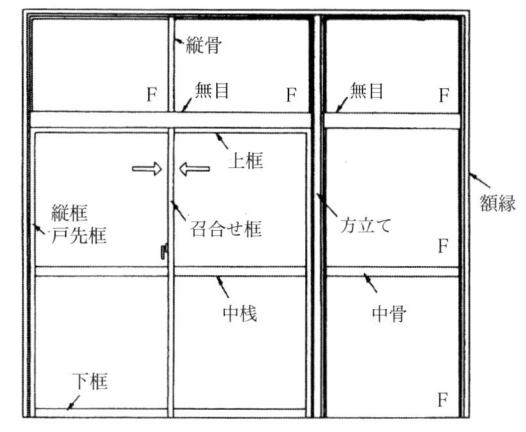

建具の各部の名称には，図13・9に示すように，框（かまち），無目（むめ），方立（ほうだて）など，昔から使われてきた特殊な呼び名が多く，木製以外の建具についても，建築の現場においては日常的に使われている．

図13・9 建具各部の名称(引き戸の例)（JASS 16建具工事より）

3）建具に要求される性能

建具には，使用する部位やグレードによって耐風圧性，気密性，水密性，遮音性，断熱性，防火性，遮煙性，開閉性，耐久性，耐震性，防犯性，開閉安全性等の様々な性能が要求される．表13・5に，マンション玄関ドアの製品カタログに記載された性能表の一例を示す．各性能はJISによって定められた試験によって評価される．設計においては目的に応じて必要な性能を具えた建具を選定し，設計図書に

表13・5 建具の性能表示例

防火性		甲種防火戸（スリット窓タイプ 認定番号○○○○号）
耐風圧性		S-6（JIS A4702）
気密性		A-3（JIS A4702）
水密性		N（該当しない）
遮音性	標準型	T-1（JIS A4702）
	防音断熱型	T-2（JIS A4702）
断熱性	標準型	H-2（JIS A4702）
	防音断熱型	H-3（JIS A4702）
面内変形追随性		D-3（JIS A4702）
局部変形（耐震型）		純粋（戸先側）中央部変形量8mm時開放力500N以下
追随性（BL基準）		上枠中部変位量4mm時開放力500N
防火性		特定防火設備（防火戸）※建築基準法施行令第112条第1項該当品
防盗性		社内実験によりバール45cmにて錠前部付近の破壊行為に5分間扉が開放しない（自社基準）

第13章 防水材料・建具

建具表として記載する必要がある.

例えば，水密性とは，サッシやドアが暴風雨時に室内への漏水をどの程度の風圧力まで防ぐことができるかを表す．図13・10のように試験体を圧力箱に取り付けて，1分間当たり $4l/m^2$ の水を噴霧し，JISに規定されている圧力を加え，10分間の建具からの漏水の有無を観察し，合否を判定する．

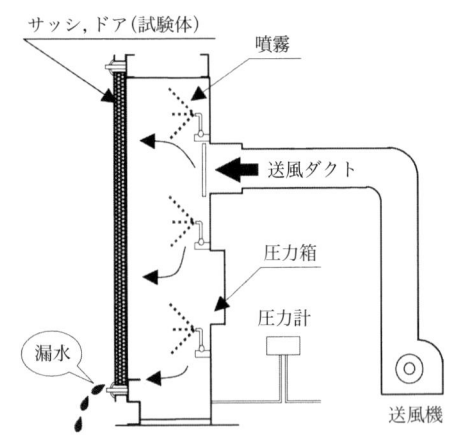

図13・10 建具の水密性試験方法
（日本建築総合試験所ホームページ http://gbrc.or.jp より）

また，最近では，環境への配慮事項として，リサイクル性，シックハウスなどを引き起こす有害物質の発生制限等も求められる．

玄関ドアは内開きか外開きか

日本では外開き，欧米では内開きが一般的といわれている．外開きは，気密，水密といった性能確保が容易，段差があるのでゴミや水をはき出しやすい，玄関内側に靴を置き易い，等の長所がある一方で，強盗などが侵入しようとしてドアを引いた場合，引き戻して抵抗するのが難しい，ドアヒンジが外側にあるためヒンジ破壊による侵入が可能，等の短所がある．一方，内開きは，外開きとは逆の長所短所があり，日常生活を考えると，日本ではやはり外開きが一般的といえる．

引き違い戸でほとんど右側の戸が手前となっているのも，決まりはないが，右を尊ぶ日本の伝統的な文化によるといわれている．

4）建具金物

建具の戸，枠に付属するもので，戸の動作円滑，動作制御，位置制御，締り，操作などの機能を分担するものを建具金物と呼ぶ．動作円滑機能に関わる戸車，レール，丁番，ヒンジ類，動作制御機能に関わるドアクローザー類，位置制御機能に関わる戸当たり，ストッパー類，締り機能に関するクレセント，錠，角・丸落し，操作機能に関わる引手等に分類される．金属以外でもこれらの機能を持つものは建物金具の範ちゅうに加えられる（図13・11）．

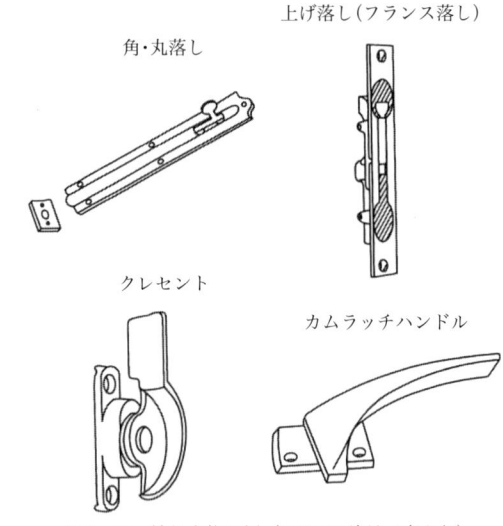

図13・11 締り金物の例（JASS 16 建具工事より）

建具金物には，建具動作円滑性，金物操作性，金物耐力性，金物耐衝撃性，建具自開閉性等が求められ，JISにより試験法が規定されている．

右勝手・左勝手

わが国ではドアの開き勝手の表示方法が公に設定されていないため，人によって解釈が異なるケースがある．ドア，サッシメーカーのホームページでも逆の説明となっている場合が多々見受けられる．日本建築学会JASS16における表示方法を下図に示すが，誤解を防ぐために，施工図書に明確な記載をするとともに，関係者間での打ち合わせでも確認しておく方が良い．

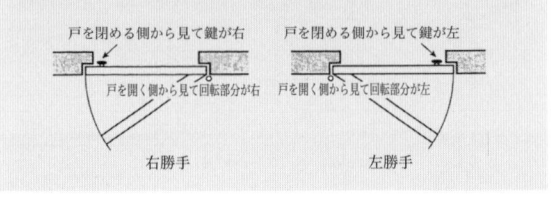

5）鋼製シャッター

シャッター（図13・12参照）には木造住宅の店舗やガレージなどに使用される軽量シャッターと，耐火構造物の防火・防煙シャッターとして使用される重量シャッターがある．重量シャッターの使用目的による分類では，防火シャッター，防煙シャッター，耐風シャッター，遮音シャッター，防爆シャッター

等がある．

防火シャッターには，煙・熱感知器と連動してシャッターを閉鎖させるための自動閉鎖装置，手動閉鎖させる手動閉鎖装置が設置される．また，建築基準法の2005年7月改正により，防火シャッターの閉鎖作動時の危険防止策が追加され，防火シャッターが下がっているときに人や障害物と接触すると「危険防止装置」が作動してシャッターが自動停止する装置の取り付けが義務付けられた．

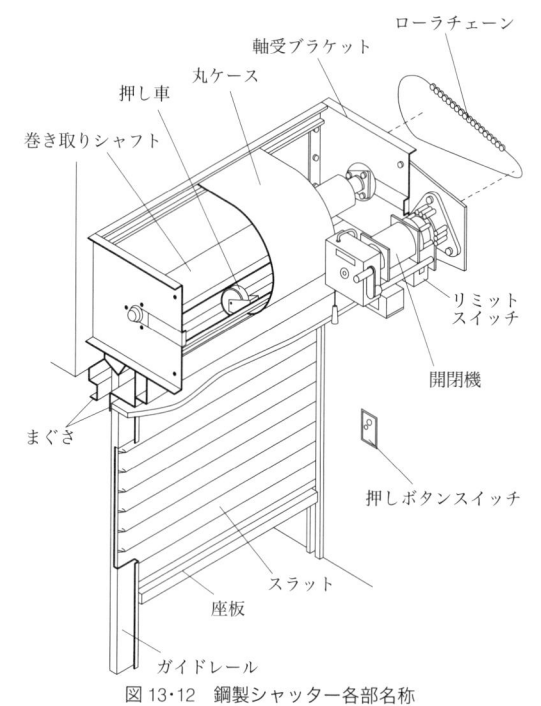

図 13・12　鋼製シャッター各部名称
（日本シャッター・ドア協会ホームページ http://www.jsd-a.or.jp/pdf/technote1.pdf より）

6）自動ドア

自動ドア（図13・13参照）は建物に広く一般的に使われるようになっており，通行量の確保とともに通行者の開閉の負担低減，室内空調の効率化等のために，今後ますます増加すると考えられる．自動ドアの中でも，自動回転ドアは，常に開口部がふさがれている構造となっているため，冬の冷気や夏の熱風が直接室内に流入するのを防ぎ，空調効率を高める効果がある．

一方で，過去において自動ドアによる挟まれ事故が発生したため，安全性に関する改善が行われた．

自動ドア関連基準には，日本工業規格「JIS A 1551」（自動ドア開閉装置の試験方法）があり，公共建物を対象とした国土交通省監修の「公共建築工事標準仕様書」等にも自動ドアの仕様等に関する記載がある．また，自動回転ドアについては，日本工業規格「JIS A 4721 自動回転ドア―安全性」が制定されている他，2004年に経済産業省と国土交通省から「自動回転ドアの事故防止対策に関するガイドライン」が発行されている．

自動回転ドアについては，挟まれ・巻き込み防止用センサー，追突防止用センサー等の各種センサーのほかに，防護柵といった保護機器の設置による多重の安全対策の確保や，衝突防止のためのドアの回転速度の制限（外周部で秒速65cm以下）などの事故防止策が強化された．

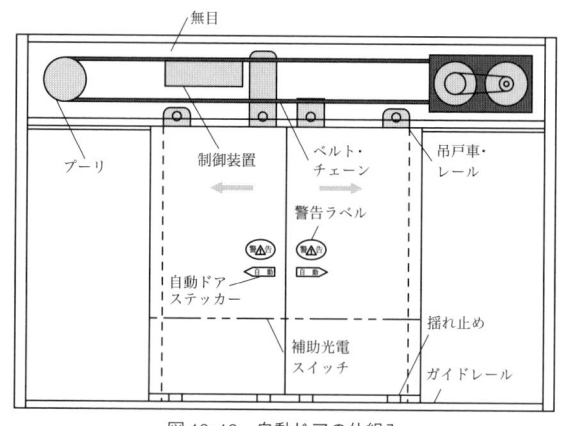

図 13・13　自動ドアの仕組み
（全国自動ドア協会ホームページ http://jada-info.jp/ より）

自動ドアの歴史

記録に残る世界最古の自動ドアは，古代ギリシャ時代に学者ヘロンが考案した神殿の扉の開閉装置であると言われている．これは地上にある聖火台に火を灯すと，火によって膨張した空気が地下のタンクに入った水を押し出し，バケツに貯まった水の重量を利用してドアの回転軸を回し，神殿の両開きの扉を開くというものである．

ヘロンはこのほかにも，サイフォンの原理を利用した「ヘロンの噴水」や「水オルガン」「水準器」「蒸気タービン」，また「聖水の自動販売機」を考案したと言われている．

ちなみに，最古のエレベータが歴史に登場するのは，古代ローマ時代．アルキメデスが滑車とロープを使って荷物を上げ下ろしする機械を発明したことがその起源だと言われている．

練習問題 13.1 防水材料に関する記述のうち，最も不適当なものはどれか．
1. アスファルトは，原油を石油精製工場で精製してつくられる黒色で常温では固体の物質である．
2. アスファルトルーフィングは，有機繊維を原料としたフェルト状の原紙にアスファルトを含浸したものである．
3. 合成高分子系シートは伸び率が大きく，耐候性も良好である．
4. ステンレスシートは，腐食することがないので，露天で雨ざらしで保管しても良い．

練習問題 13.2 シーリング材に関する記述のうち，最も不適当なものはどれか．
1. 鉄筋コンクリート造の外壁に設けるひび割れ誘発目地は，一般に三面接着とする．
2. マスキングテープは，シーリング材のへら仕上げ終了直後に剥がす．
3. シーリング材の打ち継ぎを行う場合，シリコーン系シーリング材を先打ちし，変成シリコーン系を後打ちした．
4. シリコーン系シーリング材は，目地周辺部を汚染することがあるため，石材には使用しない方がよい．

練習問題 13.3 建具に関する記述のうち，最も不適当なものはどれか．
1. 框とは建具の枠材のことをいう．
2. クレセントとはサッシの締り金物の一種である．
3. 玄関ドアは外開きとしなければならない．
4. 防火シャッターには手動開閉装置が必要である．

練習問題 13.4 防水材料，建具に関する記述のうち，最も不適当なものはどれか．
1. 建物の外壁に塗膜防水を採用した．
2. 歩行用屋根のアスファルト防水の保護層として，現場打ちコンクリートを打設した．
3. カーテンウォールのガラスまわりの目地にポリウレタン系シーリング材を使用した．
4. 回転自動ドアは外気が入りにくいため，空調効率を高める効果を持っている．

第14章　その他材料

14・1　防火材料・耐火材料

1) 建築物と防火対策

　建築物の火災は，まず火源に接近した可燃物から出火し，初期火災，火災成長期を経て，加熱された内装材等から発生した可燃性ガスが爆発的に燃焼して部屋が炎に包まれるフラッシュオーバーに至り，定常的な燃焼が続く火盛り期，隣室への延焼と進展していく．

　建築物を火災から守るために，建築物単体の規定としては，火災に強い材料による内装の不燃化，火災に強い構造による建築物の不燃化，避難施設や消防用設備の設置等多面的に行われている．

　建築材料及び構造面からは，上記火災の各段階において，出火防止，避難時間確保，安全避難の実施，内外への延焼・倒壊防止を図るために，表14・1に示すように，着火しにくい材料，火災の拡大を助長する熱や火炎を発することの少ない材料，熱や煙及び有害なガスの発生の少ない材料，燃え抜けない構造であることなどが求められ，その具体的な手段として防火材料や防耐火構造が定められている．

2) 防火材料

　防火材料は，次の3種類に分類される．
- 不燃材料
- 準不燃材料
- 難燃材料

　いずれの材料も国土交通大臣が告示により定めた例示仕様の材料と同大臣の認定を受けた材料がある．表14・2に建築基準法上でのこれらの材料の定義と告示による例示仕様を示す．

①不燃材料

　通常の火災による火熱を加えられた場合に，加熱開始後20分間燃焼せず，防火上有害な変形，溶融，き裂その他の損傷を生じず，避難上有害な煙又はガスを発生しない材料をいう．コンクリート，れんが

表14・1　火災の進展段階，防火対策及び防火材料等の関係

火災の種類	火災の進展段階	防火対策			防火対策に用いられる防火材料等（種類・性能）
		目的	対象部位	対策の内容	
内部火災	出火	内装材への着火防止	壁，天井	着火しにくい内装材を用いる．	不燃材料，準不燃材料，難燃材料
	初期火災	内装材の燃焼拡大防止	壁，天井	熱の発生が少なく，燃え広がりにくい内装材を用いる．	同上
	フラッシュオーバー	煙，有害ガスの発生防止（避難安全）	壁，天井	熱，煙及び有害ガスの発生が少ない内装材を用いる．	同上
	火盛り期	建物内部及び隣棟への延焼防止	壁，床，屋根，開口部	耐火被覆を設ける等により，燃え抜けない構造とする．	耐火構造，準耐火構造，防火設備，特定防火設備
		倒壊防止及び隣棟への延焼防止	柱，梁，耐力壁	耐火被覆を設ける等により，崩壊しない構造とする．	
外部火災	隣棟火災	類焼防止	屋根，軒裏，外壁，開口部	耐火被覆を設ける等により，燃え抜けない構造とする．	耐火構造，準耐火構造，防火構造，準防火構造[*1]，屋根防火構造[*2]，防火設備，特定防火設備
			耐力外壁	耐火被覆を設ける等により，崩壊しない構造とする．	
	市街地火災	類焼防止	隣棟火災に同じ	上記の隣棟火災対策を強化する．	同上

* 1　準防火構造：準防火性能を有する外壁の構造
* 2　屋根防火構造：火の粉に対して一定の防火性能を有する屋根の構造

（国土交通省住宅局建築指導課・防火材料等関係団体協議会編『防火材料のしおり』2006年，p.27）

表 14·2 防火材料の種類

不燃材料	定義[*1]		不燃性能に関して，通常の火災時における火熱により加熱開始後 **20 分間**次の各号に掲げる要件を満たすもので，国土交通大臣が**定めたもの**又は国土交通大臣の**認定**を受けたもの（ただし外部の仕上げに用いるものは，要件の一と二のみでよい） 要件一　燃焼しないものであること 　　二　防火上有害な変形，溶融，亀裂，その他の損傷を生じないものであること． 　　三　避難上有害な煙又はガスを発生しないものであること．
	国土交通大臣が定めた不燃材料[*2]	1	コンクリート
		2	れんが
		3	瓦
		4	陶磁器質タイル
		5	繊維強化セメント板
		6	厚さが 3mm 以上のガラス繊維混入セメント板
		7	厚さが 5mm 以上の繊維混入ケイ酸カルシウム板
		8	鉄鋼
		9	アルミニウム
		10	金属板
		11	ガラス
		12	モルタル
		13	しっくい
		14	石
		15	厚さが 12mm 以上のせっこうボード（ボード用原紙の厚さが 0.6mm 以下のものに限る）
		16	ロックウール
		17	グラスウール板
準不燃材料	定義[*3]		加熱開始後 **10 分間**．それ以外は「不燃材料」に同じ
	国土交通大臣が定めた準不燃材料[*4]	1	不燃材料
		2	厚さが 9mm 以上のせっこうボード（ボード用原紙の厚さが 0.6mm 以下のものに限る）
		3	厚さが 15mm 以上の木毛セメント板
		4	厚さが 9mm 以上の硬質木片セメント板（かさ比重が 0.9 以上のものに限る）
		5	厚さが 30mm 以上の木片セメント板（かさ比重が 0.5 以上のものに限る）
		6	厚さが 6mm 以上のパルプセメント板
難燃材料	定義[*5]		加熱開始後 5 分間．それ以外は「不燃材料」に同じ
	国土交通大臣が定めた難燃材料[*6]	1	準不燃材料
		2	難燃合板で厚さが 5.5mm 以上のもの
		3	厚さが 7mm 以上のせっこうボード（ボード用原紙の厚さが 0.5mm 以下のものに限る）

* 1　建築基準法第 2 条第九号，建築基準法施行令第 108 条の 2　　* 2　平成 12 年建設省告示第 1400 号「不燃材料を定める件」
* 3　建築基準法施行令第 1 条第五号　　　　　　　　　　　　　　* 4　平成 12 年建設省告示第 1401 号「準不燃材料を定める件」
* 5　建築基準法施行令第 1 条第六号　　　　　　　　　　　　　　* 6　平成 12 年建設省告示第 1402 号「難燃材料を定める件」

など，主に無機質材料が該当する．

2 準不燃材料

上記の不燃材料の定義の中で，加熱開始後の時間を「10 分間」に読み替えたもの．せっこうボード（厚さ 9mm 以上），木毛セメント板（厚さ 15mm 以上）など，主に無機質材料と有機質材料が合わさった材料などが該当する．

3 難燃材料

上記と同様に，加熱開始後の時間を「5 分間」に読み替えたもの．難燃合板（厚さ 5.5mm 以上）など，主に木質材料やプラスチック材料を難燃処理した材料などが該当する．

3) 防耐火構造

防耐火構造は，次の 4 種類に分類される．
・耐火構造
・準耐火構造
・防火構造
・準防火構造

これらは，壁，柱，床，はり，屋根，階段について，火災時に一定時間の非損傷性，遮熱性，遮炎性を有する構造として規定されている．

なお，耐火・準耐火構造は自分の建物が火災に耐えることを想定し，一方，防火・準防火構造は隣の建物の火災により自分の建物が延焼するのを防ぐことを想定している．

1 耐火構造

壁，柱，床その他の部分に関して規定されており，鉄筋コンクリート造，モルタル等で被覆された鉄骨造等が該当する．通常の火災が終了するまで建物が立ち続け，屋外に火災を出さず，火災終了後も耐火性能を担保する構造である．

2 準耐火構造

壁，柱，床その他の部分に関して規定されており，主として木構造を対象とし，下地にせっこうボード等で防火被覆を設けた構造等が該当する．通常の火災による延焼を抑制する，耐火構造に準ずる構造で，一定時間までの性能を担保する構造である．

3 防火構造

外壁又は軒裏に関して規定されており，鉄網モルタル塗，しっくい塗等の構造が該当する．建築物の周囲において発生する火災による延焼を抑制する構造である．

4 準防火構造

木造建築物等の外壁に関して規定されており，土塗壁等が該当する．建築物の周囲において発生する火災による延焼抑制に一定の効果を発揮するための構造である．

表14・3 耐火性能の部位別の必要性能（建築基準法2条7号，同施行令107条）

部位				通常の火災		屋内側からの通常の火災
				構造上支障のある変形，溶融，破壊その他の損傷を生じない（一号〔非損傷性〕）	加熱面以外の面（屋内に面するもの）の温度が可燃物燃焼温度以上に上昇しない（二号〔遮熱性〕）	屋外に火炎を出す原因となる亀裂その他の損傷を生じない（三号〔遮炎性〕）
壁	間仕切壁	耐力壁	—	最上階・階数2〜4の階	1時間	1時間	—
				階数5〜14の階	2時間		
				階数15以上の階			
		非耐力壁	—	—	—		
	外壁	耐力壁	—	最上階・階数2〜4階	1時間		1時間
				階数5〜14の階	2時間		
				階数15以上の階			
		非耐力壁	延焼のおそれのある部分	—	—		
			上記以外の部分			30分	30分
柱				最上階・階数2〜4階	1時間	—	—
				階数5〜14の階	2時間		
				階数15以上の階	3時間		
床				最上階・階数2〜4階	1時間	1時間	—
				階数5〜14の階	2時間		
				階数15以上の階			
梁				最上階・階数2〜4階	1時間	—	—
				階数5〜14の階	2時間		
				階数15以上の階	3時間		
屋根			—	—	30分	—	30分
階段			—	—	30分	—	—

*1 —は制限なし
*2 階数は最上階から数えた階数
*3 ① 令2条1項八号の規定により階数に算入されない屋上部分がある建築物の部分の最上階は，当該部分の直下階とする
② ①の屋上部分については，最上階の部分の時間と同一の時間によるものとする
③ 階数の算定については，令2条1項八号の規定に関わらず，地階の部分の階数はすべて算入するものとする

（国土交通省住宅局建築指導課・防火材料等関係団体協議会編『防火材料のしおり』2006年，p.29）

4) 耐火構造

前記防耐火構造のうち，耐火構造について詳述する．

耐火建築物は，建築基準法（以下「法」と略記）第2条第九号の二で次のように規定されている．

耐火建築物：下記のいずれかに該当し，かつ，「外壁の開口部で延焼のおそれのある部分に防火設備を有する」こと．

- 「主要構造部が耐火構造」である
- 「主要構造部が所定の基準を満たす」（耐火性能を検証する方法で確かめたもの又は大臣の認定を受けたもの）

ここで，耐火構造とは，建築基準法施行令（以下「令」と略記）107条に定める耐火性能に関する技術的基準に適合するものである．つまり，建物の各階・部位に応じて決められた時間，非損傷性，遮熱性又は遮炎性を有するものとして，国土交通大臣が定めた構造方法のもの，または，国土交通大臣の認定を受けたものである．

表14·3に耐火性能の部位別の必要性能を示す．通常の火災による火熱が与えられた場合に，それに耐える時間として30分，1時間，2時間及び3時間の4種類に区分されている．壁，柱，床などでは非損傷性，壁と床では遮熱性，外壁と屋根では遮炎性がそれぞれ要求される．

国土交通大臣が定めた構造方法については，告示（平成12年建設省告示1399号）で定められており，例えば柱（3時間）では，下記のような仕様が例示されている．

- 小径を40cm以上とし，かつ，次のイ又はロのいずれかに該当する構造

イ　鉄筋コンクリート造，鉄骨鉄筋コンクリート造又は鉄骨コンクリート造（鉄骨に対するコンクリートのかぶり厚さが6cm未満のものを除く．）

ロ　鉄骨を塗り厚さが8cm（軽量骨材を用いたものについては7cm）以上の鉄網モルタル，厚さが9cm（軽量骨材を用いたものについては8cm）以上のコンクリートブロック又は厚さが9cm以上のれんが若しくは石で覆ったもの

このように，耐火構造とするためには，鉄筋コンクリート造ならば寸法とかぶり厚さを確保すればよいが，鉄骨造の場合は寸法の確保のほかに耐火性の材料で覆う必要がある．

5) 耐火被覆材

上記のように，柱やはり等の部材表面を被覆し高熱を遮蔽することで，高温による構造部材の耐力低下を抑制するために用いられる材料を，一般に耐火被覆材という．表14·4に，建築工事標準仕様書鉄骨工事（JASS6）に記載されている，鉄骨の耐火被覆工法と材料を示す．耐火被覆材料には，コンクリート，モルタル，鉱物繊維（ロックウール，セラミックファイバー），無機質成形板，石，れんがなどがある．

表14·4　鉄骨の耐火被覆工法と材料

工法	材料
打設工法	コンクリート
左官工法	鉄網モルタル 鉄網軽量モルタル 鉄網パーライトモルタル
吹き付け工法	吹き付けロックウール* 軽量セメントモルタル 湿式吹き付けロックウール 吹き付けひる石 吹き付けせっこう 水酸化アルミニウム混入湿式吹き付けモルタル
巻き付け工法	セラミックファイバー系材料 ロックウール系材料
成形板張り工法	繊維混入ケイ酸カルシウム板 ALC板 軽量コンクリート板 強化せっこうボード 押し出し成形セメント板
組積工法	コンクリートブロック 軽量コンクリートブロック 石，れんが

＊吹き付けロックウール工法には工場配合による乾式工法と，現場配合による半乾式工法がある．

（日本建築学会『JASS6 鉄骨工事』2007年，p.58）

以下，主な耐火被覆材について説明する．

1 吹付け系耐火被覆材

吹付け材料としては，**ロックウール**を主材とした吹付けロックウールが一般に用いられている．吹付けロックウールは，ロックウール粒状綿を主原料とし，セメントを硬化材として，専用の吹付け機を用いて鉄骨などの下地に吹付け，一定の被覆層をつくるもので，有機物を含まない現場施工の不燃製品で

あり，耐火性・断熱性・吸音性に優れる．なお，ロックウールは，石灰，ケイ酸を主成分とする高炉スラグや岩石等を原料とし，1500～1600℃で溶融し遠心力や高圧水蒸気などで繊維化し綿状にした非結晶質の鉱物繊維であり，岩綿ともよばれる．日本では原料としては高炉スラグが主流である．

2 成形板系耐火被覆材

成形板を，取り付け金物や耐熱性接着剤を使用して張り付ける工法で，一般に吹付け工法に比べて施工のばらつきが少なく，品質が安定している．

① 繊維混入けい酸カルシウム板

けい酸質原料と石灰質原料及び補強繊維等の原料を抄造機やプレス成型機を用いて生産する製品であり，不燃認定を受けている．鉄骨の耐火被覆用としては，プレス法で製造されるケイ酸カルシウム板「二種」(JISではタイプ3)が主として使用される．同「一種」(同タイプ2)と比べ，見掛け密度，熱伝導率，曲げ強さがそれぞれ小さく，厚みが大きい．

なお，「二種」は1号と2号に区分され，見掛け密度の大きなものが1号品（$0.35～0.70 \text{g/cm}^3$），小さなものが2号品（$0.15～0.35 \text{g/cm}^3$）である．

② ALC板

ALCは，Autoclaved Lightweight aerated Concreteの頭文字をとったもので，高温高圧蒸気養生された軽量気泡コンクリートのことであり，軽量で多孔質の無機質材料である．主原料はケイ石，セメント，生石灰，発泡剤のアルミ粉末であり，180℃の高温と10気圧の高圧蒸気のオートクレーブ養生により製造される．比重は約0.5で普通コンクリートの約1/4であり，また，熱伝導率は約0.17W/(m·K)で普通コンクリートの約1/10である．鉄骨の耐火被覆用としては，一般に薄型パネル（35～75mm）が用いられる．

3 巻付け系耐火被覆材

ロックウールやセラミックを主材料としたブランケット状の耐火材であり，ピンをスタッド溶接して鉄骨材に固定して施工する．

6) 建築物の防火対策

最後に，防火材料や防耐火構造等の規定について紹介する．

建築基準法では，建物全体及び各部位に要求される防耐火性能として 1 から 3 が，内装制限として 4 が規定されている．

1 建築物全体の防耐火性能

- 特殊建築物（法27条）
- 防火地域や準防火地域の建築物（法61条，62条）

上記の建築物は，用途，規模により，耐火建築物あるいは準耐火建築物としなければならない．

2 建築物各部位の防耐火性能

- 主要構造部（法21条，35条の3）
- 屋根（法22条，25条，63条）
- 外壁および軒裏で，延焼のおそれのある部分（法23条，24条，25条，62条2項）
- 開口部のうち，延焼のおそれのある部分（法64条）

上記の各部位は，建築物の倒壊，隣家からの延焼，建築物内部の火災の発生，成長を防止するために，立地，用途，規模により構造の制限を受ける．

3 防火区画等

- 面積区画（令112条）
- たて穴区画（令112条）
- 異種用途区画（令112条）
- 大規模建築物の防火壁（法26条）
- 界壁，間仕切壁，隔壁（令114条）

屋内の火災の拡大を防止するために，建物の用途，規模，構造等により，定められた構造の上記区画等を設ける必要がある．

4 内装制限（法35条の2）

火災の発生，成長を抑制するために，建物の立地，用途，規模により，居室や廊下等の壁，天井の室内に面する部分の仕上げには，所定の防火材料（不燃材料，準不燃材料，難燃材料）を使用しなければならない．

木材と燃焼

熱せられた木材は260℃付近で可燃性のガスが盛んに放出され口火があると引火することから，木材の**出火危険温度**は260℃とされている．発火点とは口火がなくても自然に火が着く温度である．木材の発火点は450℃付近である．

また，断面がある程度大きい木材は，表面が燃焼してもその部分に形成される炭化層によって，深部まで急速に燃焼が及ぶことはない．

フラッシュオーバーとバックドラフト

どちらも，火災時に急激な燃焼を伴う現象であるが，下記のような違いがある．

- **フラッシュオーバー**（flashover）
室内の局所的な火災が数秒から数十秒のごく短い時間に部屋全域に拡大する現象．

- **バックドラフト**（backdraft）
気密性の高い建物で，空気不足でいったん火災成長が抑制された後，扉から入った新鮮空気により爆燃する現象．特徴的な，消防士からみて扉から押し戻される（バックしてくる）強い気流（ドラフト）からこの名がある．この言葉は映画のタイトルとなり一躍有名になった．

14・2 断熱材料

1）建築物と断熱

室内温度が外気温度より高い場合，壁を通して室内側から外気側に熱が移動する．今，図14・1のように，単純に2種類の材料で構成された壁の両側に温度差がある場合を考える．

	材料1	材料2
熱伝導率(W/(m·K))	λ_1	λ_2
室内温度 t_i		外気温度 t_o
室内側総合熱伝達率 α_i		外気側総合熱伝達率 α_o
貫流熱流 q (W/m²)		
厚さ(m)	d_1	d_2
熱伝導比抵抗：((m·K)/W)	$\dfrac{1}{\lambda_1}$	$\dfrac{1}{\lambda_2}$
熱伝導抵抗：((m²·K)/W)	$\dfrac{d_1}{\lambda_1}$	$\dfrac{d_2}{\lambda_2}$
熱伝達率 α：(W/(m²·K))	α_i	α_o
熱伝達抵抗：(m²·K/W)	$\dfrac{1}{\alpha_i}$	$\dfrac{1}{\alpha_o}$

貫流熱抵抗 R：(m²·K/W)
$$\dfrac{1}{\alpha_i} + \dfrac{d_1}{\lambda_1} + \dfrac{d_2}{\lambda_2} + \dfrac{1}{\alpha_o}$$

熱貫流率 $K(=1/R)$：(W/(m²·K))
$$1 \Big/ \left(\dfrac{1}{\alpha_i} + \dfrac{d_1}{\lambda_1} + \dfrac{d_2}{\lambda_2} + \dfrac{1}{\alpha_o} \right)$$

貫流熱流 $q(=(t_i-t_o)/R=(t_i-t_o)\cdot K)$：(W/m²)
$$(t_i-t_o) \Big/ \left(\dfrac{1}{\alpha_i} + \dfrac{d_1}{\lambda_1} + \dfrac{d_2}{\lambda_2} + \dfrac{1}{\alpha_o} \right)$$

図14・1 材料の熱伝導率と通過する熱量との関係

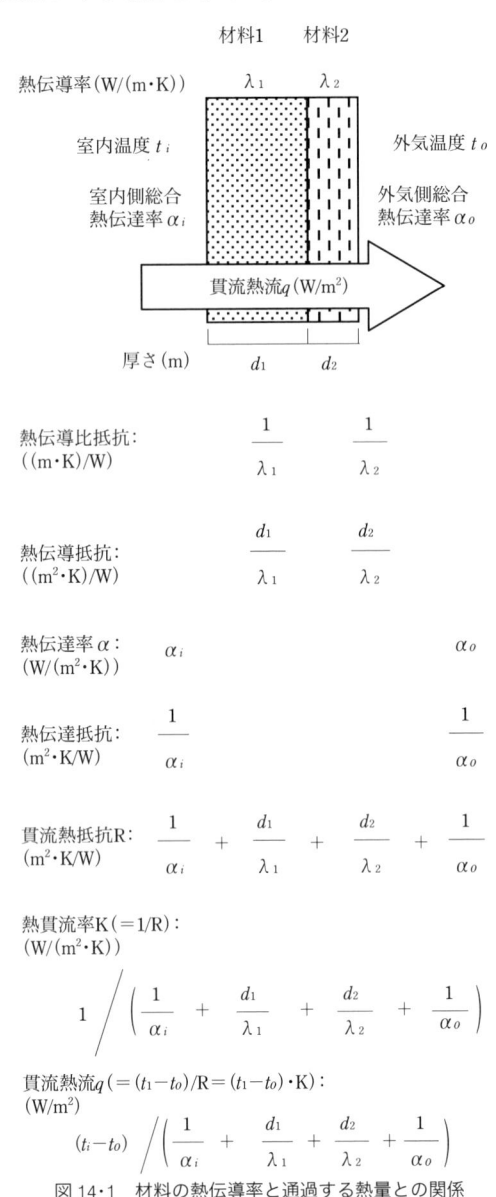

材料1，2には，材料の厚さ α 及び熱伝導率 λ が与えられているとすると，**熱伝導率**の逆数に厚さを掛けたものを熱伝導抵抗と呼び，材料内部の熱の伝わりにくさを表す．

一方，材料の室内側及び外気側表面での総合熱伝

達率 α が与えられているとすると，熱伝達率の逆数を熱伝達抵抗と呼び，材料表面と空間との間の熱の伝わりにくさを表す．なお，総合熱伝達率は対流熱伝達率と放射熱伝達率を足したものである．

材料1と2の熱伝導抵抗と，室内側と外気側の熱伝達抵抗とを足し合わせたもの（貫流熱抵抗）の逆数を熱貫流率と呼ぶ．このとき，単位面積の壁を貫流する熱流 q（W/m^2）は，両側の空気の温度差 $t_i - t_o$（K）と熱貫流率 K（W/(m^2・K)）の積で表される．

この貫流熱流が大きいと，例えば冬場に室内を暖房しても，壁を通って流出する熱量が大きいため，暖房にかかるエネルギーが過大となり，同様に，夏場の冷房時には，外気側から室内側へ侵入する熱量が大きく，冷房にかかるエネルギーが過大となる．

より熱伝導率の小さい材料を，外気に接する壁部分等に使用し断熱性を高めることで，熱流を小さくし冷暖房負荷を低減することができる．

2）断熱材料とは

JIS A 0202「断熱用語」によると，断熱材とは，「熱移動を少なくするための材料で化学的性質と物理的構造で断熱性能を発揮する材料の総称」であり，「多くは成型製品を断熱材，これを形作る材料を断熱材料と呼ぶが，実際には混用されて」いる．性能としては，「建築物に用いられる断熱材は，常温で，0.065 W/(m・K) 以下の熱伝導率をもち」，厚さを考慮に入れたときに「しかも，0.5 W/(m^2・K) 以上の熱抵抗をもつものと考えられる」とある．

主な断熱材料は，無機繊維系，有機繊維系及び発泡プラスチック系の3種類に大別される．図14・2にその分類を示す．また，断熱材を形状別に分類するとフェルト状，ボード状，ばら状，現場発泡に大別される．表14・5に，『建築工事標準仕様書 断熱工事（JASS24）』に記載されている，断熱材の形状・種類と断熱工法を示す．断熱材の形状・種類に応じた断熱工法を用いる．

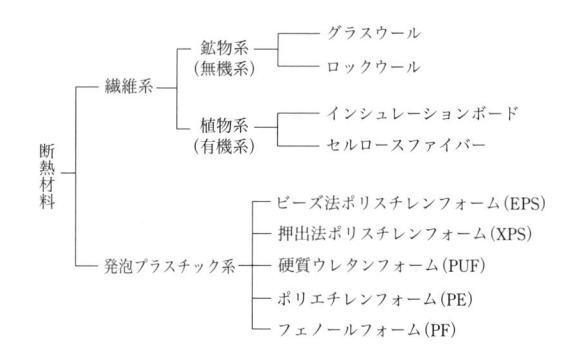

図 14・2　主な断熱材料の分類

表 14・5　断熱材の形状・種類と断熱工法

断熱材種類		断熱工法
形状	材料名	
フェルト状	グラスウール ロックウール	はめ込み
ボード状	グラスウール ロックウール ビーズ法ポリスチレンフォーム 押出法ポリスチレンフォーム 硬質ウレタンフォーム ポリエチレンフォーム フェノールフォーム	はめ込み 張り付け 打ち込み
ばら状	グラスウール ロックウール セルローズファイバー	吹き込み 吹き付け
現場発泡	硬質ウレタンフォーム	吹き込み 吹き付け

はめ込み工法：フェルト状断熱材またはボード状断熱材を根太や間柱などの下地材の間にはめ込む工法
張り付け工法：ボード状断熱材を接着剤・ボルト・釘などにより壁面などに取り付ける工法
打ち込み工法：ボード状断熱材をあらかじめせき板に取り付けるか，そのものをせき板として用いてコンクリートを打ち込むことにより取り付ける工法
吹き込み：ばら状断熱材または現場発泡断熱材をホースなどにより吹き込む工法，または壁体などの空隙に流し込む工法
吹き付け工法：現場発泡断熱材またはばら状断熱材を壁面などに吹き付ける工法

（日本建築学会『JASS24 断熱工事』1995年より作成）

3）断熱材と熱伝導率

表14・6に主な材料の熱伝導率を示す．一般に，材料の密度が小さくなるほど熱伝導率は小さくなる傾向を示す．断熱材の多くは，密度（かさ比重）が小さく，その内部に空気（あるいは熱伝導率の小さな気体）を内包する構造であることが特徴的であり，この空気が断熱性の向上に寄与している．ただし，断熱材の一種であるグラスウール同士を比較した場合は，一般にかさ比重が大きいものほど，内包する空気の移動が抑えられ，熱伝導率は小さくなる．

表14・7に断熱材の種類と熱伝導率を示す．建築物の部位，例えば壁に必要とされる熱抵抗値に対して，断熱材の熱伝導率の値から，その断熱材の必要な厚さが求まる．

表14・6　各種材料の熱伝導率

材料分類	材料名	熱伝導率 (W/(m・K))	密度 (kg/m³)	出典
金属類	銅	370	8300	2
	アルミニウム合金	200	2700	2
	鋼材	53	7830	1
セメント系	コンクリート	1.6	2300	1
	ALC	0.17	450〜550	1
ガラス	フロートガラス	1.0	2500	2
壁	漆喰	0.7	1300	1
ゴム	ブチルゴム	0.24	1200	2
木質系	合板	0.16	420〜660	1
その他ボード系	せっこうボード	0.22	700〜800	1
	ケイ酸カルシウム板	0.18	600〜900	1
断熱材	グラスウール（保温板32K）	0.046	32	3
	グラスウール（保温板64K）	0.042	64	3
	押出法ポリスチレンフォーム（A種1種）	0.040	20	4
	押出法ポリスチレンフォーム（A種3種）	0.028	25	4
その他	水	0.6	998	1
	空気	0.022	1.3	1

＊熱伝導率は一般には温度20〜25℃での値である．
出典）1：日本建築学会『建築材料用教材』2006年
　　　2：建築環境・省エネルギー機構『住宅の省エネルギー基準の解説』2009年
　　　3：JIS A9504（熱伝導率は平均温度70℃での値）
　　　4：JIS A9511

表14・7　記号別の断熱材の種類と規格
（λ：熱伝導率（W/(m・K)））

記号	断熱材の種類
A-1 $\lambda = 0.052〜0.051$	吹き込み用グラスウール（施工密度13K，18K） シージングボード（9mm） A級インシュレーションボード タタミボード
A-2 $\lambda = 0.050〜0.046$	住宅用グラスウール10K相当 吹き込み用グラスウール25K相当
B $\lambda = 0.045〜0.041$	住宅用グラスウール16K相当，20K相当 A種ビーズ法ポリスチレンフォーム保温板4号 A種ポリエチレンフォーム保温板1種1号，2号
C $\lambda = 0.040〜0.035$	住宅用グラスウール24K相当，32K相当 高性能グラスウール16K相当，24K相当，32K相当 吹き込み用グラスウール30K相当，35K相当 住宅用ロックウール断熱材（マット） 住宅用ロックウールフェルト 住宅用ロックウール保温板（ボード） A種ビーズ法ポリスチレンフォーム保温板1号，2号，3号 A種押出法ポリスチレンフォーム保温板1種 A種ポリエチレンフォーム保温板2種 吹き込み用セルローズファイバー25K相当，45K相当，55K相当 A種フェノールフォーム保温板2種1号，3種1号，3種2号 建築物断熱用吹き付け硬質ウレタンフォームA種3 吹き込み用ロックウール65K
D $\lambda = 0.034〜0.029$	A種ビーズ法ポリスチレンフォーム保温板特号 A種押出法ポリスチレンフォーム保温板2種 A種フェノールフォーム保温板2種2号 A種硬質ウレタンフォーム保温板1種 A種ポリエチレンフォーム保温板3種 建築物断熱用吹き付け硬質ウレタンフォームA種1，A種2 高性能グラスウール40K相当，48K相当
E $\lambda = 0.028〜0.023$	A種押出法ポリスチレンフォーム保温板3種 A種硬質ウレタンフォーム保温板2種1号，2号，3号，4号 建築物断熱用吹き付け硬質ウレタンフォームB種1，B種2 A種フェノールフォーム保温板2種3号
F $\lambda = 0.022$ 以下	A種フェノールフォーム保温板1種1号，2号

（住宅金融支援機構『平成20年改訂木造住宅工事仕様書』p.118）

4）断熱材の種類と特徴

1 無機繊維系断熱材

ガラス原料や鉱石を溶かして繊維状にしたもので、発泡プラスチック系と比べ不燃性に優れる．一方で、透湿性，吸水性が大きいため，断熱材内部に結露が発生した場合等吸水した状態では，断熱性能が低下する．このため，高湿側の表面に防湿層を設け，湿気の流入を防止することが一般的である．

グラスウールは、ガラス原料を高温で溶融し遠心力法等によりガラス短繊維とし，熱硬化性樹脂（一般的にはフェノール樹脂）のバインダーを吹き付け，加熱炉で加圧焼成して綿状にした材料である．繊維径は3〜8μmで，形態としてはフェルト状やボード状等がある．ナイフやカッターで容易に切断加工でき，弾力性が大きいため収まりやすく，戸建て住宅の充填断熱工法では採用される割合が高い．図14・1にグラスウールの写真を示す．

図14・3 グラスウール
（パラマウント硝子工業㈱ホームページ http://www.pgm.co.jp より）

ロックウールは，形態や性能はグラスウールとほぼ同様だが，より耐熱性があり，高密度の製品の多いことが特徴的である．素材としてのロックウールは鉄骨の耐火被覆としても広く利用される材料である．

2 有機繊維系断熱材

インシュレーションボードは，軟質繊維板とも呼ばれ，チップ化した木材などの植物繊維原料を蒸煮解繊し得られた繊維に耐水剤を添加しマット状に抄造し連続的に乾燥・成形した材料である．

セルローズファイバーは，パルプ，新聞古紙などを粉砕し綿状にしたものに，ほう素化合物などで難燃処理したものである．吹き込み工法では，ばら状製品を吹込み機で天井裏や大壁構造の内部の隙間等へ吹き込む．

3 発泡プラスチック系断熱材

プラスチックを発泡させたもので，ボード状製品と現場発泡製品がある．一般に無機繊維系のフェルト状断熱材と比べると，吸水性が小さく断熱性に優れる一方，耐熱性，耐紫外線性に劣る．断熱材内部に気泡（空気層）があり，気泡の大きさ，構造（独立気泡か連続気泡か）により断熱性能に違いが生ずる．気泡が微小で独立性が高いほど断熱性能に優れる．規格上，A種は発泡剤として炭化水素や二酸化炭素などを用い，フロン類を用いないもの，B種は発泡剤としてフロン類を用いたもの，と区分されている．

ポリスチレンフォームは，スチレンポリマーに発泡剤，難燃剤を添加したものを原料とし，製造方法により，連続押出し発泡式の「押出法ポリスチレンフォーム」と，一次発泡させたビーズを融着成形させる「ビーズ法ポリスチレンフォーム」がある．図14・4に押出法ポリスチレンフォームの写真を示す．

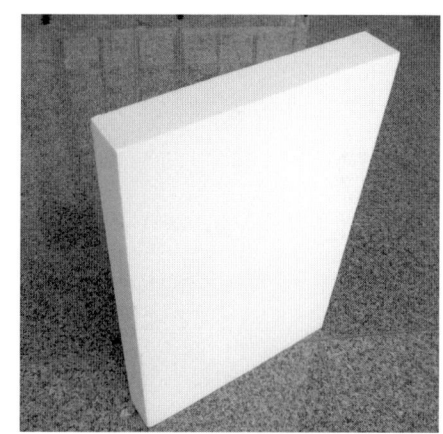

図14・4 押出法ポリスチレンフォーム

硬質ウレタンフォームは，ポリイソシアネートとポリオールを，触媒，発泡剤，整泡剤などと一緒に混合し，泡化反応と樹脂化反応を同時に行わせて製造される．ボード状製品と現場発泡製品がある．現場発泡は，複雑な部材形状に断熱施工でき，連続した断熱層を形成できるといった特徴を持つ．

ポリエチレンフォームは，高発泡ポリエチレンと

第14章 その他材料　171

もいい，ポリエチレン樹脂に発泡剤その他の材料を添加し，10倍から100倍に発泡させた半硬質の断熱材である．

フェノールフォームは，フェノール樹脂を硬化剤，発泡剤と混合加熱し発泡，硬化し得られる．独立した微細気泡を有し，発泡プラスチックの中では不燃性，低発煙性，耐熱性，耐薬品性に優れる．

14・3 防音・吸音材料

1）防音・吸音材料とは

音は空気の振動であり，その音波は振動方向が音の進行方向と同一な疎密波（縦波）である．隣接する空気粒子を次々に振動させ音波は空気中を伝わる．図14・5のように，材料に音波が入射した場合，一部は反射され，一部は壁体材料中で熱エネルギーに変換，吸収され，残りは透過する．

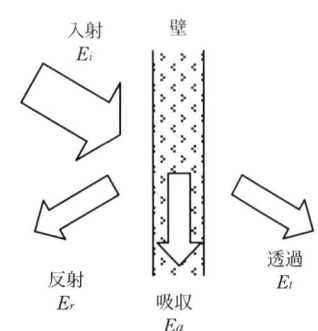

$$透過率\ \tau = \frac{透過}{入射} = \frac{E_t}{E_i}$$

$$吸音率\ \alpha = \frac{吸収+透過}{入射} = \frac{E_a+E_t}{E_i} = 1 - \frac{E_r}{E_i}$$

図14・5 壁面による音の反射，吸収，透過と透過率，吸音率の定義

入射音のエネルギー E_i に対する透過音のエネルギー E_t の割合を透過率と呼び，この透過率の逆数の常用対数を10倍したものを**透過損失**（$R = 10\log_{10}(1/\tau)$）と呼ぶ．防音材料とは，この透過損失が大きいつまり透過率が小さい材料であり，遮音材料ともいう．

一方，入射音のエネルギー E_i に対する反射されなかった音のエネルギー (E_a+E_t) の割合を**吸音率**と呼ぶ．吸音材料とは，この吸音率が大きい材料である．

透過損失と吸音率

例えば透過損失40dBの壁では，透過する音のエネルギーは入射する音のエネルギーの10000分の1となる．

一方，吸音率を α とすると，反射音がない完全吸音の場合 $\alpha = 1$，反射音が入射音と同じ完全反射の場合 $\alpha = 0$ となる．

2）遮音材料・遮音構造

遮音とは音を外部に漏らさぬよう，または内部に入り込まぬように遮断することをいう．外部騒音の大きい立地の建物の外壁や集合住宅・ホテルの界壁などには遮音性能が求められる．

1 単層壁構造

壁を音が透過するとは，入射した音波により壁が微小な振動を起こし，この振動が壁の反対面の空気を励振し音を発生する現象である．このとき，壁は慣性力によって励振に抵抗するため，壁の質量が大きいほど透過する音は小さくなる．これを単層壁の遮音に関する**質量則**と呼ぶ．質量則により，厚さや面密度が大きくなるほど透過損失は大きくなるが，コインシデンス効果により，コインシデンス限界周波数付近の透過損失は質量則からはずれ，落ち込みが生ずる．

単層壁構造を構成する基本的な材料としては，コンクリート，軽量気泡コンクリート板，金属板，ボード材，板ガラスなどが挙げられる．

単層壁の質量則

f：周波数(Hz)，m：面密度(kg/m²)としたとき，垂直入射時の壁面の理論的透過損失は $R_0 = 20\log(f \cdot m) - 43$ (dB)で表され，壁の面密度が2倍になると6dB増加する．一方，音があらゆる方向からランダムに入射した場合の透過損失は先の R_0 を用いて $R = R_0 - 10\log(0.23 \cdot R_0)$ で表され，壁の面密度が2倍になると約5dB増加する．

これらを遮音に関する質量則（mass law）と呼び，遮音性能を確保するには重い材料が有利であるという基本原則となる．通常はランダム入射の質量則が用いられる．

---

2 中空壁構造

単層壁では，性能を向上させるためには質量を確保しなければならないが，2枚の板を間隔を空け空気層を設けて設置することで，比較的軽量で優れた

> **コインシデンス効果**
>
> 実際の壁体の透過損失は，壁の曲げ剛性も関係する．ある角度をもって入射した音波の波長が壁面を伝わる屈曲波の波長と一致（コインシデンス）したときに振動が大きくなり，その周波数（コインシデンス周波数）の音の透過が著しくなる現象をコインシデンス効果という．
>
> 壁の密度が大きいほど，ヤング率が小さいほど，薄いほどコインシデンス周波数は高くなる．

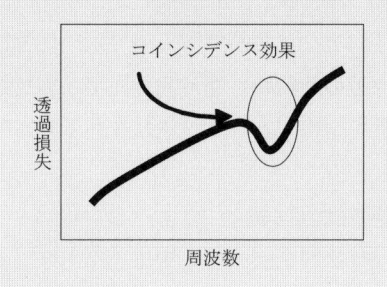

遮音性能の壁を期待できる．このような構造を中空壁（二重壁）構造という．例としては，軽量鉄骨のスタッドにせっこうボードを両面に貼ったような構造であり，集合住宅の間仕切り壁等に用いられる．

中空壁構造で注意しなければならないのは，単層壁構造では発生しない共鳴透過現象が生じ，その共鳴周波数付近の透過損失が低下することである．

一般的には中空層の部分にグラスウール等の吸音材を充填し，あるいは表面材として厚く重いボードを使用することなどで性能が向上する傾向を有する．ただし，この中空壁構造は単層壁と異なり壁の構造が複雑であり，透過損失やその周波数特性に影響を及ぼす項目が多い．その項目としては，表面材の厚さ，中空層の厚さ，中空層内吸音材の有無，その吸音材の種類・密度・厚さ，スタッドの設置方法，スタッドへの表面材の取付方法などが挙げられ，性能は全体的な構成が関係する．

3 床構造

集合住宅等の音環境に関連する床衝撃音の遮断という観点から述べる．カーペット等のやわらかい材料を床に敷くことで，軽量床衝撃音の低減に効果がある．防振ゴムで支持された乾式遮音二重床は軽量床衝撃音の低減に有効である一方，重量床衝撃音に関しては，床下空気層の共振の影響を低減させるた

> **二重壁と低音域共鳴透過**
>
> 単一の壁で壁厚を二倍にすると，質量則により透過損失は6dB向上するに過ぎないが，単一の壁と同じ面密度，厚さの壁を離して二重壁とすると，もしその2枚の壁が完全に独立していれば各壁の透過損失の和に近くなり，大きな遮音性能の向上が期待できる．
>
> この二重壁は壁が構造的，音響的に連結してしまうことで，二枚の壁が「質量」，中空層の空気が「バネ」となる共振系が形成され，低周波域で透過損失の落ち込みがみられる．これを低音域共鳴透過と呼ぶ． 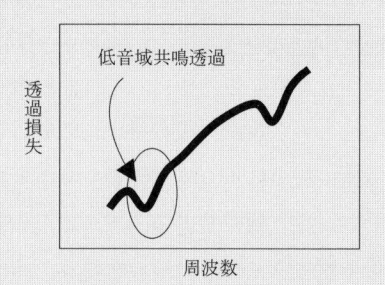
>
> なお，低音域共鳴透過を示す周波数f_0(Hz)は次式で表される．
>
> $$f_0 = \frac{c}{2\pi}\sqrt{\frac{\rho}{d}\left(\frac{1}{m_1}+\frac{1}{m_2}\right)}$$
>
> c：音速（m/s）
> ρ：空気の密度（kg/m³）
> d：中空層の厚さ（m）
> m_1, m_2：二つの壁の面密度（kg/m²）
>
> 例えば，中空層を厚くすると低音域共鳴透過を示す周波数は低くなる．

> **床衝撃音とL値**
>
> 床衝撃音には2種類ある．子供の飛び跳ねの音などを「重量床衝撃音」，スプーンを床に落としたときの音などを「軽量床衝撃音」と呼ぶ．床衝撃音の遮断性能はL値で表され，数値が小さいほど性能が高いことを示す．
>
> なお，壁材等の性能を表す空気音遮断性能はD値で表され，数値が大きいほど性能が高いことを示す．

めに，床下空気層厚の調整や壁との間に隙間を設けること等により性能の向上が図られている．

4 開口部

外部騒音に対しては，窓，扉，換気口などの開口部の性能が外壁全体の遮音性能を規定していることが多い．ガラス窓及び戸の透過損失はサッシの気密性が大きく影響する．要求性能により，防音型のサ

ッシや二重窓を用いることになる．

なお，複層ガラスは，共鳴透過により，中低音域の遮音性能が低下することがあるため，特定の周波数領域の遮音に用いられるほかは，一般には断熱用途に用いられる．

3）吸音材料

教室や会議室，事務室などでは人の話し声が天井や壁で必要以上に反射して響いてしまい聞き取りづらくなるのを防ぐために，また，コンサートホールでは残響時間を調整するために，それぞれ吸音材が用いられる．このように，吸音材は音の響きの程度を調整するのに使われる．また稼動する機械から発生する騒音に対し，騒音制御の面で，設備機械室や工場の天井や壁に吸音材料は用いられる．

吸音材料では，基本的には音のエネルギーが熱のエネルギーに変換されることで吸音される．その機構により分類すると，表14・8に示すように，多孔質型吸音材料，共鳴器型吸音材料，板振動型吸音材料の3種に大別される．

1 多孔質型吸音材料

グラスウール，ロックウール，ロックウール化粧吸音板，軟質ウレタンフォームなどの繊維材料，発泡材料であり，古くはフェルト，パンヤ，麻綿などの有機質繊維が使われた．一般に剛壁に密着あるいは空気層をあけて取り付けられる．その吸音率は低音で小さく，高音ほど大きい．また，吸音材の厚さを増すと中低音域の吸音率が上昇する．背後に空気層を設けると低音域から吸音性能を持たせることができ，空気層厚が大きいほど吸音率は大きくなる．

吸音には連続気泡が必要であり，通気性をなくすと中音域から高音域にかけての吸音性能が著しく損なわれる．例えば発泡スチロールのような独立気泡で通気性のない多孔質材料では吸音はほとんど期待できない．このことは，独立気泡で空気の移動が抑えられる構造が断熱性能発現には有利であったのとは対照的である．

2 共鳴器型吸音材料

それ自体は吸音性の無い板に孔をあけ，背後に空気層を設けると，板厚，孔の径，ピッチ，空気層厚により決まる共鳴周波数で高い吸音率を示す．一般の有孔板では中音域に吸音ピークを持つ．空気層厚が厚いと共鳴周波数の移動に伴い，低音域の吸音率が増大する．この型の吸音機構をとる構造には孔あき板構造，リブ・スリット構造等がある．多孔質材料と一体となって使用される場合が多い．

3 板振動型吸音材料

剛壁に対して合板，せっこうボード等を背後空気層を確保して固定すると共振系が形成され，音波が入射すると板が振動し，板の内部摩擦等により共振

表14・8 吸音材料の吸音機構と特徴

吸音機構	吸音特性	主構成要素	吸音原理	特徴	材料例
多孔質型吸音	吸音率α／周波数f	・多数の空隙や連続気泡を有する多孔質材料	空隙や連続気泡中の空気の粘性摩擦により音のエネルギーが熱のエネルギーに変換されて吸音	・高音ほど吸音率大 ・材料厚いほど中低音の吸音率向上 ・背後空気層設けると低音域にも吸音性能 ・背後空気層厚いほど低音域の吸音率向上 ・通気性阻害されると吸音低下	・ロックウール ・グラスウール ・ロックウール化粧吸音板 ・木毛セメント板 ・軟質ウレタンフォーム
共鳴器型吸音	吸音率α／周波数f	・孔あき板等 ・背後空気層	共振系が形成され，空気の摩擦により音のエネルギーが熱エネルギーに変換されて吸音	・中音域の特定の周波数（板厚，孔径，孔のピッチ，背後空気層厚で決まる共鳴周波数）付近で吸音率大 ・背後空気層に多孔質材料を入れると吸音率向上 ・背後空気層厚いほど低音域の吸音率向上	・孔あきせっこうボード ・孔あきスレートボード ・孔あきハードファイバーボード ・孔あき金属板
板振動型吸音	吸音率α／周波数f	・板 ・背後空気層	共振系が形成され，板の内部摩擦や取付け部の摩擦により音のエネルギーが熱エネルギーに変換されて吸音	・低音域の特定の周波数（共鳴周波数）付近で吸音率大	・合板 ・せっこうボード ・ハードファイバーボード ・プラスチック板 ・金属板

周波数付近（主に低周波数帯域）で吸音する．

14・4 その他

1）電磁波防御材料

外部から到来する電磁波や建物内部で発生する電磁波により起こりうる種々の障害を防止するために電磁波対策がとられる．電磁波対策は電磁波の遮蔽（電磁シールド），磁気の遮蔽（磁気シールド），電波吸収の3つに大別される．

① 電磁シールド材料

電磁シールド材料は，外部から到来する電磁波による電子機器誤作動の防止，電磁的情報の漏洩の防止等を対象とし，空間を導電性材料で区切ることで電磁波を表面で反射させ，空間を電磁気的に遮断させるものである．

材料としては亜鉛メッキ鉄板，銅箔，金属金網（銅，ステンレス）等が用いられる．

② 磁気シールド材料

磁気シールド材料は，電磁波のうち直流磁場や約10kHz以下の低周波の交流磁場等による各種機器，システムへの影響，例えば，ブラウン管の色ずれ，MRI（核磁気共鳴診断装置）運用時の各種障害，磁気記録メディアの情報消去等を防止するために用いられる．磁場の発生源としてはエレベータ，列車，自動車の移動や高圧送電線，商用電源等がある．

磁気シールド材料としては，発生磁場が大きい場合には飽和磁束密度の大きい材料が適し，積層化した電磁純鉄や電磁鋼板（けい素鋼板）を用いることが多い．場合によりアモルファス合金が用いられる．微弱磁場の場合には高透磁率材料が適し，パーマロイ（純ニッケル系合金）が一般に使われる．

③ 電波吸収材料

電波吸収材料は，TV電波（アナログ放送）の構造物による反射に伴うゴースト障害，無線LAN（構内通信網）やETC（電子式料金自動収受システム）利用に伴う壁面や周辺構造物からの多重反射による障害といった電波反射に起因する障害防止や電波暗室設置等に用いられる．

材料としては，誘電体材料（カーボン等），磁性体材料（フェライト等），導電性材料（抵抗皮膜等）に大別される．テレビ放送のゴースト障害対策として，フェライト製タイルやフェライト混入モルタル材などが外壁に用いられたり，電波暗室には発泡ウレタンや発泡スチロールにカーボンを混入させた四角錐型等の電波吸収体が用いられる．対象周波数帯域に応じて材料特性や構造を決定する．

2）放射線防護材料

医療用放射線機器（診断用X線装置や放射線照射治療機器など），原子炉，加速器のような放射線が発生する機器等が使用される施設では，人体を有害な電離放射線から防護するために，建築物の床，壁，天井等での遮蔽が必要となる．放射線のうち遮蔽対象となるのはX線，γ線，中性子線である．

① X線及びγ線防護材料

X線，γ線は電磁波の一種であり，これらの遮蔽には比重の大きい材料が適し，鉄や鉛が有効である．鉛を合板やせっこうボード等に張り付けたパネルや，透視性の要求される部位には鉛ガラスなどが用いられる．また，コンクリートも構造面等から有効であり，特にバライト（重晶石）や磁鉄鉱など比重の大きな骨材を用いたコンクリートは重量コンクリートと呼ばれ，遮蔽効果は大きくなる．

② 中性子線防護材料

中性子は電荷を持たない粒子であり，質量は陽子とほぼ等しい．中性子線の遮蔽には，エネルギーの大きい高速中性子にはまず鉄，鉛，コンクリートといった材料を用いて重い原子核との非弾性散乱により減速させ，さらに水やパラフィンといった原子番号の小さい水素を多く含む物質との弾性散乱により減速・吸収させる．なお，より低エネルギーとなった中性子（熱中性子）は様々な原子核に捕獲吸収され二次γ線を発生することがあるので，ホウ素等により吸収させたり，γ線の遮蔽を考慮する必要がある．

練習問題 14.1 次の材料のうち，一般に防火材料と呼ぶのに，**最も不適当な**ものはどれか．

1. 不燃材料
2. 準不燃材料
3. 難燃材料
4. 可燃材料

練習問題 14.2 次の耐火材料のうち，吹付け工法により施工されるものとして，**最も不適当な**ものはどれか．

1. ロックウール
2. コンクリート
3. ALC
4. 繊維混入けい酸カルシウム板

練習問題 14.3 次の断熱材料のうち，無機質材料と呼ぶのに，**最も適当な**ものはどれか．

1. グラスウール
2. 押出法ポリスチレンフォーム
3. 硬質ウレタンフォーム
4. セルローズファイバー

練習問題 14.4 次の遮音材料（遮音構造）や吸音材料とそれに関係する用語の組み合わせとして，**最も不適当な**ものはどれか．

1. 単層壁構造――――質量則
2. 中空壁構造――――低音域共鳴透過
3. グラスウール――――板振動型吸音
4. 孔あきせっこうボード――――共鳴器型吸音

練習問題 14.5 次の材料のうち，一般に耐火被覆材，吸音材料及び断熱材料のいずれの用途にも使用されるものとして，**最も適当な**ものはどれか．

1. コンクリート
2. 硬質ウレタンフォーム
3. 孔あきせっこうボード
4. ロックウール

第 15 章 演習問題

第 1 章

演習問題 1.1 建築材料における地球環境に関する記述のうち，**最も不適当な**ものはどれか．

1. 温室効果ガスを削減する観点から，ライフサイクル全般に配慮して使用材料を選定しなければならない．
2. 環境に関することは，ISO9000 で取り上げられている．この環境マネジメントシステム取得が企業の社会的責任の評価とされる場合が多い．
3. 自然材料は二酸化炭素を排出しないので，人工材料を用いる場合に比べ地球環境にやさしい．
4. 自然材料の資源には限度があるので，3R（リデュース，リユース，リサイクル）を考慮しなければならない．

演習問題 1.2 火災に関する記述のうち，**最も不適当な**ものはどれか．

1. 建物の性能を維持するうえで，耐火性能を確保することは特に重要である．
2. 一定規模以上の建物は，火災を拡大させないように防火区画を設ける．
3. 不燃材料は加熱開始後 10 分間，燃焼せず有害な損傷やガスを生じない材料である．
4. 防火区画については，建築基準法で区画面積や使用材料について規定されている．

第 2 章

演習問題 2.1 木材に関する次の記述のうち，**最も不適当な**ものはどれか．

1. 木材の強度は，一般に，気乾比重が小さいものほど大きい．
2. 含水率が繊維飽和点以下の木材において，膨張・収縮は，ほぼ含水率に比例する．
3. 含水率が繊維飽和点以下の木材において，乾燥収縮率の大小関係は，年輪の接線方向＞半径方向＞繊維方向である．
4. 木材は，一般に，含水率が 25～35％を超えると腐朽しやすくなる．

演習問題 2.2 木材および木質系材料に関する次の記述のうち，**最も不適当な**ものはどれか．

1. 構造用木材には，節，割れ，繊維の傾斜，丸身等による耐力上の欠点がないものを使用する．
2. 集成材は，大きな断面や長い材を得るのが容易で，乾燥による割れ又はくるいを生じにくく，強度のばらつきも少ない．
3. 普通構造材の繊維方向の短期許容応力度は，長期許容応力度の 1.5 倍である．
4. 合板は，層内にせん断力を受ける場合，小さい荷重でも，木材の繊維がころがるような状態で破壊することがある．

第 3 章

演習問題 3.1 セメントの水和についての次の記述のうち，**最も不適当な**ものはどれか．

1. セメントに水を加えるとセメント粒子の表面から発熱を伴う水和反応が起きる．
2. 主なセメント水和生成物はけい酸カルシウム（C-S-H），水酸化カルシウム（$Ca(OH)_2$），エトリンガイト，モノサルフェート水和物などである．
3. セメントの主要な組成化合物である C_3S，C_2S ではけい酸カルシウム（C-S-H）と水酸化カルシウム（CaO）が生成する．
4. セメントの水和発熱は 10 時間以内に収束を迎える．

演習問題 3.2 各種混合材についての次の記述のうち，**最も不適当なものはどれか**．

1. 潜在水硬性を持つ高炉スラグは普通ポルトランドセメントに比べ養生を簡素化できる．
2. フライアッシュはポゾラン反応性を有している．
3. シリカフュームはフライアッシュ同様ポゾラン反応性を有している．
4. シリカフュームは緻密な硬化組織を生成し，高強度，高耐久性を有したコンクリートを製造できる．

演習問題 3.3 ポルトランドセメントに関する規格に関する次の記述のうち，**最も不適当なものはどれか**．

1. 規定量以上の酸化マグネシウム（MgO）が含まれるセメントは異常膨張し，長期安定性を損なう．
2. 三酸化硫黄（SO_3）の量が過少なら異常凝結を，過大であれば膨張などの問題が生じる．
3. 強熱減量とはセメントを 900〜1000℃ で強熱した時の減量でセメント中の水分，二酸化炭素量の含有量を示す．
4. 貯蔵中に空気中の湿分により風化したセメントは強熱減量が減少する．

演習問題 3.4 次のポルトランドセメントに関する記述のうち，**最も不適当なものはどれか**．

1. 普通ポルトランドセメントは最も汎用性のあるセメントであり，国内で使用されるセメントの90％を占める．
2. 早強ポルトランドセメントは C_3S 含有量を高め，粉末度を上げることで早期強度を発現させている．
3. 中庸熱ポルトランドセメントは C_3S，C_3A 含有量を低くし，結果として C_2S を多くすることで水和熱を抑えている．
4. 低熱ポルトランドセメントは C_2S 含有量が 40％ 以上となっており，高流動・高強度コンクリート等に使用される．

演習問題 3.5 骨材の有害物質と安定性についての次の記述のうち，**最も不適当なものはどれか**．

1. レディーミクストコンクリートの場合，有機不純物試験において不合格となった試料であっても 3％水酸化ナトリウム溶液で洗い，十分に水で洗浄した試料で作ったモルタル強度が 90％以上であれば使用してもよい．
2. 粘土塊を含むコンクリートは単位水量が多くなり，乾燥収縮が大きくなる．
3. 塩化物はコンクリートの品質や耐久性を低下させ，鉄筋コンクリート中の鉄筋を発錆させる．
4. 石粉は過量でない場合は強度の増進やワーカビリティを改善する場合がある．

第 4 章

演習問題 4.1 JIS A 5308「レディーミクストコンクリート」で規定されているコンクリートの記述に関して，**最も不適当なものはどれか**．

1. コンクリートの種類は，普通コンクリート，舗装コンクリート，高強度コンクリートの 3 種類が規定されている．
2. 普通コンクリートのスランプは 5, 8, 12, 15, 18, 21cm が規定されている．
3. 高強度コンクリートの呼び強度は 50, 55, 60 が規定されている．
4. 普通コンクリートの粗骨材最大寸法は 20, 25, 40mm の 3 種類が規定されている．

演習問題 4.2 コンクリートの硬化性状に関する記述で，**最も不適当なものはどれか**．

1. コンクリートは遮音性能が高く，吸音性の低い材料である．
2. コンクリートは耐火性・耐熱性に優れる材料であるが，500℃ では圧縮強度が 60％以下に低下する．
3. コンクリートの水密性は水セメント比に大きく依存し，水セメント比が大きいと水密性は高くなる．
4. コンクリートの割裂試験とはコンクリートの引張り強度の試験である．

演習問題 4.3 コンクリートの調合選定に関する記述で，**最も不適当なものはどれか**．

1. コンクリートの調合選定は構造物の使用にあわ

せて要求品質にあったものを選定するのがよい．
2. コンクリートのスランプは打ち込みが可能な範囲でできる限り小さいものがよい．
3. コンクリートの空気量が大きいと凍結融解抵抗性が高くなるため，空気量は高いほどよい．
4. コンクリートの圧縮強度は，養生方法・養生温度に関する補正値とばらつきに応じた割り増しを考慮する必要がある．

第 5 章

演習問題 5.1 コンクリート工事に関する次の記述のうち，**最も不適当な**ものはどれか．
1. マスコンクリートを適用する部材を特記する場合には，一般に，最小断面寸法が壁状部材については 80 cm 以上，マット状部材および柱状部材については 100 cm 以上を目安とする．
2. 高強度コンクリートは，「中性化」や「塩化物イオンの浸透」に対する抵抗性に優れているので，通常のコンクリートと同等のかぶり厚さとすることにより，耐久性の向上が期待できる．
3. 軽量コンクリート 2 種の設計基準強度の最大値は，$27 N/mm^2$ であり，気乾単位容積重量の範囲は，$1.4 \sim 1.7 t/m^3$ である．
4. 凍結融解作用を受けるおそれのあるコンクリートを振動期を用いて締め固めを行う場合は，密実なコンクリートが打ち込めるように空気量を 3% 以下とし，かつ，加振時間を標準より長くする．

演習問題 5.2 コンクリート工事に関する次の記述のうち，**最も不適当な**ものはどれか．
1. 軽量コンクリートに用いる人工軽量骨材は，圧送中における加圧吸水が生じないように，あらかじめ十分に吸水させたものを使用した．
2. マスコンクリートの施工において，内部温度が最高温度に達し，外気温との温度差が大きくなったので，保温養生に用いた材料を取り外した．
3. 暑中コンクリートの荷下ろし時のコンクリート温度は，35℃ 以下とした．
4. 高強度コンクリートの施工において，練混ぜから打ち込み終了までの時間を，外気温に関わらず 120 分程度として管理した．

第 6 章

演習問題 6.1 次の記述のうち，**最も不適当な**ものはどれか．
1. 焼入れされた鋼材の強度・硬度は増大し，靭性は低下してもろくなる．
2. 鋳鉄は，延性が劣り，曲げモーメントや引張力に対して脆い性質がある．
3. 鋼材は，一般に炭素含有量が多くなるほど，破断までの伸びが大きくなる．
4. 同じ鋼塊から圧延された鋼材の降伏点は，一般に，板厚の厚いものに比べて，板厚の薄いものの方が高くなる．

第 7 章

演習問題 7.1 次の記述のうち，**最も不適当な**ものはどれか．
1. 鋼の主成分は鉄 (Fe) である．
2. 主要 5 元素とは，炭素 (C)，マグネシウム (Mg)，ケイ素 (Si)，リン (P)，硫黄 (S) である．
3. リン (P) と硫黄 (S) は不純物と呼ばれる．
4. 銅 (Cu) を加えると耐食性が高まる．

演習問題 7.2 鋼板の製造方法に関する次の記述のうち，**最も不適当な**ものはどれか．
1. 鋼材の形状は条鋼，鋼板，鋼管，外輪の 4 つに大別される．
2. 条鋼には H 形鋼や異形鉄筋などの棒鋼が含まれる．
3. 鋼管には継目無（シームレス）鋼管と溶接鋼管があり，いずれも冷間成形法である．
4. 外輪とは鉄道車両の車輪の外周に取り付く鋼製の輪のことであり，レールに接する部分である．

第 8 章

演習問題 8.1 次の記述のうち，**最も不適当な**ものはどれか．
1. オーステナイト系ステンレス鋼 SUS304 の線膨

張係数は炭素鋼 SN400 に比較して大きい．
2. オーステナイト系ステンレス鋼 SUS304 と炭素鋼 SN400 の異種金属接合で流電腐食が生じた場合は SN400 が腐食する．
3. オーステナイト系ステンレス鋼 SUS304 は優れた低温特性を有しており，低温環境で使用する構造材に適している．
4. オーステナイト系ステンレス鋼 SUS304 の低温特性は優れているが，高温時の引張強さの低下は大きく，その値は炭素鋼より小さくなる．

演習問題 8.2 次の記述のうち，**最も不適当な**ものはどれか．
1. アルミニウム合金材の基準強度は下降伏点を採用する．
2. 炭素鋼 SN400 の引張強さは 400N/mm² 以上である．アルミニウム合金材 AS110 の基準強度は 110N/mm² 以上となる．
3. アルミニウム合金材 AS110 の比重は炭素鋼 SN400 に比較して約 1/3 程度の値である．
4. アルミニウム合金材の溶接は可能であるが溶接部の基準強度が低減しなければならない．しかし，AS110A の基準強度は低減する必要はない．

第 9 章

演習問題 9.1 タイル工事に関する次の記述のうち，**最も不適当な**ものはどれか．
1. タイル後張り工法の改良圧着張りにおいて，下地の吸水性が大きかったので，吸水調整材を用いて下地表面処理を行った．
2. タイル後張り工法において，モルタル下地に張り付けるタイルの伸縮調整用目地の幅は，8mm 以下とした．
3. タイル後張り工法のモザイクタイル張りにおいて，タイル目地に盛り上がった張り付けモルタルの水分により紙張りの目地部分が湿るまで，タイルのたたき押さえを十分に行った．
4. タイル後張り工法のマスク張りにおいて，タイルへ張り付けてモルタルを塗り付けた後，タイルを壁面に張り付けるまでの時間を 5 分以内とした．

演習問題 9.2 外装のタイル工事に関する次の記述のうち，**最も不適当な**ものはどれか．
1. タイル先付けプレキャストコンクリート工法において，タイルの接着強度の合格基準は 1.0N/mm³ とした．
2. タイル先付けプレキャストコンクリート工法において，タイルの目地の深さは，タイルの厚さの 1/2 とした．
3. タイル後張り工法において，せっ器質タイルは，耐凍害性に優れたものを用いた．
4. タイル後張り工法の密着張りにおいて，一度に塗り付ける張り付けモルタルの面積は，2m² 以内とした．

第 10 章

演習問題 10.1 次の記述のうち，**最も不適当な**ものはどれか．
1. ガラスは，理想的な弾性体であるが，脆くて割れやすいことが大きな欠点である．
2. 複層ガラスは，2 枚以上の板ガラス周囲にスペーサを用いて一定間隔に保ち，内部に乾燥空気を入れて気密状態にしたもので，断熱性能に優れる．
3. すり板ガラスは，フロート板ガラスの片側の表面を金剛砂と金属ブラシで荒らすことにより，不透視に加工した板ガラスである．
4. 倍強度ガラスは，フロート板ガラスに熱処理を施し，表面に圧縮応力を生じさせたものであり，フロート板ガラスに比べて，3〜5 倍の強度がある．

演習問題 10.2 次の記述のうち，**最も不適当な**ものはどれか．
1. 石材は，圧縮強度に比べ，引張強度，曲げ強度が小さい．
2. 安山岩は花崗岩に比べて強度の点で劣るが，加工がしやすい．
3. 粘板岩は吸水率が大きく，凍害を受けやすい．
4. 花崗岩は外観が美しく，耐磨耗性に優れるので

階段に用いられる．

第 11 章

演習問題 11.1 せっこうボードの特徴のうち，**最も不適当な**ものはどれか．

1. 火に強い（不燃性・防火性・耐火性）
2. 音を通しにくい（遮音性）
3. 水に強い（耐水性）
4. 気密性（断熱性）が良い

演習問題 11.2 次の用語の説明のうち，**最も不適当な**ものはどれか．

1. 水硬性：水と化学反応して硬化する性質
2. 気硬性：空気中の二酸化炭素と反応して硬化する性質
3. 畳表：乾燥させた稲藁を圧縮して縫いとめ板状に加工したもの
4. パイル：カーペットの表面に出ている繊維の束のこと

第 12 章

演習問題 12.1 プラスチック，塗料，接着剤に関する次の記述のうち，**最も不適当な**ものはどれか．

1. エポキシ樹脂は，耐薬品性がなく，実験室等の塗料としては使用されない．
2. 塩化ビニル樹脂は，耐水性，耐薬品性が大であり，コンクリート防水塗料としても利用される．
3. ユリア樹脂は，耐水性が良いので合板の接着剤として使用される．
4. アクリル樹脂は，硬質，強靭なので有機ガラスとして利用される．

演習問題 12.2 建築材料とその主成分の組合せとして，**最も不適当な**ものは，次のうちどれか．

1. 発泡断熱材……………………ポリウレタン
2. コンクリート用塗料……………塩化ビニル
3. 化粧板（表面材）………………メラミン
4. 壁装材用接着剤…………………エポキシ

第 13 章

演習問題 13.1 防水材料に関する記述のうち，**最も不適当な**ものはどれか．

1. 砂付ストレッチルーフィングは，比較的粒子の粗い砂粒，砕石粒などを表面に散着したもので，防水層の最上層に使用する．
2. アルミは鉄と接触すると腐食環境に曝された場合に電食の問題があるので，直接接しないようにする．
3. シーリング工事において，外壁カーテンウォールのワーキングジョイント目地は2面接着とするのが望ましい．
4. 防水用アスファルトは温度が高いほど粘性が小さく施工しやすくなるので，なるべく高温に加熱する方が良い．

演習問題 13.2 防水材料に関する次の記述で，**最も不適当な**ものはどれか．

1. ステンレスシートは，異種金属と接した状態で雨露にぬれると，わずかな腐食媒（塩分など）で異種金属側を加速腐食させることがある．
2. 塗膜防水工事において，液状の材料は雨露や直射日光のあたらない場所に保管し，特に溶剤系の材料は密封したうえで密閉した部屋に保管しなければならない．
3. アスファルトルーフィングは，乾燥した場所にたて積みにして保管する．砂付きルーフィングはラップ部分を上にする．
4. 建具の水密性試験は，圧力箱で規定の圧力をかけて水を噴霧し，建具からの漏水の有無を観察する．

第 14 章

演習問題 14.1 断熱材料に関する次の記述のうち，**最も不適当な**ものはどれか．

1. 建築材料の熱伝導率は，一般に，かさ比重（みかけの密度）が減少するほど小さくなる傾向がある．
2. グラスウールは，一般に，かさ比重が大きくなるほど熱伝導率が小さくなる．
3. 繊維系の断熱材が結露などによって湿気を含む

と，その熱伝導抵抗は小さくなる．
4. 同種の発泡性の断熱材において，空隙率が同じ場合，一般に，材料内部の気泡寸法が大きいものほど，熱伝導率は小さくなる．

演習問題 14.2 防音，吸音材料に関する次の記述のうち，**最も不適当な**ものはどれか．
1. 単層壁による遮音において，同一の材料で厚さを増していくと，コインシデンス効果による遮音性能の低下の影響は，より低音域側となる．
2. 二重壁の中空層を厚くすると，通常，共鳴透過を示す周波数は高くなる．
3. 多孔質吸音材料は，その表面を通気性の低い材料によって被覆すると，高音域の吸音率が低下する．
4. 多孔質材料を剛壁に取り付ける場合，一般に多孔質材料と剛壁面との間の空気層の厚さを増すと低周波数領域の吸音率が大きくなる．

演習問題 14.3 音響に関する次の記述のうち，**最も不適当な**ものはどれか．
1. 建築物の床衝撃音遮断性能に関する等級における Lr－40 は，Lr－50 に比べて，床衝撃音の遮断性能が高い．
2. 建築物及び建築部材の空気音遮断性能に関する等級における Dr－55 は，Dr－50 に比べて，空気音の遮断性能が高い．
3. 発泡樹脂を心材として用いた二重壁は中高音域で共鳴透過を起こす傾向がある．
4. 複層ガラス（厚さ 3mm のガラス 2 枚と乾燥空気を封入した 6mm の中空層とからなる）は，その面密度の合計と同じ面密度をもつ単板ガラス（厚さ 6mm）に比べて，500Hz 付近の中音域において高い遮音性能を示す．

※第 15 章「演習問題」の解答は，学芸出版社ウェブサイト <http://www.gakugei-pub.jp> の本書 HP<http://www.gakugei-pub.jp/mokuroku/book/ISBN978-4-7615-2474-6.htm> にて公開しています．

付録 章末練習問題解答

[練習問題 1.1]
正解 3．人工材料は構造材料だけでなく仕上げ材料にも使用されている．

[練習問題 1.2]
正解 3．アスベストが 0.1％以上含まれている製品は使用禁止になっている．

[練習問題 1.3]
正解 1．国家標準規格は JIS 規格や JAS 規格などであり，JASS 規格は日本建築学会の建築工事標準仕様書である．

[練習問題 1.4]
正解 4．コンクリートの耐久性は，コンクリート内部の水分量が大きく影響するので，コンクリート調合は重要である．

[練習問題 2.1]
正解 2．インシュレーションボードは，植物繊維や木材の繊維を軟化させてほぐして接着したものであり，軟質繊維板とも言う．防音性や断熱性に優れており，内壁の下地材や天井材などに用いられる．木材の小片（チップ）に接着剤を加えて，加熱・圧縮成形したボードはパーティクルボードである．

[練習問題 2.2]
正解 1．木材のヤング係数は，繊維に直角方向より繊維方向のほうが約 25 倍大きい．

[練習問題 2.3]
正解 3．防腐剤を加圧注入した防腐処理材において，仕口や継手の加工が行われた部分については，木材全体が防腐処理されていても再処理を行わなければならない．

[練習問題 2.4]
正解 3．構造用合板のホルムアルデヒド放散量の基準において，ホルムアルデヒド放散量の平均値については，「F☆と表示するもの」より「F☆☆☆☆と表示するもの」のほうが低い．

[練習問題 3.1]
正解 3．C_2S は長期強度に，C_3S は初期強度に寄与し，両者は逆の記述となっている．

[練習問題 3.2]
正解 2．調合設計を行う際の基準となる含水状態は表面乾燥状態である．

[練習問題 3.3]
正解 1．AE 剤はコンクリートに導入する独立気泡としてのエントレインドエアである．

[練習問題 4.1]
正解 3．ブリーディングはコンクリート中の練混ぜ水が浮き上がる現象である．

[練習問題 4.2]
正解 4．圧縮強度試験以外にも曲げ・割裂引張強度が規格化されている．

[練習問題 4.3]
正解 2．JIS 認証を受けた工場でも個々に認証範囲が異なるので JIS マーク品が出荷できる範囲は事前に確認が必要である．

[練習問題 5.1]
正解 3．コンクリートの打ち込み速度は，十分な締固めが可能な範囲とする．コンクリート運搬能力を優先し，連続してコンクリートを打ち込むと締め固めが不十分となり，型枠の変形の要因となる．

[練習問題 5.2]
正解 4．寒中コンクリートの空気量は，4％以上6％以下とする．

[練習問題 5.3]
正解 1．普通コンクリートは，普通骨材を用いる設計基準強度36N/mm^{2}以下のコンクリートのことをいう．

[練習問題 5.4]
正解 1．鋼管コンクリート杭は，鋼管を外殻として，高強度コンクリートを遠心力締固めによってライニングし，鋼管とコンクリートを一体化したもの．問題は，ヒューム管の説明である．

[練習問題 6.1]
正解 2．焼入れとは，鋼を900℃近辺まで加熱後，急速に冷却させる処理である．冷却媒体には通常は水が使用される．

[練習問題 6.2]
正解 3．2．，3．及び4．鋼の主成分は鉄（Fe）であるが，その他に少量の炭素（C）・マンガン（Mn）・ケイ素（Si）・リン（P）・硫黄（S）などが含まれている．これらの5つの元素を「主要5元素」と呼ぶ．PとSは不純物と呼ばれ，通常用途では低いほどよく，C・Mn・Siは，鋼に必要な強度や衝撃特性を確保するための役割をもっている．

[練習問題 6.3]
正解 3．JIS規格では，炭素元素（C）のみの含有量だけでなく，ケイ素（Si）・マンガン（Mn）・リン（P）・硫黄（S）などの含有量を規定している．

[練習問題 6.4]
正解 2．鉄鉱石を溶かして鉄分を取り出す高炉には，コークスや石灰石，石炭を一緒に入れる必要がある．

[練習問題 7.1]
正解 4．鋼材の材料特性は応力ひずみ関係で表され，弾性，降伏，ひずみ硬化の現象が観測できる．この特性は引張でも圧縮でも同じである．また，鋼材はコンクリートと異なり延性に富む材料である．したがって，答えは4．となる．

[練習問題 7.2]
正解 1．2．はコンクリート比重が2.3，鋼材の比重が7.8であるので×．3．は鋼材あるいは鉄筋の線膨張係数がほぼ同じであるために，RC構造やSRC構造が可能となった．4．は鋼材に熱を加えるとその降伏点は下がる．したがって，答えは1．となる．

[練習問題 7.3]
正解 1．2．は国土交通大臣の認定を受けた材料ならば建築構造用として使用できる．3．は，一般的に呼称される鉄筋はJIS規格品である．4．は，ステンレス鋼は鋼材と同じ機械的性質を有する材料である．したがって，答えは1．となる．

[練習問題 7.4]
正解 3．高力ボルトは一般的にはボルト1本と座金2枚から構成されるので1．は○．2．はボルトの材料が鋼材より低ければボルト接合は成立しない．溶接は外気に接すると不具合が生じやすい．したがって，3．が答えとなる．

[練習問題 7.5]
正解 4．鉄筋同士を重ね合わせるのが重ね継手であって，その機構はコンクリートの付着強度に期待したものであるので1．は○．2．は字の通りカプラーやスリーブといった機械を介して継ぐ工法である．金属材料の各種試験方法はJISに詳細に規定されているが，鉄筋継手は規定されていない．したがって，

答えは 4. となる．

練習問題 7.6
正解 3．せん断とは，圧延された鋼板を所定の寸法に切断することである．精製とは，鋼板の歪みを矯正して平坦度を向上させる工程を言う．したがって，答は 3. となる．

練習問題 8.1
正解 3．「SUS304」の表記中の数値は引張強さを表していない．

練習問題 8.2
正解 2．「AS110」の表記中の数値は基準強度を示しており，引張強さではない．

練習問題 8.3
正解 1．すべり係数は 0.45 を確保する処理を行わなければならない．

練習問題 8.4
正解 4．SUS410 は焼き入れ硬化する．

練習問題 9.1
正解 3．建築用材料として用いられるタイルは，粘土を焼成して製造された焼成品であり，セラミックス材料に分類される．

練習問題 9.2
正解 2．耐火れんがは 1600 〜 2000℃ の高温で焼成される．

練習問題 9.3
正解 1．本問は施工分野におけるタイルに関連する問題であり，本文ではその内容に触れていない．タイル工事に関する詳細は，日本建築学会『建築工事標準仕様書・同解説 JASS19　陶磁器質タイル工事』を参照されたい．
1. JASS19.3.5.4.1.a(4) パネル 5 枚以内ごとに設ける必要がある．
2. JASS19.3.5.1.6.b
3. JASS19.3.1.5.d
4. JASS19.3.6.3.a(2)

練習問題 10.1
正解 4．強化ガラスは，一般板ガラスに特殊な熱処理を施し，表面に圧縮応力層・内部に引張応力層を形成するため，切断・加工が一切できない．

練習問題 10.2
正解 2．ガラス表面を金剛砂と金属ブラシで荒らすことにより，不透視に加工した板ガラスは，すり板ガラスである．磨き板ガラスは，金剛砂などで研磨した後，フェルトなどでつや出しした板ガラスである．

練習問題 10.3
正解 2．花崗岩は，耐火性には劣る．大理石は酸に対して弱いので温泉質を確認して使用する必要がある．凝灰岩は，耐久性には劣るので床材には不向きである．

練習問題 10.4
正解 2．大理石は耐火性，耐熱性には劣る．

練習問題 11.1
正解 2．せっこうは火に強いが水には弱い特徴がある．その特徴を生かして内装材として，せっこうボードが利用されている．

練習問題 11.2
正解 1．合板は薄く切った単板を繊維方向に 90°互い違いに奇数枚重ねて熱圧着したものである．

練習問題 11.3
正解 3．たたみの寸法で一番大きいのは京間である．大きさは京間＞中京間＞江戸間＞団地間の順番である．

[練習問題 11.4]
正解 1．塩化カルシウム系の凍結防止剤は金属の腐食を促進するので用いない．

[練習問題 12.1]
正解 2．ポリウレタン樹脂は，耐熱性，耐酸性，耐アルカリ性に劣るので屋根材料には用いられない．

[練習問題 12.2]
正解 1．プラスチックは，日光，気温，風雨，大気不純物などの影響により，変色，退色，脆弱化，強度低下などが生じる．

[練習問題 12.3]
正解 4．合成樹脂調合ペイントは，耐アルカリ性に劣るため，モルタル面には塗装できない．

[練習問題 12.4]
正解 3．オイルペイントは，乾燥性に劣っている．

[練習問題 12.5]
正解 4．アスファルト接着剤は，熱溶融型である．

[練習問題 12.6]
正解 2．ユリア樹脂接着剤は，シックハウス症候群の原因物質の一つとされているホルムアルデヒドを用いているので，ホルマリン臭が残りやすい．

[練習問題 13.1]
正解 4．ステンレスも腐食環境では腐食するため，雨露を避けて保管しなければならない．

[練習問題 13.2]
正解 3．異種のシリコーン系シーリング材の打ち継ぎはできない．

[練習問題 13.3]
正解 3．日本では一般的に外開きとなっているが，特に決まりはない．

[練習問題 13.4]
正解 3．ガラスまわりにはシリコーン系シーリング材を使用する．

[練習問題 14.1]
正解 4．防火材料とは不燃材料，準不燃材料及び難燃材料を指す．

[練習問題 14.2]
正解 1．吹付けロックウールとして一般に施工される．

[練習問題 14.3]
正解 1．グラスウールはガラス原料（無機質材料）からできている．

[練習問題 14.4]
正解 3．グラスウールは多孔質型吸音の機構を示す．

[練習問題 14.5]
正解 4．ここで挙げた用途としては，コンクリートは耐火被覆材，硬質ウレタンフォームは断熱材料，孔あきせっこうボードは吸音材料の用途としてそれぞれ有効である．ロックウールはいずれの用途にも使用されうる素材である．

索　引

【あ】

アジテータトラック	57
アスファルト	153
アスファルトプライマー	153
アスファルト防水	152
アスファルトルーフィング	153
厚板	77
圧縮強度	50
圧縮強度試験	64
アルカリ骨材反応	60,65
アルカリシリカ反応	61
アルミナセメント	39
アルミン酸三カルシウム	35
受け入れ検査	56
海砂	43
H形鋼	78
AE減水剤	44
AE剤	44
ALC製品	69
エコセメント	39
SD材	85
FRPシート補強工法	14
塩害	60
塩化物	42
応力腐食割れ	94
音響特性	54

【か】

外材	20
海水の作用を受けるコンクリート	66
化学的腐食	62
角形鋼管	80
割裂強度	51
窯	105
環境配慮塗料	146
含水率	24
乾燥収縮率	25
寒中コンクリート	67
木裏	23
木表	23
蟻害	22
気硬性	124
木取り	25
凝結	47
金属系シート防水	155
空気量	47,49
クリープ	52
クリープ試験	64
狂い	27
ケイ酸三カルシウム	35
形成層	22
軽量コンクリート	66
減水剤	45
建築用コンクリートブロック	68
原料工程	34
コインシデンス効果	173
鋼管	79
鋼管コンクリート杭	69
高強度コンクリート	66
鋼材	73
合成樹脂塗料	142
合成高分子系シート防水	154
鋼製シャッター	159
高性能AE減水剤	44
構造体コンクリート	56
合板	29
広葉樹	20
高流動コンクリート	66
高炉	73
高炉セメント	38
コールタール	154
コンシステンシー	47
混和剤	44

【さ】

砕石・砕砂	43
材料分離	47
左官	123
酸化皮膜	92
仕上げ工程	35
支圧強度	52
シーリング材	156
質量則	172
自動ドア	161
遮音構造	172
遮音材料	172
遮蔽用コンクリート	67
砂利・砂	42
収縮	52
収縮応力およびひび割れ抵抗性	65
集成材	30
住宅基礎用コンクリート	68
樹心	22
樹皮	22

主要 5 元素	73
準耐火構造	165
準不燃材料	165
準防火構造	165
衝撃強度	53
焼成工程	34
消石灰	126
暑中コンクリート	67
シリカセメント	38
シロアリ	22
心材	22
心去り材	24
心持ち材	24
針葉樹	20
髄	22
水硬性	124
水中コンクリート	67
水密コンクリート	66
水密性	53
吹錬	76
水和反応	36
末口	23
ステンレスシート	155
スラブ	77
スランプ試験	48
スランプロス	47
背	23
製鋼	75
精錬	76
セメント水比	50
繊維板	31
せん断強度	51
製銑	75
早強ポルトランドセメント	37
粗粒率	41
【た】	
耐火構造	165
耐火性	54
耐火被覆材	166
耐久性	59
耐熱性	54
耐硫酸塩ポルトランドセメント	38
建具	157
建具金物	160
弾性	51
弾性係数試験	64
断熱材料	169
中性化	59
中性化抵抗性	65
鋳造	76
中庸熱ポルトランドセメント	37

調合設計	55
超早強ポルトランドセメント	37
超速硬セメント	39
継目無鋼管	79
低熱ポルトランドセメント	37
鉄アルミン酸四カルシウム	35
電磁波防御材料	175
凍害	61
凍結融解作用を受けるコンクリート	66
凍結融解抵抗性	65
塗膜形成要素	142
塗膜形成助要素	142
塗膜防水	155
塗料	140
ドロマイトプラスター	125
【な】	
長さ変化	64
難燃材料	164
2 成分，3 成分系セメント	39
日本工業規格（JIS）	10,84
日本農林規格（JAS）	10
熱可塑性樹脂	136
熱硬化性樹脂	136
熱線吸収板ガラス	113
熱的性質	54,65
熱伝導率	168
粘土塊	42
【は】	
パーティクルボード	30
腹	23
引張り強度	51
引張強度試験	64
ヒューム管	69
微粒分量	42
ビレット	76
檜皮葺	14
品質管理	35,56
フィニッシャビリティー	47
風化	63
節	27
付着強度	51
不燃材料	163
フライアッシュセメント	38
プラスチック	136
プラスティシティー	47
ブリーディング	48
普通ポルトランドセメント	37
ブルーム	76
プレキャスト製品	69
プレキャスト複合コンクリート	68
プレストレストコンクリート	68

フレッシュコンクリート……………………47
フローリング………………………31, 129
辺材……………………………………22
防火構造………………………………164
防火材料………………………………163
棒鋼……………………………………79
放射線防護材料………………………175
防水材料………………………………152
膨張セメント……………………………39
ポルトランドセメント……………………34

【ま】
曲げ強度………………………………51
曲げ強度試験…………………………64
マスコンクリート…………………………67
水セメント比説…………………………49
無筋コンクリート…………………………68
木材の腐朽………………………………22
木質セメント板…………………………32
木質部…………………………………22
木部……………………………………22
木理……………………………………26
元口……………………………………23

【や】
焼入れ…………………………………78
焼なまし…………………………………78
焼ならし…………………………………78
焼戻し…………………………………78
UOE鋼管………………………………80
有機不純物……………………………42
床衝撃音………………………………173
油井セメント……………………………39
油性塗料………………………………142
油性ペイント……………………………142
溶接鋼管………………………………80

【ら】
流電腐食………………………………94
流動化コンクリート………………………67
緑化コンクリート…………………………69
冷間プレス成形法………………………80
冷間ロール成形法………………………80
レイタンス………………………………48
0.2％オフセット耐力……………………97
レディーミクストコンクリート………………56
老化……………………………………63

【わ】
ワーカビリティー…………………………47
割れ……………………………………26

【編者】

加藤武彦（かとう　たけひこ，1章担当）
1947年宮城県仙台市生まれ．1970年日本大学理工学部建築学科卒業．1970年㈱熊谷組入社，技術研究所．2003年技術研究所長，2009年建築事業本部副本部長．日本大学理工学部上席客員研究員．著書：『型枠の設計・施工指針案』（共著，日本建築学会，1988年），『連続繊維補強コンクリート』（共著，技報堂出版，1994年），『建設分野の繊維強化複合材料』（共著，シーエムシー出版，2004年）

渡辺英彦（わたなべ　ひでひこ，2章担当）
1957年大分県久住町生まれ．1981年九州大学工学部建築学科卒業．1983年同大学院工学研究科修士課程修了．1983年㈱熊谷組入社．原子力開発室，技術本部を経て技術研究所．技術部長．著書：現場施工応援する会編『〈建築携帯ブック〉コンクリート』（共著，井上書院，2006年）

【著者】

田中淳一（たなか　じゅんいち，3章担当）
1965年大阪府東大阪市生まれ．1990年徳島大学工学部土木工学科卒業．1992年同大学院工学研究科修士課程修了．1982年㈱熊谷組入社，技術研究所．建設材料研究グループ課長．

金森誠治（かなもり　せいじ，4章担当）
1968年福岡県大牟田市生まれ．1992年長崎大学工学部構造工学科卒業．1992年㈱熊谷組入社，技術開発本部，技術研究所．建設材料研究グループ課長．著書：現場施工応援する会編『〈建築携帯ブック〉コンクリート』（共著，井上書院，2006年）

野中　英（のなか　あきら，5章担当）
1975年東京都生まれ．1997年日本大学生産工学部建築工学科卒業．1999年同大学院生産工学研究科修士課程修了．1999年熊谷組入社，技術研究所．建設材料研究グループ副長．著書：現場施工応援する会編『〈建築携帯ブック〉コンクリート』（共著，井上書院，2006年）

吉松賢二（よしまつ　けんじ，6章担当）
1951年鹿児島県薩摩川内市生まれ．1974年明治大学理工学部建築学科卒業．1976年同大学院理工学研究科修士課程修了．1976年㈱熊谷組入社，設計本部，技術本部，技術研究所．副所長．著書：現場施工応援する会編『〈建築携帯ブック〉コンクリート』（共著，井上書院，2006年）

濱田　真（はまだ　まこと，7章担当）
1961年東京都大田区生まれ．1985年東京理科大学工学部建築学科卒業．1987年同大学院工学研究科修士課程修了．1987年㈱熊谷組入社，東京支店，技術本部，技術研究所．建築構造研究グループ副部長．

仲宗根淳（なかそね　じゅん，8章担当）
1963年沖縄県名護市生まれ．1986年琉球大学建設工学科卒業．1988年熊本大学大学院工学研究科修士課程修了．1988年㈱熊谷組入社，技術研究所．建築構造研究グループ副部長．

前川利雄（まえがわ　としお，9章担当）
1965年滋賀県今津町（現高島市）生まれ．1989年筑波大学第3学群基礎工学類卒業．1992年同大学院理工学研究科修士課程修了．1992年㈱熊谷組入社，原子力開発室，技術本部，大阪支店，技術研究所．建築構造研究グループ副部長．著書：『〈若き建築構造技術者に向けて〉限界状態設計法の挑戦』（共著，建築技術，2004年）

森　利弘（もり　としひろ，10章担当）
1959年兵庫県淡路島生まれ．1981年神戸大学工学部建築学科卒業．1983年同大学院工学研究科修士課程修了．1983年㈱熊谷組入社，技術研究所．地盤基礎研究グループ部長．技術士（建設部門）．著書：『新・ボーリング図を読む』（共著，理工図書，2005年）

近藤祐輔（こんどう　ゆうすけ，11章担当）
1979年北海道札幌市生まれ．2004年筑波大学第三学群工学システム学類卒業．2006年同大学院理工学研究科修士課程修了．2006年㈱熊谷組入社，技術研究所．

佐々木静郎（ささき　しずお，12章担当）
1956年福井県福井市生まれ．1980年大阪大学工学部環境工学科卒業．1980年㈱熊谷組入社，技術研究所，北陸自動車道子不知トンネル作業所，技術研究所．地球環境研究部部長．著書：『地下構造物と地下水環境』（共著，理工図書，2002年）

石橋久義（いしばし　ひさよし，13章担当）
1955年福岡県福岡市生まれ．1978年九州大学工学部建築学科卒業．1980年同大学院工学研究科修士課程修了．1980年㈱熊谷組入社，技術研究所．建設技術研究部部長．技術士（建設部門）．

村上順也（むらかみ　じゅんや，14章担当）
1971年神奈川県平塚市生まれ．1994年筑波大学第三学群基礎工学類物質・分子工学主専攻卒業．1996年同大学院博士課程工学研究科物質工学専攻前期修了．1996年㈱熊谷組入社，技術研究所．地球環境研究部副長．

〈わかる建築学〉6

建築材料

2009 年 11 月 10 日　　第 1 版第 1 刷発行
2024 年 3 月 20 日　　第 1 版第 4 刷発行

編　者　加藤武彦・渡辺英彦
著　者　田中淳一・金森誠治・野中　英・吉松賢二・
　　　　濱田　真・仲宗根淳・前川利雄・森　利弘・
　　　　近藤祐輔・佐々木静郎・石橋久義・村上順也
発行者　井口夏実
発行所　株式会社学芸出版社
　　　　京都市下京区木津屋橋通西洞院東入
　　　　〒600-8216　☎075・343・0811
　　　　http://www.gakugei-pub.jp/
　　　　E-mail info@gakugei-pub.jp
創栄図書印刷／新生製本
装丁：古都デザイン

© 2009 Kato Takehiko, Watanabe Hidehiko
Printed in Japan　ISBN 978-4-7615-2474-6

[JCOPY] 〈㈳出版者著作権管理機構委託出版物〉
本書の無断複写（電子化を含む）は著作権法上での例外を除き禁じられています。複写される場合は、そのつど事前に、㈳出版者著作権管理機構（電話 03-3513-6969、FAX 03-3513-6979、e-mail: info@jcopy.or.jp）の許諾を得てください。
また本書を代行業者等の第三者に依頼してスキャンやデジタル化することは、たとえ個人や家庭内での利用でも著作権法違反です。

【好評既刊】

〈わかる建築学 4〉建築構造力学

安達洋・丸田榮藏 編
B5変・192頁・定価2940円（本体2800円）

■■内容紹介■■　講義に沿った15章構成で初めの一歩から建築士試験まで導く〈わかる建築学〉シリーズの第4巻．構造分野に苦手意識を持つ人でも，豊富な図による説明と，各章末の練習問題，第15章の演習問題での理解確認を通して，基本と発展的内容が身に付くよう配慮した．建築物における力の伝わり方がスイスイわかる，初学者必携の一冊．

初めての建築材料

〈建築のテキスト〉編集委員会 編
B5・176頁・定価2940円（本体2800円）

■■内容紹介■■　各種構造材料，仕上材料から塗料，接着剤まで，建築に関するあらゆる材料について，種類，性質，用途，製造過程，施工例などを体系的に詳しく解説．多彩な写真，図版や実験データをもとに，見開き構成でわかりやすくまとめた．材料に関する最新の情報も取り入れられ，SI単位にも対応している．初学者に最適な入門テキスト．

図説 やさしい建築材料

松本進 著
B5変・160頁・定価2730円（本体2600円）

■■内容紹介■■　建築材料の発展は，建築の歴史そのものであり，建築様式に多大な影響を与えており，現在では工業製品として流通し，多種多様な広がりを見せている．本書では，三つの主な構造材料（木材，コンクリート，鉄鋼）を軸に，各種の仕上材料から塗料，接着剤に至るまで，図やイラストを通じて，初学者にも学べるように工夫している．

図説 わかる材料　土木・環境・社会基盤施設をつくる

宮川豊章 監修・岡本享久 編
B5変・128頁・定価2940円（本体2800円）

■■内容紹介■■　まず土木材料がいかに身近な存在であるかを知ってもらうため，身の回りの事例を取り上げ，構造材料（コンクリート・鋼）から高分子，アスファルトまで200点に及ぶ図版・イラストを用いて分かり易く説いた．ベテラン執筆陣が精査し尽くしたうえ，基本事項・最新事項をコンパクトにまとめた，大学生のための渾身の入門テキスト．

ガラスの建築学　光と熱と快適環境の知識

日本建築学会 編著
A5・224頁・定価2625円（本体2500円）

■■内容紹介■■　ガラスやサッシの価格低下，開口部の大きな建築の流行により，内装をはじめ外壁にまでガラスを使用する建築が増加し注目を集めている．製造と加工・構法・光と熱の制御と省エネルギー・断熱と結露・メンテナンス・リサイクル・関連法規・寸法規格など，ガラス素材の魅力と新技術の基本的知識を，余すところなく解説した．

ガラス建築　意匠と機能の知識

日本建築学会 編著
B5・160頁・定価3150円（本体3000円）

■■内容紹介■■　近年ガラスは，外装をはじめ，間仕切り，階段，ディスプレーなど，益々幅広い用途に用いられるようになってきた．ガラス建築の計画において，ガラスの性能と構法，様々な機能を実現する設備等は切り離すことができない．本書は，成長し続けるガラス建築の事例と技術を集め，居住快適性と省エネ性を実現するディテールを解説．

なぜ，いま木の建築なのか

有馬孝禮 著
四六・224頁・定価2100円（本体2000円）

■■内容紹介■■　我々は，古来より建築の資材として木を使っている．木材は心地よい空間をつくる反面，強度や品質のバラツキ等が使いにくさにもなっている．木には，特性を活かしたつきあい方があるはずだ．基本データから本来の性質を探るとともに，木材の規格・品質表示や新技術を紹介．また，CO_2削減に貢献する木の建築の普及を提案する．

無垢の木でリフォーム

もく（木）の会 著
A5・200頁・定価2310円（本体2200円）

■■内容紹介■■　リフォームの際に自然素材を使うことが注目されているが，杉・檜などの無垢材は，使いたくても，選び方や施工方法がなかなか難しい．本書は，材料選びのコツ・計画上のポイント・無垢材に特有の注意点・クレームの対応などを，女性建築士たちの視点から，実際にリフォームに携わる専門家に向け，実務上のノウハウを提供する．

木へんを読む

佐道健 著
四六・192頁・定価1680円（本体1600円）

■■内容紹介■■　カタカナで書かれることが多い木の名前だが，漢字で書くと一体どれくらい読めるだろうか．木の名前や漢字は時代や地方でも違い，謎がいっぱい．本書では木偏の漢字で樹木を選び，スケッチとともに樹木や材の特徴，古来からの人々との関わりをまとめた．様々な疑問もこれで解決，違った角度で木を楽しむことができるだろう．

木と日本人　木の系譜と生かし方

上村武 著・関根恵子 イラスト
四六・224頁・定価2100円（本体2000円）

■■内容紹介■■　古来より日本人は木とともに暮らし，その恩恵をうけてきた．万葉集や古事記をはじめ，日本文学においても木や花に想いを託したものが数多くみられる．本書は日本人にとってなじみのある木を中心に，木にまつわる数々のエピソードを樹種ごとにまとめるとともに，樹形や葉の特徴，材の利用法などあらゆる角度から語っている．